京都大学 井上教授事件
任期制法悪用からの正義の回復を目指して

大学・学問の自由の危機／司法の危機／立法の危機

阿部泰隆 編著

騙しとられた同意書
（京大任期制規程3条別紙
　様式通り）

信 山 社

はしがき

一　大学の教員等の任期に関する法律（1997年＝平成9年、任期制法）は、当初から、その目標とする大学の活性化を図るのではなく、権力濫用と大学の混乱と学問の抹殺をもたらすのではないかと危惧されていたが、今回、その通りの事件が京都大学・再生医科学研究所（以下、再生研という）で起きた。京大井上一知教授が任期制法の罠に陥れられて「失職」扱いで追い出され、一審で門前払いされて、現在大阪高裁に控訴中である。

本書はこの事件が露呈した、京大の学部自治の腐敗、司法の機能不全、さらには、立法の機能不全を明らかにして、この国に、学問の自由、大学の再生、司法の機能回復、立法の健全性の回復を求める緊急出版である。

二　井上一知教授はもともと、任期のない普通の教授ポストの公募に応じたところ、発令を延期されて、その間に任期制の規程が施行され、ドタバタのうちに、「**再任が可で，とにかく普通にまともに仕事をしておれば定年まで引き続いて何回でも再任されるという簡単な説明**」のもとに、任期に「同意」した。その再任審査は、外部評価に「基づいて」、研究所協議員会（教授会のようなもの）が決めることになっているが、外部評価で7人の高名な委員が「再任を可とすることに全委員が一致して賛成し、今後の活躍に期待を示した」（これも当然、地裁判決も認めるし、資料編14の履歴書・業績参照）にもかかわらず、協議員会がその再任を拒否し、その理由を法廷では全く説明していない。どうやら、当初は、井上教授の認識通りの制度として運用し、井上教授に「医の倫理」なる問題があるとして、再任拒否に持ち込もうとしたが、それでは説明できないとわかると、実は、**この研究は、「原則として5年の時限を課す」**とした研究所内部の裏の申し合わせを持ち出しているらしい。しかし、それは、井上教授には全く示されていなかったもので、採用のさいの説明とは全く逆である。騙し討ちである。このことは本人尋問で明らかになったはずである。

これでは、任期制教授は、詐欺的で卑劣な同僚に生殺与奪の権限を握られ、睨まれないようにしないと勤めを果たせない。学説の切磋琢磨によっ

て初めて発展する自由な学問は死滅するのである。

　こんな不正義、腐敗が天下の京大ともあろうところで許されるはずはない。しかし、京大前学長は研究所自治の問題であるとの建前で、素知らぬ顔をしていた。日頃、学問の自由、行政救済の充実を高尚に説いているはずの京大法学研究科教員も沈黙している。京大側の代理人は、事実関係を争わず、騙し取った同意書も有効であるとか、自ら依頼した外部評価委員会の評価に従わないことが大学の自治であるなどと、まっとうな法理論を創造するのが任務であると信じている小生ごときにはとても思いもつかない詭弁を弄している。文部省の弾圧から大学の自治を守った滝川事件の70周年に当たる京大が、研究所の腐った自治を守って、学問の自由を死に至らしめるという、まことに皮肉な結果になっている。

　本件が放置されれば、ガン細胞が全身に転移するごとく、任期制の病魔が全国の大学に伝播し、学問的論議はお通夜のごとく沈黙するであろう。その結果、本件は後世、滝川事件とは逆に、京大が大学の自治を死に至らしめた、恥ずべき井上事件と称されることとなろう。そうならないためにも、井上教授を遡及的に復職させ、京大を再生させなければならない。

三　井上教授は、裁判所こそは正義の救済機関であると信じて、出訴して、執行停止を申請したが、京都地裁は、救済する方向で理論を創造すべきところ、救わない方向で形式的な理論に乗っかった。「失職」の前日の昨年4月30日のことである（資料12、13）。大阪高裁は驚くことにまともな判断を回避して、取下げを勧めた。

　井上教授の研究は一刻も猶予が許されないので、本来は、任期切れの昨年4月末までには司法の仮救済が必要であった。しかし、執行停止申請は京都地裁を説得できなかったので、科学研究費も打ちきられた。誠に遺憾である。

　本訴では、京都地裁は、同じく法律論だけで門前払いにすべく、結審の意向であったが、「同意」に瑕疵があるから、事実を調べなければならないとの原告の主張に抗しきれず、井上教授の本人尋問が行われた。そのさいの傍聴者の感想では、明らかに井上教授に軍配があがるものであった。その後も多数の支援、激励の声が寄せられている。裁判員制度が行政訴訟で導入されていないのが遺憾である。

　しかし、京都地裁は、この本人尋問を単にガス抜きと扱い、今回の行政訴訟改革の理念である「権利救済の実効性」とは全く逆に、この3月31日、

相変わらず、門前払いした。法服を着た裁判官は、起立というと、「却下、棄却」といって、裏に引っ込んでしまった。まるで良心に恥じて逃げるように見えた。まともに審理すれば原告勝訴になると確信していた私は愕然とし、わが耳を疑った。再任されるという説明と5年で終わりという研究所内部の裏の申し合わせの食い違いというキーになる前記の事実さえ認定されていない。井上先生が同意書を書いたというだけで、それが騙し取られた重大な事実に目をつぶっている。当事者の主張をまじめに聞くという、当然の役割を怠るとは、全く予想外である。

そもそも、この根拠となる任期制法自体が学問の自由を死滅させるしくみなのに、国会は騙されてか意図的にか、可決し、今や、大学の中を支配しようとする権力者が、首都大学、横浜市大、長野大にみるように任期制法を一般的に導入しようとしている。

京大新学長には本文で述べるように要望書が届いたはずだが、結局は解決に動かれなかった。

これでは、学問、大学、司法、立法のすべてが危機に瀕しているといってよい。いわば、死の四重奏に近い。

もっとも、新学長は判決後に、「『任期制にかかわった人がトラブルになるのは良くない。この判決が判例になるのは良くない』と懸念を表明。任期制については『部局毎に決めることで全学で導入するつもりはない。導入に際し、人材の使い捨てにつながってはならない』と話した。」(京都新聞2001年4月2日社会面)。是非、この方向で本件も解決して頂きたい。

四　井上教授は、これを打破、克服すべく、闘っている。広く支援をいただいているが、京大内の支援は乏しい。

実際面、理論面ともに、広く国民の良識ある方々のご支援をいただいて、この国を死の四重奏から救出したい。

私は、本件の相談にあずかってから、井上先生、弁護団とともに、この問題に相当の時間を費やして、理論面、実際面で、種々検討することとなった。また、この過程では、園部逸夫(前最高裁)、平岡久(大阪市立大)、矢野昌浩(琉球大)、安永正昭(神戸大)の諸教授からきわめて説得力ある意見書が寄せられた。すでに教員の任期制を広範に導入している(ただし、教授については本人に希望による)韓国においても、任期制を違憲とし、失職を処分とする判例があることを、日本通であり、ソウル大学名誉教授でもある徐元宇先生から教えていただいた。弁護団(尾藤廣喜、安保

嘉博、神崎哲）はこれらの意見書をふまえ、本件の事案にふさわしい主張をされた。また、尋問調書は井上教授と弁護団の共同作成にかかるものであるし、そのほか、京都地裁、学長への要望書も同様である。

本書はこれらの成果を整理したものである。私見は、「大学教員任期制法による『失職』扱いに対する司法的救済方法」（自治研究79巻12号、80巻1号、2003—2004年）、「大学教員任期制法の違憲性・政策的不合理性と大学における留意点」（法時2004年3月号）を改訂（特に後者は大幅改訂）したほか、未公表分（第3章第6節、第4章第1節）も収録している。

これらの方々に厚く感謝するとともに、任期制法が広がる今日、広く読まれることを期待する。転載を許可された第一法規と日本評論社にも深謝する。

五 本書を読みやすくするために、第1章で、本件の要点を説明するとともに、第2章で、井上先生の本人尋問から、井上先生が、いかに騙されて、落とし穴に落とされていったのかを、リアルに描くこととした。それから、井上先生の陳述書、京都地裁・京大学長への要望書で本件の内容をご理解いただけるものと思う。

次は法理論編で、第3章は、本件が「失職」に当たらず、行政訴訟の対象となることと、その実体法上の違法性を、園部、平岡、矢野諸先生の意見のほか、阿部の意見をもとに論じ、第4章は、騙し取られた「同意」は任期満了による失職の根拠とならないことを、安永意見のほか、阿部の意見で示した。同じ論点を種々の角度から、何人もが書いているので、重複するが、これは誰が考えても同じ結論になるという証拠であると思う。

本件は、本件だけにとどまらない一般的なものなので、第5章で、任期制法一般の違憲性、政策的不合理性と大学の対応の仕方を示した。任期制を導入する大学においては、京大のような失敗を繰り返さないため、学内ルールを公正に定めるべきである。

第6章で、京都地裁判決を批判した。以上の本書の叙述と比較すれば、この判決がいかにずさんかは直ちに理解できるはずである。不十分であるが、緊急にコメントしたものである。

本書で何度も引用する資料及び井上先生の業績は末尾にまとめて掲載した。それにしても、井上先生の業績は超人的である。世間では、任期制はダメ教授を追い出すため有用と思いこんでいる人が多いが、ダメ教授が超人を追い出す制度だということはこれだけでも理解できよう。

なお、頻繁に引用する国会議事録は大部であるので、神戸法学年報19号（2004年3月）に、「資料：大学の教員等の任期に関する法律をめぐる国会議事録の整理」として、位田央君（立正大学講師）と連名で掲載しておいた。

　本件は大阪高裁に控訴した。大阪高裁こそ、不正を暴き、権利救済の実効性を確保するという司法の役割に応えてくれるものと信じている。井上教授が全面勝訴して、この国に「正義」を回復するためにも、是非ご支援をいただきたい。

　最後になったが、市場性の低い本書を、正義のために緊急に出版して頂いた信山社の村岡侖衛さん、資料整理と校正を手伝ってくれた位田央君、今田浩君には心から感謝するものである。

　2004年4月6日

阿部泰隆

　[追　記]　助教授以下に広く任期制を導入している韓国では、再任拒否が処分かどうかが争われている。そして、処分性を認めたソウル行政法院の判決に対して高等裁判所が処分性を否定したことは本文（第3章第2節二9）で紹介していたが、この2004年4月22日、大法院（最高裁判所）は、再任拒否を処分として、原審判決を破棄し、差し戻す画期的な判決を下した。すでに本書は校了直前であるので、これは本文修正ではなく、冒頭に特報として追加する。すでに違憲判決が下されていることは本文（第5章一6（2））で紹介した。処分性も学問の自由侵害をも簡単に否定した京都地裁判決とは雲泥の差がある。さらに、この違憲判決を受けてソウル大学では再任審査のルールが定められた。このことを「特報」として本文の冒頭に記載することとする。

　私は、5月1日から2日にソウルで開かれた東アジア行政法学会に参加のおり、徐元宇先生からこの判決を頂き、また、朴正勲先生から再任審査ルールをお教え頂いた。日本人は一般に欧米の方を向いているが、東アジア諸国は日本をはるかに超えていることが少なくない。それは行政手続法、情報公開法、環境影響評価法などの立法の多くにおいて日本が先進国最後であることからも言えるが、さらに、判例のレベルでも日本は後れをとっているのである。なんとも情けないことである。

（5月5日に記す）

目　次

韓国からの特報	一　再任拒否の処分性を認めた韓国大法院の判決 …………… 1
	二　違憲判決後の再任ルールの設定 ……………………………… 3

第 1 章　本件事案と法律問題の要約 ………………………………………… 5

第 2 章　事件の真相と裁判所、学長への要望 ……………………………… 13

第 3 章　「失職」の処分性と実体法上の違法性 …………………………… 44

第 4 章　同意に瑕疵があるとの理論構成 …………………………………… 96

第 5 章　大学教員任期制法の違憲性・政策的不合理性と
　　　　　大学における留意点 ……………………………………………… 116

第 6 章　京都地裁平成16年 3 月31日判決論評 ……………………………… 140

『資料編』 ……………………………………………………………………… 151

細目次

韓国からの特報	一　再任拒否の処分性を認めた韓国大法院の判決 ………… 1
	二　違憲判決後の再任ルールの設定 ………………………… 3

第 1 章　本件事案と法律問題の要約 … 5

一　事案の概要 ………………………… 5

二　失職通知は行政訴訟の対象となる「処分」である …………… 6

三　任期への同意徴収はそもそも騙し討ちで無効 ………………… 7

　1　「同意」の瑕疵の論点を追加 … 7

　2　「同意」を取られた経緯とその無効の根拠 …………………… 8

四　実体法上の違法事由 ……………… 9

　1　概　要 ……………………………… 9

　2　外部評価に「基づく」との審査基準 ……………………………… 9

　3　再任拒否の理由 ………………… 10

　4　不公正な再任審査のしくみと運用 …………………………… 10

　5　所長の越権行為 ………………… 10

　6　1 号任期制に該当するか … 11

　7　司法審査は不可欠 ……………… 11

五　任期制法の有害性 ……………… 11

vii

目　次

　　1　任期制は多数派による少数派弾圧手段 ……………… 11
　　2　任期制でも学問は活性化しない、逆に沈滞する …………… 12
第2章　事件の真相と裁判所、学長への要望 ……………………… 13
　第1節　同時進行ドキュメント——井上教授はいかにして騙され、陥れられ、「失職」扱いさせられたか —— 井上先生本人尋問調書から …… 13
　一　井上先生の職務は任期制にふさわしくない ……………………… 13
　二　事件の発端——同意書が騙し取られる ……………………………… 14
　三　再任審査 ………………………… 19
　四　再生研のＨＰと協議会申し合わせ ………………………………… 20
　五　再び同意を取られた経緯について ………………………………… 21
　六　外部評価と所長の介入 ……… 22
　七　協議員会の審議と再任拒否 … 24
　八　反対尋問 ……………………… 28
　九　阿部泰隆コメント …………… 31
　第2節　井上先生の陳述書 ……… 32
　第3節　京都地裁への要望書 …… 35
　第4節　京都大学総長　尾池和夫殿要望書 …………………………… 37
第3章　「失職」の処分性と実体法上の違法性 ………………………… 44
　第1節　本訴に向けて——阿部の地裁への要望書（2003年12月9日づけ）…………………………… 44
　第2節　阿部泰隆意見——大学教員任期制法による「失職」の処分性と、本件の実体法上の違法性 ……………………………… 47
　一　事件の概要と処分性を否定する京都地裁の決定 ………………… 47
　　1　事件の概要 …………………… 47
　　2　京都地裁決定の要点 ………… 48
　二　処分性＝本件の失職通知は再任拒否決定と一体となって、失職させる処分であること ………… 49
　　1　処分と失職の区別 …………… 49
　　2　再任不可・再任審査が事実上のものである場合は失職 …… 50
　　3　再任可のルールの下での再任拒否は失職させる判断として処分 ……………………………… 50
　　4　裁判官の任期制・再任拒否と大学教員任期制法による任期・再任拒否の違いについて …… 52
　　5　大学教員の任期制は、再任審査ルールが法定されなければ、学問の自由を侵害し、違憲であること ……………………………… 53
　　6　さらに、「内規」は法規範であること ……………………………… 53
　　7　内規としても外部拘束力があること ……………………………… 54
　　8　関連判例の検討 ……………… 56
　（1）自衛官の継続任用拒否と地方公務員の新規採用拒否 … 56
　　①　志願について合理的な判断を求める権利 …………………… 56
　　②　新規採用の拒否でさえ争える ……………………………… 57

③　自衛官の継続任用拒否と本件との違い ………… 57
（２）失職の例外認定をしないことは不利益処分とされる … 58
（３）ＦＭ東海事件＝期限が不当に短い場合の期限の解釈 … 59
（４）高校非常勤講師の期限付き任用 …………………… 59
（５）申請権が法令に基づく場合の拒否の処分性 ……… 60
　①　公立高校入学試験不合格 … 60
　②　地方公務員法46条に基づく措置要求の申立に対する人事委員会の棄却判定 ……… 61
　③　専従休暇の不承認 ………… 61
　④　帰化の不許可 ……………… 61
　9　韓国ソウル行政法院の判例 … 61
三　実体法上の違法事由 ………… 63
　1　はじめに …………………… 63
　2　外部評価に悠々と合格 …… 64
　3　外部評価に「基づく」との審査基準に反する理由不明の再任拒否は違法 ……………… 64
　4　外部評価の切り下げ画策 … 64
　5　医の倫理問題 ……………… 65
　6　1号任期制を3号任期制と勝手に読み替え ………… 65
　7　所長の越権行為の可能性 … 66
　8　専門外の・安全地帯にいる教授が無記名投票で決定 …… 66
　9　本件は任期制適合職種か … 67
　10　昇進での任期制は期限到来でも身分を失わない ………… 68
　11　まとめ ……………………… 68

四　任期を付したことの違法は「失職」の処分性を作り出す ……… 68
五　付言：再任発令の義務づけ訴訟では処分性は問題なし ………… 69
第3節　園部逸夫意見書──任期制採用の教授に対する失職通知と大学の自治・学問の自由の法理 ……………………… 71
一　「失職」の処分性 ……………… 71
二　大学の自治のもとにおける教員の身分保障と任期制による失職の関係 ……………………………… 73
第4節　平岡久意見書──国立大学研究所「内規」の「法」規範性・裁判規範性 ……………… 74
一　再任拒否決定の「処分」性および「不利益処分」性等 ………… 74
二　研究所「内規」の裁判規範性＝「法」規範性 ……………………… 77
第5節　矢野昌浩意見書──任期付教員は任期満了により当然にその身分を失うか？　任期制と再任手続の対立と調整について ………………………… 85
　1　緒　論 …………………… 85
　2　任期制と再任手続との対立 … 86
（１）再任手続の2つのモデル … 86
（２）大学の自治における「内規」の意義 ……………………… 88
　3　任期制と再任手続との調整 … 90
（１）特別な再任手続が設定されている場合 ………………… 90
（２）任期付ではない可能性 …… 91
　4　結　論 …………………… 93

第6節　京大側の驚くべき論理——
　　　自ら作った内部ルールを無視
　　　しても、大学の自治である!!… 94
　一　大学の自治の意味 …………… 94
　二　「拘束」の意味………………… 94
第4章　同意に瑕疵があるとの理論
　　　構成 ……………………… 96
　第1節　同意が無効なら任命全体が
　　　無効という「理論」がまかり
　　　とおるのか ………………… 96
　一　詐欺的な同意取得も有効？… 96
　二　任期への同意と任用への同意
　　　の違い ……………………… 97
　三　任期の同意徴収は騙し討ちで
　　　無効 ………………………… 97
　四　任期部分の重要性？………… 100
　五　信義則 ………………………… 101
　六　欺罔的同意取得でも、救済方
　　　法の不存在の不合理 ……… 101
　第2節　安永正昭意見書 ………… 102
　　1　はじめに ………………… 103
　　2　本　論 …………………… 104
　（1）本件同意の意義と錯誤規定の
　　　適用の可否 ………………… 104
　　（イ）本件同意 ……………… 104
　　（ロ）同意の性質と錯誤規定の適
　　　用の可否 …………………… 104
　（2）井上氏の当該教授職について
　　　の任期制に関する認識 …… 105
　　（イ）公募に当たって ……… 105
　　（ロ）採用内定後の経緯 …… 106
　（3）本件同意後に再生医科学研究
　　　所で決まっていった、本件教授
　　　職に関する「任期5年再任可」

　　　の内容 ……………………… 107
　　（イ）平成10年4月21日再生医科
　　　学研究所協議員会決定「再生
　　　医科学研究所再生医学応用部
　　　門に関する申し合わせ」…… 107
　　（ロ）平成14年4月18日再生医科
　　　学研究所協議員会決定「任期
　　　制教官の再任審査に関する申
　　　し合わせ」………………… 108
　　（ハ）平成14年7月18日再生医科
　　　学研究所協議員会決定「京都
　　　大学再生医科学研究所任期制
　　　教官の再任審査に関する内規」
　　　…………………………… 109
　　（ニ）平成14年9月18日付「任期
　　　制教官の再任審査に関する外
　　　部評価委員会の井上一知教授
　　　の再任審査結果報書」…… 111
　　（ホ）平成14年12月19日再生医科
　　　学研究所協議員会議事録… 111
　（4）結　論
　　（イ）「任期5年再任可」に関する
　　　井上氏の認識と再生医科学研
　　　究所の決めた運用の根本的相
　　　違 …………………………… 112
　　（ロ）同意の意思表示についての
　　　動機の錯誤による無効 …… 113
　　（ハ）無効がいかなる意味を持つ
　　　か …………………………… 115
第5章　大学教員任期制法の違憲性・
　　　政策的不合理性と大学における
　　　留意点 …………………… 116
　一　大学教員任期制法の構造的不合
　　　理さ ………………………… 116

1　大学教員任期制法のシステム
　　　……………………………… 116
　2　任期制と流動化・活性化との
　　関係は希薄……………… 117
　（1）法律の目的、教員の流動化
　　　＝大学の活性化か………… 117
　（2）流動性は低いのか、滞留が
　　　不活性化の原因か………… 118
　（3）任期制は自校閥の排除のた
　　　めには機能しない………… 119
　（4）終身雇用の弊害は文科省に
　　　も ………………………… 119
　（5）再任可と流動化型の間は矛
　　　盾…………………………… 120
　（6）解決策はスカウトで…… 120
　3　恣意的な再任審査のもとでの
　　任期制は身分保障、学問の自由
　　を抹殺する ……………… 121
　（1）身分保障の原則………… 121
　（2）再任審査のもとでの任期制は
　　　学問の自由を侵害し、恣意的な
　　　免職処分に堕する ……… 121
　（ア）学問の自由の侵害…… 121
　（イ）同僚による恣意的な免職
　　　……………………………… 122
　（3）身分保障を排除する大学審
　　　議会の答申には根拠なし… 124
　①　業績評価なき年功序列人事
　　　の打破？ ………………… 124
　②　組織編成への対応？…… 125
　（4）国会答弁から見ても、身分
　　　保障を剥奪する根拠なし… 125
　（ア）3類型 ……………… 125
　（イ）プロジェクト型……… 126

　（ウ）研究助手型…………… 126
　（エ）国際的に異常な教授の流
　　　動化型任期制…………… 126
　4　任期制は限定的で、司法審査
　　の道あり………………… 127
　（1）任期制は限定的………… 127
　（2）恣意的運用の防止＝司法審
　　　査の道ありとの国会答弁… 129
　（3）国会附帯決議による濫用防
　　　止の要望………………… 130
　5　大学の自治への文科省の介入
　　禁止―選択的任期制との関連で
　　　……………………………… 131
　6　公正な再任審査制度とその司
　　法審査が不可欠………… 131
　（1）公正な審査制度の必要… 131
　（2）再任基準と救済などを求め
　　　た韓国の違憲判決……… 132
二　任期制導入に際しての大学にお
　　ける留意点……………… 137
　1　任期制は導入するな…… 137
　2　任期制の導入は徹底議論して
　　　……………………………… 138
　3　同意の取り方…………… 138
　4　再任審査のあり方……… 139
　5　差止訴訟を提起しよう… 139

**第6章　京都地裁平成16年3月31日
　　　　判決論評**…………… 140
一　裁判の概要……………… 140
二　任期制への同意の瑕疵の恣意的
　　否定……………………… 141
三　任期という附款の無効論… 143
四　職務上の義務？………… 144
五　再任請求権？…………… 145

目　次

　　六　義務付け判決、学長は違法な議
　　　　決に拘束される？ …………… 145
　　七　任期満了？ ………………… 146
　　八　学問の自由の無理解 ………… 147
　　九　リップサービス …………… 148
　　一〇　最後に一研究者には理解でき
　　　　ない判決の論理過程 ……… 149

『資料編』 …………………… 151

資料1　京都大学教官の任期に関する
　　　　規程 ……………………… 151
資料2　大学の教員等の任期に関する
　　　　法律 ……………………… 152
資料3　大学の教員等の任期に関する
　　　　法律施行規則 …………… 154
資料4　京都大学再生医科学研究所教
　　　　官公募 …………………… 155
資料5　再生医科学研究所再生医学
　　　　応用部門に関する申し合わせ
　　　　（平成十年四月二十一日協議
　　　　員会決定） ……………… 156
資料6　京都大学再生医科学研究所
　　　　任期制教官の再任審査に関す
　　　　る内規（平成十四年七月十八
　　　　日協議員会決定） ……… 156
資料7　外部評価委員会報告、三転
　　　　したその内容の対比 …… 158
資料8　前所長の平成14年12月5日
　　　　づけ書面 ………………… 161
資料9　平成14年12月17日庶務掛か
　　　　ら協議員宛、「第4回協議員
　　　　会議事録（案）の修正につい
　　　　て」とのEメール送付 ……… 163
資料10　平成14年度第5回平成14年
　　　　12月19日協議員会議事録(案)… 163
資料11　平成15年7月25日京都大学
　　　　再生医科学研究所における教
　　　　官任期制に関する情報公開 … 164
資料12　京都地裁平成15年（行ク）
　　　　第5号平成15年4月30日却下
　　　　決定 ……………………… 165
資料13　京都地裁平成15年第4号執
　　　　行停止申立事件 ………… 170
資料14　井上一知先生のご紹介 …… 171
　　その1　履歴と各種活動 ………… 171
　　その2　国内外で高い評価を受け
　　　　ている井上先生の業績のコ
　　　　メント（阿部泰隆） ……… 174
資料15　京都地裁平成16年3月31日
　　　　判決 ……………………… 178

韓国からの特報

一　再任拒否の処分性を認めた韓国大法院の判決

韓国大法院2004年4月22日宣告トゥ7735　教員再任用拒否処分取消
主文：原審判決を破棄し、事件をソウル高等裁判所に差し戻す
理由：「旧教育公務員法（1999・1・29の法律5717号で改正される前のもの）第11条第3項、旧公務員任用令（2001年12月31日の大統領令第17470で改正される前のもの）第5条の2第2項が国・公立大学に勤務する助教授は4年以内の任期を定めて任用することを規定することによって原則的に定年が保障される教授等の場合と差をおいているのは、任期が満了したとき教員としての資質と能力を再度検証して任用することができるようにすることによって定年制の弊害を補完しようとするところにその趣旨があるため、任期を定めて任用された助教授はその任期の満了で大学教員としての身分関係が終了するというべきである。

　しかし、大学の自律性及び教員地位法定主義に関する憲法規定とその精神に照らし学問研究の主体である大学教員の身分は、任期制で任用された教員の場合も、一定の範囲内で保障される必要があり、たとえ関係法令に任用期間が満了した教員に対する再任用の義務や手続き及び要件等に関して何ら規定をおいていなかったといえども、1981年以来、教育部長官は、任期制で任用された教員の再任用審査方法、研究実績の範囲と認定基準、審査委員選定能力等を詳細に規定した人事管理指針を各大学に示達することにより再任用審査に基準を設けており、これに従って任用期間が満了した教員らは人事管理指針と各大学の規程による審査基準によって再任用されてきており、その他任期制で任用された教員の再任用に関する実態及び社会的認識等、記録に示された種々の事情を総合すれば、任期制で任用され、任期が満了した国・公立大学の助教授は教員としての資質と能力に関して、合理的な基準による公正な審査を受けその基準に適合すれば特別の事情がないかぎり再任用されるとの期待を持って再任用いかんについて合理的な基準による公正な審査を要求すべき法規上文は条理上の申請権をもつものとすべきであり、任命権者が任期が満了した助教授に対して再任用を拒否する趣旨で行った任期満了の通知は上記のような大学教員の法律関係に影響を与えるものであり行政訴訟の対象となる処分に該当するというべ

きである。
　これと異なり、任期を定めて任用された大学教員がその任期の満了に伴う再任用の期待権をもつものとはいえず、任命権者が人事委員会の審議決定に従って教員を再任用しないこととする決定をなし、これを通知したとしても、これを行政訴訟の対象となる行政処分とはいえないと判示した大法院1997年6月27日宣告96ヌ4305判決はこれと抵触する範囲内で変更することとする。」

　「はしがき」の末尾で触れたように、再任拒否について、韓国のソウル行政法院が処分性を認めたのに高等裁判所が処分性を否定していたところ、大法院は処分性を認めて、高裁に差し戻す画期的な判断をしたわけである。
　大法院判決が、任期制にもかかわらず、再任拒否を処分と認めた理由は、大学の自律性、教員地位法定主義に関する憲法規定等に照らし、学問研究の主体である大学教員の身分は、任期制で任用された教員といえども、一定の範囲内で保障される必要があるという点にあり、学問の自由を害しないことは明らかとする京都地裁判決との違いに愕然とする。
　また、この判決は、再任用の義務や手続及び要件に何ら規定がなくても、教育部長官は人事管理指針を示していること、これまでの再任用に関する実態などを理由に、再任用について、「合理的な基準による公正な審査を受けその基準に適合すれば特別の事情がないかぎり再任用されるとの期待を持って再任用いかんについて合理的な基準による公正な審査を要求すべき法規上又は条理上の申請権をもつものとすべきであり、」「任期満了の通知は……処分に該当する」という。これは法規がなくても、条理上の申請権があるとか、合理的な基準による公正な審理を要求するということで、まさに本書の主張とも一致する。なお、筆者は「条理上の申請権」というよりも、内規の外部拘束力等という説明をしているが、実質は同じであろう。
　京都地裁は、再任審査基準が内部基準であり、職務上の基準にすぎない（第6章参照）とするが、これはおそらくは、憲法は眼中になく、実定法の条文だけ見るいわゆる制定法準拠主義の発想であり、法治国家の考え方を逆用して、法律が不備な場合には一切救済しないという放置国家に陥っているものである。しかし、法律が不備な場合には、憲法に遡って考えるのが法律解釈学の常道である。そうすると、法律が不備なら、その法律が憲法に適合するように解釈するとか、憲法に適合するようにしないと違憲との解釈（韓国の憲法不合致判決）を行い、行政訴訟の対象となるように、「処分性」を認めるべきことになる。韓国の判例はこのような常識的な法解釈手法をとっているのである。京都地裁の判決は、法解釈の基本を知らないものである。

二　違憲判決後の再任ルールの設定

韓国憲法裁判所は、先に任期制について憲法不合致判決を下していた（2003年2月27日、本書第5章一6（2））。これは法律自体を違憲とするものではなく、このままでは違憲だが、修正せよという趣旨である。この判決が指摘した問題は、審査基準、事前手続、行政救済の必要である。そこで、大統領令が改正され、昨年学則が改正された。これは大要次のようである。

まずこれは第5章注（13）に記載したところであるが、教育公務員法第11条の2は、契約制任用を大統領令で定めることができると定めた（1999年1月29日、本条新設）。これを受けて、教育公務員任用令（大統領令第4303号）第5条の2［大学教員の契約制任用等］第1項は、副教授以下の任期制を定めた（この細目は第5章注（13）参照）。任期は、専任講師2年、助教授4年、副教授6年（中には定年まで身分保障のある副教授もいる）、教授（任期なし）の範囲内で契約で決める。

ここでは、給与、勤務条件、業績及び成果、再契約条件および手続、その他大学の長が必要と認める事項を定めることとなっている。そして、大学の長は大学人事委員会の審議を経て第1項の規定による契約条件に関する細部的な基準を定める（2001年12月31日、本条改正）となった。これは私立学校でもほぼ同様である。

再任審査は、任命権者（大学の総長、学長）が教育人事委員会の審議を経て行う（1998年8月31日本項新設）。この人事委員会はソウル大学の学則によれば、3人の審査委員を選出する。

ここで、早大法学部助手李斗領氏が朴正勲副教授から入手して翻訳したソウル大学と法学部の規定によれば、再任審査における評価の基準は、研究実績、教育実績、奉仕実績（学内、学外）、教育関係法令遵守及び教授の品位として、それぞれ一定の割合が定められている。それは学部毎に定めるが、ソウル大学法学部の場合には、それぞれ40％、40％、10％、10％である。このほかに、受賞等を特別考慮事項として5点を加算することがある。研究実績については、助教授（任用期間4年）に必要な論文数は2点であり、副教授の再任（任用期間6年）の際には3点を満たさなければならない。論文には、秀（5）、優（4）、美（3）、良（2）、可（1）の評点がつけられ、教育実績は、修士・博士の輩出実績（修士1人13点、博士1人15点等）と学生からの講義評価により数字で示される。人格はセクハラなど重大なものを意味し、阿部はというと、大丈夫と一笑に付された。このように機械的に計算し、70％以上を満たせば、各学部人事委員会から学長に再任の推薦がなされる。

これはそれなりに客観的な判定が行われるしくみである。こうして初めて合憲であろう。無記名投票で、新規採用と同じような審査が行われた京大再生研とは大違いである。
　ついでに、これでは、大学の先生になるのはリスクが大きいのではないかと聞くと、再任拒否されるのは、コンマ以下だから心配ないという返事が返ってきたが、しかし、北朝鮮との関係で阿部泰隆がある提案をし、これを新聞に投書してと頼むと、自分は再任拒否が怖いから、名前を出して投書はしたくないという返事も返ってきた。
　大学の先生の給与は高いかと聞くと、そうではないというので、それではハイリスク、ローリターンではないか、リスクが大きいのではないかと聞くと、リスクが大きいという意識がないようである。要するにまともにやっていれば再任されるのである。
　公正かつ合理的な再任ルールを設定し、恣意的に再任拒否されないように、普通の先生は合格するようにしないと、学問の自由を侵害して違憲というのが私見である（第5章一6（1）、二4）が、韓国ではまさにそのように理解されているのであって、学問の自由を侵害しないことは明らかであるとなどという京都地裁の判決が謬説であることも明らかであると思う。
　なお、韓国の憲法裁判所を訪ねたら、1988年から2003年までで、出訴数が9,558件、解決したのが8,978件である。ここで訴訟類型としては、法律の違憲訴訟と憲法訴願がある。法律の違憲訴訟が、出訴数472件、解決したのが434件。ここで、法律違憲83件、憲法への不合致（国会に一定期間内に合憲になるように法改正を求める。任期制が違憲とされたのはこの手法である）25件、限定合憲解釈（ある解釈は合憲であることとを認めつつ、特定の解釈を違憲として禁止する）15件である。違憲訴願は、合計では、出訴数9,066件、解決したのが8,528件、うち、違憲が166件、憲法不合致は49件、限定合憲解釈が29件である。事件の内容は創立後10年分は既に紹介されている（韓国憲法裁判所編＝翻訳者代表徐元宇『韓国憲法裁判所10年史』（信山社、2000年）参照）。日本では信じられない違憲判決数である。
　なお、憲法裁判所の裁判官は9名、6年任期で再任可。大統領、議会、最高裁判所つまりは執行権、立法権、司法権からそれぞれ3名ずつ指名されている。

第1章　本件事案と法律問題の要約

一　事案の概要

　1997年に施行された大学教員任期制法（平成9年法律第82号、以下、本書では基本的には、任期制法と略する）に基づき任期制を導入する動きが、特に医学部系の学部・研究科を中心に広がっている。また、都立大（首都大）、横浜市立大、長野大では任期制を全学的に導入しようという動きがある。

　これはきわめて危険な動きである。それを現実に証明するのが、京都大学再生医科学研究所で、再生医療学界の権威、井上一知教授が、任期制の罠に嵌って、「失職」扱いで追い出された事件である。筆者は、これを山崎豊子の小説「白い巨塔」（適法な内部紛争）というよりも、「黒い巨塔」事件という方が適切だと理解している。また、学問の自由を守ったことで、歴史に記憶される滝川事件（1993年）は、文部省の弾圧に京大が抵抗した事件であったが、この事件は皮肉にも、京大が研究者の学問を弾圧した事件である。そこで、筆者は本件を、昭和の滝川事件に比して、平成の井上事件と称している。

　もともと任期の付かない教授の公募に応募したところ、発令を引き延ばされて、その間に、任期制の規程が施行されて、再任が原則ですとして、任期への同意を騙し取られ、業績がありすぎて、外部評価委員会で高く評価されたのに、理由の明示がないまま、研究所協議員会（教授会のようなもの、研究所の教授のほか、一部他学部の教授も参加している）で再任が拒否されて、任期で「失職」という扱いにされたのである。

　これに対して、井上教授は、学内での救済手段を失ったので、社会正義を信じて、京都地裁に訴え（地位確認の訴え、「失職」処分・再任拒否処分の取消しの訴え、再任発令をせよという義務づけ訴訟）を提起し、仮の救済である執行停止を求めた。弁護団は最初民事保全法に基づく仮処分を求めたが、公務員事件はなぜか公権力の行使

で、仮処分は禁止されるという行政事件訴訟法44条の悪法のために審理が進まなかったので、行政訴訟に転換したのである。

本件は民事労働事件なら簡単に原告勝訴になる。しかし、行政事件となると、法律上の論点としては、実体法上違法事由があるのかを論ずる前に、まずは、行政訴訟の対象になるのかという障害物が立ちはだかる。裁判所が、憲法と「同意」のことを忘れて、法律に「任期」が明示されているので、動かしがたいと感ずると、権利救済は瓦解する。

二　失職通知は行政訴訟の対象となる「処分」である

本件では、まずは、法律上の論点として、本件が行政訴訟の対象として取り上げられるべきものかどうかという、いわゆる窓口論争が行われた。行政訴訟の対象は、行政事件訴訟法3条に定めるいわゆる「行政処分」である。それは「直接国民の権利義務を形成し又はその範囲を確定することが法律上認められているものをいう」。たとえば、定年は「失職」である。これは法律で定めた効果が自動的に発生するもので、任命権者が権利義務を形成することはないから、裁判所がこれを取り消すこともできない。しかし、免職なら、行政庁の判断で、職を奪うので、処分に当たるわけである。

原告側は、当初は、再任拒否があまりにもずさんで策略に満ちて違法であること、再任審査が適法に行われれば任期が更新されること、したがって、井上教授は任期により「失職」したものではなく、違法な再任拒否により「失職に追い込まれた」ものであるから、これは、免職処分と同様に評価されるものであり、行政訴訟の対象となる「行政処分」であると主張した。これはやや難しいが、要約すれば、任期制法は、その法律自体では、再任されなければ失職するという法律構成を採っているので、失職はまさに失職であって、処分ではないとされやすいが、他方、同じ任期制法、文部科学省令に基づき委任された学則・学内内規において再任可とする定めをおいている場合には、任期付き教員に法令により再任申請権を附与したものであるから、これに対する恣意的な再任拒否の決定はその権利を制限する処分であり、その結果の失職は、期限の到来によるものではなく、再任拒否という人為的な法的判断によるものであるから、抗告訴訟の対象となる行政処分である。それは、地位剥奪という法的効果を生じさせるものであるから、単なる拒否処分（それならば、執行停止の対象にならない）ではなく、失職へと持ち込む免職処分（不利益処分）であるから、執行停止の対象になる。また、研究所「内規」も文部科学省令の再委任

立法であり、少なくとも行政規則の外部拘束力という、今日一般に承認されている学説によっても、この「内規」は井上教授と京大の間に、申請に対して適法に応答すべき法律関係を生じさせるので、再任拒否は行政処分というべきだというものである。この段階で阿部泰隆意見書（第3章第2節）も提出されていた。また、原告側は、再任発令せよという義務付け訴訟、任期が無効であるとして、教授たる地位の確認訴訟も提起していた。なお、義務付け訴訟については、解釈論的に、日本では議論があるので、この場合に適用できることを丁寧に説明する意見書を提出しているが、これは本件から離れる一般理論の面があるので、本書では、第3章第2節五で簡単に触れるにとどめる。

　しかし、京都地裁は、2003年4月30日の執行停止却下決定において、これはやはり「失職」であるとして、この訴えを相手にしなかった（判例集未登載、資料12、13）。これは、任期で終わり、再任に関しては、権利はないという形式論的判断である。

　井上教授は、大阪高裁に即時抗告の申立てをして、さらに園部逸夫、平岡久、矢野昌浩意見書を追加提出した（第3章3-5節）。研究所の内規は法規範であり、再任拒否が不利益処分であることは、阿部の独断ではなく、これらによってより説得的に明らかにされたのである。しかし、大阪高裁は、無理というので、原告は無念の涙をのんで、これを取り下げ、2003年9月から、京都地裁で本案審理を求めた。

　その結果、学術振興会の5年継続の科研費もいったん打ち切られることとなった。交渉の結果、研究代表者の変更で2003年度だけ認められ、以後は打ち切りとされ、井上教授は、実際上研究を継続するのに至難の苦労をすることとなり、また、糖尿病に関するこの研究の成果を期待する者を失望させている。

　さらに、原告教授の病院での診療の突然の拒否（10数年間井上教授が診察してきた患者を事務局が突然切り離し、医師と患者の信頼関係を侵害したこと）、研究室からの追い立ての試みなど、種々の妨害行為が行われている。

　行政訴訟が機能不全に陥っている典型例であると思う。

三　任期への同意徴収はそもそも騙し討ちで無効

1　「同意」の瑕疵の論点を追加

　京都地裁は、本案訴訟でも、本件は「失職」であり、それは法律判断であるから、事実審理を要しないとして、結審しようとしたので、原告側は500名にも上る署名を提出した（第2章第3節、http://www.ac-net.org/poll/2/）。多数の方からの心温ま

第1章　本件事案と法律問題の要約

る支援をいただいたのである。

　そして、法律論として、2003年12月16日の法廷で、原告側は、私の理解では、おおむね次のような主張を追加した。任期による失職は任期が適法に付されたことを要件とするが、同意を適法に徴収していないとか、任期を付すことができる場合に当たらないのにこれに該当するとしたなど、任期を付すことが違法である場合には、任期はついていないこととなる。したがって、任期のない教授の地位を確認することができる。それにもかかわらず失職扱いにすることは、失職へと持ち込む免職処分と解される。

　そして、「同意」が適法に徴収されたかどうかは、事実問題であり、井上教授の本人尋問のほか、前所長、外部評価委員である東大出月名誉教授の尋問なくして解明できないと。

　裁判所は、さすがに、結審できずに、「同意」の点に限ってと条件を付けたが、井上教授の本人尋問を行うこととした。それが2004年2月18日である。その様子は、第2章第1節で述べるが、井上教授の返事はしっかりしていて、京大側の反対尋問は支離滅裂で、被告代理人はまじめにやる気がないと思われた。本当は京大が悪いとわかっているためではないか。陪審裁判、裁判員裁判なら、完全に原告勝訴である。私たちも完全勝訴を確信したが、しかし、今の京都地裁の態度では、一抹の不安があった。まさに、不安が的中してしまった。

2　「同意」を取られた経緯とその無効の根拠

　憲法上（80条1項）当然任期制となっている裁判官の場合には任期への同意徴収は不要であるし、一般の公務員には身分保障があるから、任用への同意は必要であるが、任期への同意などの問題は起きない。これに対し、大学教員の任期制は、法制度上まったくの例外であるから、任期制法4条2項は、任命権者は、「任期を定めて教員を任用する場合には、当該任用される者の同意を得なければならない。」と定めている。本人にきちんと説明した上で、同意を得るべきである。

　しかし、井上教授が公募に応じた平成10年1月には任期制の条件はなかった（資料4）。その上、発令は平成10年4月1日の予定であったが、なぜか、発令が同年5月1日に1ヶ月延期され、その間の4月9日に任期制の京大規程が施行（資料1）された。

　そして、井上教授が任期について同意書を提出したのは平成10年4月20日であったが、それは、事務長から、京大の任期制規程を見せられ、「普通に、まともに仕事していれば、定年まで何度でも再任される性質のもの」との説明を受け、そこに定められた別紙様式通りのひな形に従って書かされたものである。

したがって、任期が到来した時に行われる再任審査が新規採用と同じという趣旨とは全く想定できなかったのである。任期制法を特に勉強しているわけではなく、この法律が施行されたばかりで、特に事件のなかった当時は、これが普通の人の心理であろう。

　ところが、最近になって（平成15年7月25日）、研究所は、HPで、平成10年4月21日の「原則再任しない」という協議員会の申し合わせが根拠だといいだした（資料5）。しかし、これは、井上教授の同意を取った翌日に、同教授にはその内容を知らせることなく行われたものである。これが根拠なら、研究所は、表向き、再任が原則であると説明し、裏では、再任を原則としないと、二枚舌を使っていたことになる。井上教授の同意は錯誤に基づくもので、無効である。また、協議員も、この事情を知らされずに、再任を原則としないという前提で、否決の投票をしたもので、錯誤に陥っていたから、その決定も無効ではないか。この点は第4章で詳述される。

　また、法廷で、京大代理人は、任期制の同意を騙し取っても、任期は有効などと主張した。およそ学問をやっている学長の代理人の言葉とは信じられないことである（この点は第4章第1節）。

　しかし、京都地裁はこの本人尋問だけで結審して、2004年3月31日、またもや、訴えを形式論で却下した。裁判所は騙し討ちに加担したことになる。これへの反論は第4章のほか、第6章で行われる。

四　実体法上の違法事由

1　概　要

　本件「同意」は適正な再任審査を前提としているので、それが行われないのであれば、錯誤であり、任期という附款は無効であるという前記の主張、任期制法の違憲（第5章）のほか、以下に述べるように、多数の違法事由があると思われる。これは詳しくは第3章第2節三で扱われる。

2　外部評価に「基づく」との審査基準

　本件研究所では、人事の最終権限は協議員会にあるが、再任拒否の判断をする前に、再生医療を専門とする井上教授の業績を理解できる専門家からなる外部評価委員会を設置して、その評価に「基づいて」決めるという内規（資料6）が制定された。そして、その外部評価では、井上教授の「再任を可とすることに全委員が一致して賛成し、今後の活躍に期待をしめした」（資料7）。したがって、これを覆すに

第1章　本件事案と法律問題の要約

は、外部評価に重大な誤りがあるか、外部評価とは別の重大な不適格性を指摘する必要がある。

3　再任拒否の理由

そして、研究所では、当初は、この観点から審査されたものと思われる。後述のように、研究所長が、外部評価報告書の作成に介入して、評価を引き下げようとしたこと（資料7）や、平成14年11月12日の協議員会議事録に、当初「井上教授退出後の審議で、井上教授の説明内容にいくつか問題点ありとされたが、外部評価委員会の結論を尊重するとしている以上外部評価委員会の結論を覆すだけのものがあるかについて議論がされた。」という記載があること（資料9）、京都府立医大との合同申請により行おうとした共同研究に「医の倫理」の問題があるのではないかとされたことがその証拠である。

しかし、この共同研究は、糖尿病患者の治療に大きく貢献する自家細胞注入治療といったもので、倫理上何らかの問題があるはずもない。

そうすると、外部審査委員会の結論を覆す理由は見あたらない。したがって、この再任拒否は外部評価「に基づく」という内規違反であり、自ら定めたルールを自ら踏みにじる恣意的なものであるから違法である。

研究所もこのことに気が付いたのか、前記のように、実はこのポストは、5年で原則再任しないポストだったとして再任拒否を正当化しようとしているが、それは前記のように、「同意」の錯誤無効すなわち任期の附款の無効を惹起するものである。

いずれによっても、この再任拒否は違法というしかない。

4　不公正な再任審査のしくみと運用

この京大のしくみでは、任期制の適用を受ける協議員は、井上教授だけで、他の教授は安全地帯にいて、同僚の身分を左右する。これはきわめて恣意的な運用を可能にする。

また、この協議員は、井上教授の専門を理解できる人がたくさんいないのに、外部評価委員という専門家の判断を無視した。

協議員会は無記名投票で決め、しかも白票は反対票と数えるという制度となっていたので、きわめて無責任な決め方であった。

5　所長の越権行為

この前研究所長が、外部評価委員会に働きかけて、一部は原告に不利に修正させ

た。他方、再任に全委員賛成という文章を、特にそれを不可とする意見はなくという消極的な文章に書き換えさせようとしたとか、「国際的に平均」という評価から「国際的」を落とそうとして失敗した。井上教授に辞職するように説得を依頼して失敗した。これは外部評価委員出月東大名誉教授から明らかにされている（資料7）。

井上事件では、井上先生に人格的に何か問題があったのでは？といった疑問を示す友人がいた。なるほど。しかし、それは、こんな事件が天下の京大で起きるはずはないという思いこみが前提になっている。

ここで、逆に、これだけ立派な先生を放逐して、知らん顔をする京大の同僚に人格的に問題はないかと考えるべきである。思いこみはいけないのである。

6　1号任期制に該当するか

任期制は限定されている。本件はいわゆる1号任期制（流動化型）であって、「先端的、学際的又は総合的な教育研究……多様な人材の確保が特に求められる教育研究組織の職に就けるとき。」にのみ適用することができるが、同じ最先端の研究をしているこの研究所の教授の中で、なぜ井上教授だけがこれに該当するのか（第3章第2節三9）。

7　司法審査は不可欠

こんな無茶苦茶な再任拒否も、任期切れだから救済の方法はないというのが京大当局と裁判所の見解である。無法地帯というべきであろう。

韓国では、任期制違憲判決（第5章一6（2）132頁）、「失職」を処分として救済した判例（第3章第2節二9、61頁）もある。日本の司法の現状について国際会議で説明する時は本当に恥ずかしい思いをする。

五　任期制法の有害性

1　任期制は多数派による少数派弾圧手段

任期制は、身分保障に安住した怠慢な教員を追い出し、大学を活性化する手段だ等と思っている人が多いが、実は逆で、任期制法が適用されると、失職か再任かを決めるのは、当該大学（教授会、あるいは理事会）である以上は、怠慢な教員が追い出されるのではなく、学内派閥の少数派は、どんなに業績を上げても、追い出されやすい。多数派の身分が保障され、少数派の身分が害されるだけである。そこで、多数派に隷従するか、むしろ、自ら多数派になるしか、学内では生きることができ

ない。同じ大学で、競争講座をおいて、あえて学説の対立を現出することによって、学問の進展を図ることなど、およそ夢の又夢になる。これでは、教員の学問の自由が侵害され、大学が沈滞することは必然である。

したがって、教授の任期制を導入するまともな国はない。任期制が一般的な韓国でも、それは副教授以下に限っているから、日本のしくみは国際的にも異常である。

私は、これまで幾多の闘争をしてきた。それは学問を発展させたと信じているが、それが可能となっているのは、わが同僚からは追放されない保障があるからである。もし同僚と意見が合わないと、追放されるリスクがあれば、私は「毒にも薬にもならないお勉強」をするに止めたであろう。

2 任期制でも学問は活性化しない、逆に沈滞する

任期による入れ替えと流動化・活性化との合理的な関係は希薄である。確かに、自校出身者の学閥人事のために研究教育が停滞している大学は少なくないが、任期制を導入したところで同じ学閥内で流動化するだけの可能性が少なくないし、これは大学による自主的な選択的導入とされているから、当該大学が活用しなければ意味がない。また、「多様な人材の確保が特に求められる」という口実で大学教員の職務はすべて任期制にできるのではないかという疑問があるが、文部省の国会答弁では、これは任期制を導入できる場合を限定したものとされている。それなら、なおさら、任期制法が成立しても、実際に任期制を導入するポストは限られるから、大学の活性化にはさして結びつかないであろう。

逆に、「任期」による失職を避けるため、論争になるような生産的な学問よりも、多数派との協調こそ大事という風潮に傾くので、学問はかえって沈滞するだろう。

学閥人事などによる研究教育の停滞を打破するためには、採用人事において、自校出身者の割合を一定以下に下げるように目標値を設定させ、それに応じて、予算措置で優遇措置を講ずること、諸外国に見られるように、優秀な教員を優遇措置付きで招聘することができるように予算措置を講じて、全国すべての大学が優秀な教員の誘致合戦を行うようにする方がよほど研究教育の向上に資する。さらに、優遇措置を受けて招聘されたら、何年かは他から招聘を受けても辞職しない（異動しない）という約束を有効とする特別規定も必要である。

結局、任期制法は廃止すべきである。仮に廃止できないとしても、それを適用する動きは断固ストップすべきである。

第2章　事件の真相と裁判所、学長への要望

第1節　同時進行ドキュメント

井上教授はいかにして騙され、陥れられ、「失職」扱いさせられたか
――井上先生本人尋問調書から――

　以下、平成16年2月18日に行われた井上先生本人尋問の調書から、井上教授はいかにして騙され、陥れられ、「失職」させられたかをリアルに描くことにする。尋問は基本的には一問一答で行われる。質問**Q**は、最初の主尋問は井上先生の弁護団、後の方は被告京大側の反対尋問である。答え**A**は井上教授である。なお、証拠は法廷では、甲（原告提出）、乙（被告提出）何号証という呼び方がなされるが、ここでは、本書末尾の『資料編』の番号で示すこととする。

一　井上先生の職務は任期制にふさわしくない

Q　「先生はどのような研究を専門とされているのですか。」
A　「私は、膵臓を初めとする主に消化器外科に関する研究と、再生医療全般に関する研究を専門としておりますが、最近は特に糖尿病に対する新しい再生医療開発研究に力を注いでおります。」
　　　……
Q　「そこではどのような職務のポストが公募されていたのですか。」
A　「臨床応用可能な代謝系人工臓器作成をめざす研究についてです。」
Q　「そのテーマは研究テーマとして限定的な内容のテーマだったのですか。」
A　「いいえ、これは決して限定的ではありません。非常に奥の深い、範囲の広い、包括的なテーマであります。」

Q　「この公募に対してどのような研究をされるつもりで先生は応募されたのですか。」
A　「私の専門としております、まず膵臓の人工臓器作成に関する研究に主力を注ごうと思っておりました。それで、何とか時間的余裕を見つけて、同時に肝臓の人工臓器、さらには腸管、それから肺、そういうような臓器に対しましても研究を及ぼしたいというふうに考えておりました。」
Q　「そのような研究は短期間で成果を上げられるような内容の研究なのですか。」
A　「いいえ、決してそうではありません。これは非常に奥の深い、幅の広い研究でありますから、非常に長期間の目標を持ってやらなければいけない研究であります。一定の着実な成果を毎年積み上げて、そして、少なくとも10年以上はかかるテーマであります。」

二　事件の発端——同意書を騙し取られる

Q　「先生が本件ポストに応募されたとき、このポストが任期つきのポストであるということは示されていましたか。」
A　「いいえ、全く示されていません。」
Q　公募の書類（資料4）「のどこにも任期つきであるということは書かれていませんが、公募の際に口頭の説明などで任期つきだというような説明はありませんでしたか。」
A　「いいえ、全くありません。」
Q　「応募の後、選考手続で面接はありましたか。」
A　「はい、ありました。」
Q　「その面接の際には任期つきポストであるという話は出ていませんでしたか。」
A　「そういう任期制に関する話は一切出ておりません。」
Q　井上先生の書かれた書面（平成15年12月2日、協議員宛て文書）を示して、「平成10年4月に京都大学で任期制教官である教授を募集されました、という記載がありますが、被告側ではこういう書面のささいな表現をとらえて任期制教授とわかっての応募だったというふうに主張しているんですけれども、実際そうだったのですか。」
A　「いいえ、それは全く違います。公募の時には任期制ではない普通の教授の

応募であります。これは私が教授に採用内定があった後の話で、任期制が導入されたのは4月9日でありますから、ここに4月と書いてありますように、そのときの話であります。」
Q　「とすると、先生がこのポストに応募された際には任期つきポストであるという認識はあったのですか、なかったのですか。」
A　「そういう任期制という認識はもう全くありません。」
Q　「本件ポストが任期制ポストであることは先生御自身はいつ知られたわけですか。」
A　「私が教授に内定して、平成10年4月に引っ越し等で再生研に寄っているときにでありますから、4月に入ってから、そして同意をとられる4月20日までの間であります。」
Q　「だれからどのような状況で説明を受けられたんですか。」
A　「引っ越しの準備等でたまたま再生研に立ち寄ったときに、偶然に当時の松本事務長にお会いしまして、そのときに簡単な説明を立ち話で受けただけです」
Q　「事務長の立ち話での説明というのはどういう話でしたか。」
A　「私の普通の教授として採用されたポストは任期制になるという話でした。」
Q　「そうすると、その時、任期つきであることを初めて聞かされたわけですか。」
A　「そうです。そのときは本当に初めてです。」
Q　「それを聞いて、先生はどのように思われましたか。」
A　「私自身、任期のない普通の教授として採用内定していましたものですから本当に驚きましたが、また、それでなぜかなというふうに不思議に思いました。」
Q　「事務長に任期制教授という制度について説明を求められたわけですか。」
A　「はい。」
Q　「その結果、どういうふうな説明を受けられましたか。」
A　「京都大学では、いくつかの部門で任期制が導入されることになりました。任期制といっても、再任されない部門、1回だけ再任される部門、あるいは何回でも再任される部門があります。私のポストは5年任期ではありますが、再任が可で、とにかく普通にまともに仕事をしておれば定年まで引き続き何回でも再任されるという簡単な説明を受けました。」
Q　「その時の事務長の説明では、……このポストだけが任期制になるという話でしたか。」
A　「今再生研全体で教授あるいは助教授にも幅広く任期制を導入しようというふうな議論が進んでて、そういう方向で動いておりますということをおっしゃっておられました。」

Q 「そういう説明を受けられて、あなたはどうされたわけですか。」
A 「普通に仕事をすれば再任されるということでしたので、特にそれ以上深く考えずにそのままにしておりました。」
Q 先生の書かれた文書（甲30証、平成15年2月17日京都地裁宛井上先生陳述書）を示す。「この書面には、このポストが任期制法に基づく任期制教授であることは知らされていました、という記載があるわけですけれども、被告はこの文章をとらえて、任期制教授と知って応募したんではないかというようなことも主張しているんですけども、いかがですか。」
A 「いえ、それは全く見当違いです。ここに書いてありますように、その次の文章ですが、その際に受けた説明により、任期は5年だが、原則として再任されると理解します、と書いてありますように、これはあくまでその4月に任期制が導入されたことの話でありまして、先ほど説明しましたとおり、事務長から聞いた話のことでありまして、公募に対する応募のときにはもちろん任期制ではありません。」
Q 「今回の裁判で被告が主張しているように、任期満了に伴い当然失職するとか、再任手続は新任手続と同じですよというような、そういったたぐいの説明はだれかから聞かれたことはありますか。」
A 「いいえ、任期が満了すれば当然に退職するとか、あるいは再任の手続というのは新規採用と同じであると、そういう説明は一切受けておりません。」
Q 「同意書がまずどのように作成されたか、簡単に言っていただけますか。」
A 「これは平成10年4月20日に当時のマツモト事務長が、私が新しい部屋でいろいろ引っ越しの準備をしているときに、突然に非常に慌てて事務官もう1名と一緒に大急ぎで入ってこられまして、今すぐにこの任期に関する同意書を書いてくださいということで説明がありました。それで、とにかくあす会議があると、それで、あすの会議にもう間に合わさなければいけない、そうしないと私の教授の辞令が出ませんので、という非常に急いだ話がありました。非常にそういうことでせかされました。」
　　　……
Q 「この同意書の文面は先生がお考えになったものですか。」
A 「いえいえ、とんでもありません。」
Q 「だれが示したものでしょうか。」
A 「事務長はそれからまたいきなり部屋を本当に地響きのするような音で飛び出されまして、それで、また大急ぎで戻ってまいりまして、こういう見本のようなものを持ってこられました。そして、このとおりに書いてくださいというふう

第1節　同時進行ドキュメント

におっしゃいました。」
Q　「そう言われて、先生はどう思われましたか。」
A　「私は本当に同意書とかそういうことは一切知りませんでしたので、いきなり言われまして、非常に驚きました。しかし、いずれにしましても、手続上必要なものであろうということはその場のあれでわかりました。」
Q　「それで、それに書かれて、事務長はどうなりましたか。」
A　「それから、<u>事務長は京都大学の規則（阿部注、資料1）を示しまして、それでここに書かれてありますように、私のそのポストは5年任期ではありますけれども、再任可であります。とにかく普通にまともに仕事をすれば定年まで引き続いて何回でも再任されます。</u>とにかくあしたの会議に間に合わせないといけないということで、非常にせかされました。」
Q　「見せられたのはこの大学規定でしょうか。」
A　「はい。この大学規定でも、この2枚目の表のところの部分だけです。」
Q　「2枚目の別表の部分だけを示されたということですね。」
A　「はい。」
Q　「この別表部分では再任可であることが明示されていますね。」
A　「はい。」
Q　「それで、先生は同意書を書かれたわけですね。」
A　「はい。とにかくあしたの会議に間に合わさないといけないというふうに非常にせかされました。それで書きました。」
Q　「翌日の会議とはどんな会議のことだったんでしょうか。」
A　「それは再生研の協議員会のことであります。」
Q　平成10年4月21日の協議会申し合わせ（資料5）を示して、「4月21日の協議員会のことですね。」
A　「はい。そのとおりです。」
Q　「この当時の所長はだれだったですか。」
A　「山岡義生所長です。」
Q　「この協議員会には、先生は出席されましたか。」
A　「いいえ、私は教授の採用内定は決まっておりましたが、まだ教授ではありませんので、出席する資格がなく、出席しておりません。」
Q　「この協議員会の書面を見ますと、もともと再生研の本件ポストは、任期法の4条1項1号に基づくものであるとされていたものが、ここでの研究は、5年程度で具体的な成果を得て終了することを基本とし、原則として5年の時限を課すと、こういうふうに書いてあるんですけれども、このような扱いにするような

説明は事前に先生にありましたか。」
A　「いいえ、同意のときには再任が原則というふうに理解しておりましたし、これを見ますと、再任が原則ではないというふうな申し合わせになっております。こういうふうな説明はありません。」
Q　「協議員会の申し合わせの内容というのは、……同意書を作成したときの説明とは全く違っているわけですね。」
A　「はい。今申しましたとおり、全く正反対とも言えると思います。」
Q　「先生は、いつごろ、どういう経緯でこの4月21日の協議員会の申し合わせの内容をお知りになったんでしょうか。」
A　「今回の裁判で非常に問題となってます私に対する再任拒否事件があったのが平成14年12月19日ですが、そのころにばたばたしていますときに、私の教室の助教授の角昭一郎先生に事務局から入手されたものを見せていただきまして、知りました。」
Q　「非常に大事な4月21日の協議員会の内容の書類というものあるいはその内容について、先生がこの書類を渡されたりあるいは説明を受けたりしたということは直接にはないんですね。」
A　「ええ。これを正式に示されたあるいは知ったということは一切ありません。」
Q　「この文面によりますと、任期制法4条1項1号に基づくという文言があるわけですけれども、この任期制法の4条1項1号については事務長さんから何らかの説明はありましたか。」
A　「いいえ、この法律に関する説明は一切ありません。」
Q　「ここには、任期を平成10年5月1日から平成15年4月30日までとされることに同意します、という文言がありますね。」
A　「はい。」
Q　「これを根拠として、被告さんの方は、任期が切れたら終わりであるとか、以後の手続は新規採用の手続になるとか主張されているわけですけれども、そのような説明はこの同意書をつくったときにはありましたか。」
A　「いいえ、任期が切れたら終了するとか、再任の手続は新規採用になるというような説明はもちろん一切受けておりません。」
Q　「この書面を見ますと、形式的にあたかも任期が平成15年4月30日までとされるような記載になっているわけですけれども、この任期が到来すれば教授を退任することになるという説明はあったんでしょうか。」
A　「いいえ、とんでもありません。全く違います。普通にまともに仕事をすれば引き続いて定年まで何回でも再任されるという話で強い説明がありましたし、

私自身普通以上に、患者さんの治療の開発研究がありますので頑張るつもりでしたので、頑張って再任されるという認識がありました。ただ、とにかくあすの会議に必要だということで、非常にせかされて書いたわけであります。」
Q　「当然再任されることを前提として理解していたというふうにお聞きしていいですね。」
A　「そのとおりです。私はもう普通以上に頑張るつもりでしたので、当然その成果が評価されて再任されるものというふうに信じておりました。」

三　再任審査

Q　「再任に関して、山岡前所長が何らかの発言をその後していたということはありますか。」
A　「はい。私が私の仕事に対する評価を受けるために再任申請、これはもう再生研究所の内規で決まっておりますが、再任申請をした平成14年4月以降の教授会で山岡前所長は、何度か私の任期制のポストは再任が前提であるという発言を繰り返しておられました。」
Q　「具体的にいつどのような場面で発言をされたのかというのを少し説明していただけますか。」
A　「まず平成14年7月の教授会、外部評価委員会の一月前ですが、来月に私の再任に関する外部評価委員会が開かれます。私の任期制の教官のポストは再任が前提ではありますが、内規に従って8月に外部評価委員会が開かれますので、その結論に基づいて私の再任が決定されることになります、とおっしゃってました。それと、外部評価委員会が終わった後の9月の教授会でありますが、そのときも、先月の8月に外部評価委員会が終わりました、私のポストは再任が前提ではありますが、内規に従って8月に行われました外部評価委員会の結論に従って、来月に行われます協議員会で再任の可否が決定されますということをおっしゃっておりました。そのほかにも何度か私の再任手続に関して私の任期制教官のポストは再任が前提であるという旨の発言を繰り返しておられました。」
Q　「再任拒否がされた際の協議員会の議事録（阿部注、平成14年12月19日、資料10）ですが、議長すなわち山岡前所長から経過説明がありまして、その説明ですと、任期制教官の再任審査は再任を前提とするものではないというふうに経過説明、そういうものがあって、その内容が確認されているという議事録になっていますね。」

A　「はい、そのとおりです。」

Q　「さらに、審議で議論しているのは今後5年間でのプロジェクトのサイエンティフィックな面と実現性、将来性であり、また研究所の社会的責務への対応等であること、それも確認されていますね。」

A　「はい。」

Q　「この経過内容と確認内容というのは、先ほど先生が言われた同意書を書く際の説明内容と合致しているんでしょうか。」

A　「いいえ、全く正反対だと思います。」

Q　「同意書をとる際にはどういう話でしたかね。」

A　「同意を書くときには、再任可で、普通に仕事をすれば再任されるということで再任前提再任原則というふうに理解しておりましたが、これを見ますと、再任が前提でない、再任が原則でないということで、違った手続になっていると思います。」

Q　「先生が今のポストにつかれる前に、例えば5年のプロジェクト型であるとかあるいは原則として再任しないなどという説明を受けていれば、そのポストにつくことについて同意はしていましたでしょうか。」

A　「いいえ、とんでもありません。そういう説明があれば当然同意はいたしていません。」

四　再生研のHPと協議会申し合わせ

Q　「これは平成15年7月25日の再生研のホームページに掲載された中辻新所長の文章（阿部注、資料11）なんですが、その中で任期制の運用方針について、この任期制の運用に関しては再任を全く認めない再任不可ではありませんが、運用方針については研究所設立時に定められた再生医科学研究所再生医学応用部門に関する申し合わせ（平成10年4月21日協議員会決定、阿部注、資料5）が存在し、それによれば云々、というふうにありますね。」

A　「はい。」

Q　「これをごらんになってどうお考えになりましたか。」

A　「これは私が同意のときの説明では再任が前提、再任が原則ということでありましたが、これを見ますと、再任が原則でないというふうな全く違った運用がなされているというふうに思います。」

Q　「このような運用がされるとわかっていれば任期制に同意していましたか。」

A　「いいえ、このような運用がなされておれば、もう絶対に同意してませんし、もしそういうような運用がなされることがあれば、これは本当に、言葉は悪いかもしれませんが、だまし討ちであり詐欺だというふうに思います。」
Q　「先ほどお話がありました山岡前所長の発言、それから同意書作成の際の経過に関連してお聞きします。山岡前所長は先生の再任には積極的だったんでしょうか。」
A　「いいえ、全く反対であります。私に突然辞任の要求、再任申請の取り下げを強要して、私の再任を妨害しようとしたりしましたし、また、東京大学名誉教授の出月先生にお伺いしたところによりますと、外部評価委員会にみずから圧力をかけていろいろ妨害工作をして、そして外部評価委員会の結論を私に不利なように修正させようといろいろ画策したということを伺っております。」
Q　「再任申請の取り下げを強要したというのは、端的に言うと、どういうことなんでしょうか。」
A　「私の再任が決まるべき平成14年10月17日の協議員会を延期しましたし、また、先ほどお話ししましたが、辞任要求の件ですが、平成14年11月15日のことでありますが、当時の山岡前所長は私を突然事務室に呼び出しまして、事務官にテープレコーダーを記録させる状況下で2人の教授がそばにおられましたが、いきなり、みずから辞任してください、このままでは再任ができない、ということをおっしゃって、私に辞任の強要をされました。」

五　再び同意を取られた経緯について

Q　乙3号証（任期制法に関する大学審議会答申）には、「『再任とは再びその職に採用するということであるから、通常の採用手続に基づき選考を行うことになるので、採用時にこの旨本人に明示しておくことが求められる』、というふうにされておりますね。」
A　「はい。」
Q　「そういう内容の明示というのはありましたか。」
A　「この任期の内容に関する説明というのは、私の採用時におきましても、あるいは採用後におきましても、誰からも一切説明は受けたことはありません。」
Q　「そうすると、任期が切れたらもう終わりだとか、再任は新規採用と同じ手続になるとかいうような説明はあったんでしょうか、なかったんでしょうか。」
A　「任期が切れたら終わりとか、あるいは再任の手続は新規採用と同じである

第2章　事件の真相と裁判所、学長への要望

というような説明はもちろんありません。」
Q　「今お話のあったような説明を受けていたならば、先ほど示しました同意書というのはお書きになりましたか。」
A　「それはもう絶対に書くはずがありません。」
Q　「そういう話を聞いてたとすれば、教授への昇任についてはどういうふうにお考えだったんでしょうか。」
A　「もし仮にそういう説明があったとすれば、私は当時教授採用が普通の教授として内定はしてはおりましたが、私自身、その内定をみずから取り下げます。」

六　外部評価と所長の介入

Q　「同意書を取られた前提として、普通にまともに仕事をしていれば再任されるという話だったということでしたのでお聞きしますが、この5年間、先生の研究活動としてはどうだったと考えられますか。」
A　「私の研究は非常に高い評価を受けまして、多くの研究費、年間毎年三、四千万円から六、七千万円の研究費が当たりまして、特に科学研究費の中でも一番難しい基盤研究Sというのが導入されたときに、京都大学で初めて私と農学部の教授2人が採用されました。それも20名近くいた研究生、大学院生と共同研究に励んだ結果、糖尿病に対する治療開発研究がかなり業績、成果を上げることができました。そして、国際特許も多く出願することができました。これから本当に研究所として大事なときであります。そして、そういうことが評価されて、日本医学界の最高峰と言われてます、日本医学会100周年記念シンポジウムに日本医学会から7名が代表されて、外科の分野では私1人ですが、選ばれました。」
Q　「これが日本医学会100周年記念シンポジウムの報告集の目次でございますね。」
A　「はい、そのとおりです。」
Q　「ここで、『21世紀の再生医療—現状と展望—』ということで、先生がお話をされているということでしょうか。」
A　「はい、そのとおりです。」
Q　「これも、この5年間に先生が研究された内容が各メディアに掲載された内容ということで間違いございませんでしょうか。」
A　「はい、そのとおりです。」
A　「同意書をとられたときに話が出ていた、普通に仕事をしているかという評

価に関してなんですが、この再任審査に当たっての研究所の申し合わせ及び内規というものがあるんですが、ここでその評価の基準、項目を示しているわけですね。」

A 「はい。」

Q 「甲第7号証の申し合わせの2項、それから甲第8号証の内規（資料6）の3条によれば、①任期中の学術的業績、②任期中の社会的貢献、③学内の教育及び行政への貢献が評価項目にされていますか。」

A 「はい、そのとおりです。」

Q 「これが外部評価委員会が先ほどの評価基準に従って先生の活動を評価した報告書でございますが、この報告書の記載内容について簡単にご説明いただけますか。」

A 「まず、私の研究、糖尿病に対する治療開発研究が高い評価を受けました。そして、研究業績が国際レベルに十分に達しているという高い評価を受けました。また、国内外の学会理事、特に海外の超一流誌の編集委員をしているということも非常に高い評価を受けました。さらに、日本の再生医療、特に21世紀の医療について非常に大切になってまいります再生医療にとって非常に大事な日本再生医療学会の設立にかなり中心的に関与させていただいて、初代の会長として非常に大成功におさめて、社会的貢献が大きいということも非常に高い評価を受けまして、外部評価委員の先生方全委員が一致して期待を持って私の再任に賛成していただきました。」

Q 「ところで、山岡前所長が外部評価委員会の評価に介入したという話を聞いておられますか。」

A 「はい。これは先ほど申しました出月康夫東京大学名誉教授にお伺いした話でありますが、外部評価委員会にみずからいろいろ圧力をかけて、私の再任を妨害しようとしたことを伺っております。特に外部評価委員会の最初の結論、3回ほど変わってますが、最初の結論で、全委員が一致して再任可に賛成するという結論、そういうシンプルな結論があったのが、いろいろな文章を加えまして、特にその中でも、特にそれを不可とする者はなかったというふうな表現にかえようとして、それを外部評価委員会、特に出月先生に指摘され、それが失敗に終わったということで、出月先生は私自身に、公正な所長としてこれは本当にスキャンダラスな行為であるということをおしゃってました。」

Q 「これは、私たち弁護団からの照会書に対する出月先生の回答書ですが、ここには、先ほどの外部評価委員会報告書の第一次ドラフトでは全員が再任に賛成したとなっていたが、第二次ドラフトでは再任に反対はなかったと表現が変更さ

れていた、微妙に表現のニュアンスが異なるため、外部評価委員会の結論のとおり全員が再任に賛成したに戻すべきであることを出月先生が指摘して、委員長に第二次ドラフトを返送したと記載してありますね。」
A 「はい。」
Q 「これが先ほどの介入ということを出月先生が示唆されているということなんですか。」
A 「そうです。そのとおりです。」
　　　（この点は、三つの案の比較表を参照されたい。資料7）

七　協議員会の審議と再任拒否

A 「外部評価委員会の報告書を受けて、再生研の協議員会ではどういう議論がなされましたか。」
A 「外部評価委員会の評価に基づいて、内規に基づきますと私は再任されるということで、再任される予定でありました平成14年10月17日の協議員会がなぜかしら強引に延期されたということであります。」
　　　……
Q 「その日にその可否を決定できない理由がありましたか。」
A 「理由なんて全くありません。」
Q 「何か延期した理由として、山岡前所長は、外部評価委員会の報告内容に関連して、先生に対する質問をする必要があるということを理由に上げたようですが、そういうことは正当なのでしょうか。」
A 「いいえ、それは私は正当だとは思いません。そのとき山岡前所長は外部評価委員会の結論に反論を書きなさいと私におっしゃいました。私は外部評価委員会の先生方は超一流の専門家が集まって私に全員が再任に賛成されたわけです。反論を書く必要なんて全くありません。それは不思議でした。」
Q 「その次に開かれた協議員会が11月12日なんですが、この日に先生としては再任が決まると思っていたのでしょうか。」
A 「先ほど申しましたが、私の分野に関する一流の専門家が一日割いて北海道からもいろいろ来られて、そして、本当に真剣な議論をされて、私も出席して、評価していただいて、外部評価委員会の先生が再任可ということで結論を出され、内規では当然外部評価委員会に基づいて再任されるということで、当然私はそれを信じておりました。」

第1節　同時進行ドキュメント

Q　「11月12日の協議員会では決まるというふうに思われたんですか。」
A　「だから、当然に決まると思っておりましたが、私がそのときかなり強引に退席させられまして、そして私のいないところで再任審議が行われました。」
Q　「その結果、その協議員会はどうなったという報告がありましたか。」
A　「その終了後に山岡前所長から、理由説明は全くなく、再び継続審議になったという簡単な一言をいただきました。」
Q　「その日の協議員会で初めて取り上げられたのが、いわゆる医の倫理に関する問題だったということですか。」
A　「はい。それは少し後でわかりました。」
Q　「医の倫理に関する問題とはどういう問題ですか。簡単で結構ですからご説明ください。」
A　「これは京都府立医科大学外科の教授で現病院長の山岸先生と助教授の萩原先生からご依頼があったお話でして、苦しんでおられる患者さんを助けたいので、膵臓から細胞を分離して、そしてその分離した細胞を患者さんご自身に返してあげる、いわゆる自家膵島細胞注入療法をしたいので、膵臓から細胞を分離していただきたいというご要請がありましたので、京都府立医大と私どもが合同で再生研の倫理委員会に申請したという、それだけのことであります。何の問題もあろうはずがありません。ところが山岡前所長は、これをいかにも医の倫理に何か問題があるというふうな話を一生懸命誇張してつくり上げて、それを私の再任拒否の理由にしようとしたことが明らかになっております。」
Q　「その医の倫理に関する問題なるものが先生の再任の可否に影響を及ぼすような問題だったどうかについて、これはどう考えたらいいんでしょうか。」
A　「これは全く根拠のない話であります。出月康夫東京大学名誉教授からお伺いした話ですが、山岡前所長はその平成10年11月にわざわざ東京まで出向かれまして、出月先生をホテルに呼び出されまして、そしてこの医の倫理に関する問題を取り上げて、そして出月先生に私に対して再任申請の取り下げを説得してほしいというふうに頼まれたそうです。出月先生は膵臓移植に関しましては世界で初めてタッチされた先生でもありますが、膵臓移植、膵島細胞移植に関する世界のみならず日本の第一人者でもありますし、また特に医の倫理に関しては非常にご造詣の深い先生ということで有名であります。その出月先生から見ても、この医の倫理なる問題には何の根拠もない、何の問題もないということが一目瞭然におわかりになりますので、即座に山岡前所長の要請を一蹴されたそうです。」
Q　「これは先ほどの我々弁護団が出月先生に差し上げた照会書に対する回答ですが、今先生がご証言された内容がここに出月先生の文章として明記されている

わけですか。」
A　「はい、そのとおりです。」
Q　「これは山岡前所長が平成14年12月5日に協議員あてに出された文書なんですが、……平成14年11月15日までに山岡所長が電話で全協議員から再任申請の取り下げを井上先生に対し求めることの同意を取り付けたという文章がありますね。」
A　「はい。」
Q　「それであれば、先ほどの11月の協議員会の後、次の12月に開かれる協議員会の前に既に再任不可いうことで協議員会の根回しが終わったということになりませんか。」
A　「そうです。再任不可でそういうことを行って、そして再任不可の流れをそこでつくってしまったということを伺っております。」
Q　「それで、次に開かれた12月19日の協議員会の議論はどうなりましたか。」
A　「それで、その次の12月19日の協議員会でありますが、11月12日に問題になったとされる医の倫理の問題に関する私に対する釈明要求は全くありませんでした。議題にも上りませんでした。そして、私が話をしようとすると、何の説明もする機会も与えられずに遮られまして、強引に退席を求められました。前回もそうですが、その後、私のいないところで再び長々と議論が行われたようであります。それからしばらくして、その再任が不可になったという通知が来たのであります。」
Q　「それでは、再任不可とされた理由について何らかの説明はありましたか。」
A　「いいえ、再任不可の理由は全く説明はありません。それで、その12月19日の協議員会の議事録をかなり後で知ったわけですが、11月12日に取り上げた医の倫理する問題は一切議事録では書いてありません。突然と消えております。なぜかわかりません。それで、当初その議事録（阿部注、資料10）を読みますと、その深い意味といいますか、よく趣旨がわかりませんでしたが、平成14年の今の再任拒否のころに教室の角先生からお話を聞きました平成10年4月21日の協議員会申し合わせ（資料5）、全くその違う運用をなされているという申し合わせ、あるいは、再任拒否が行われた後の平成15年7月25日に中辻所長によって公開された任期制教官に関する情報公開（阿部注、資料11）、それも全く違った正反対の再任を原則としないというふうになっておりますが、それらを照らし合わせますと、同意のときの説明あるいは理解、再任は原則であるという理解、説明と全く異なって、任期が来れば再任されないと、恐らくそういうような運用に変わってしまったということが示されていると思います。」

第1節　同時進行ドキュメント

Q　「これが平成15年7月25日に現再生研所長の中辻所長が書かれた文章ですが、……再生医学応用研究部門における任期制の運用方針と題する部分を読みますと、この任期制の運用に関しては再任を全く認めない再任不可ではありませんが、運用方針については、研究所設立時に定められた『再生医科学研究所再生医学応用部門に関する申し合わせ』（平成10年4月21日協議会申し合わせ）（阿部注、資料5）が存在し、それによれば、『ここでの研究は5年程度で具体的な成果を得て終了することを基本とし、原則として5年の時限を課す』と書かれています、とあるんですが、このような基準で再任審査が行われることは知らされていなかったのですか。』

A　「はい。今申しましたとおり、再任が原則という理解のもとの同意でありますので、これは全く正反対で、再任を原則としないという、全く異なった正反対の運用がここで行われているというふうに思います。」

Q　「以上お聞きしたように、客観的な評価の手続が全く無視されて再任審査が行われるということを同意書作成の際に予測しましたか。」

A　「いいえ、全くしておりません。同意書のときには何らかの客観的評価は受ける、再任審査を受けるという認識はもちろんありました。ところが、客観的な評価、しかも外部評価委員会の客観的な評価を受けて再任可ということが決まりながら、なおかつそれが恣意的に拒否されると、そういう事態は到底想定しようもありません。」

Q　「まさに詐欺的な手法で同意書を書かされたということになるわけですが、今回被告から提出された第8号事件第2準備書面に、仮に当該同意がなされるまでの手続が詐欺的なものであって、同意が本人の真意によるものではなかったとしても、なにゆえ本件昇任行為に付された付款のみが無効になるのか全く不明である、という主張があるんですが、これに対してどのようにお考えになりますか。」

A　「私はこの被告の表現を見て、まさしく目を疑いました。いやしくも神聖なる大学で詐欺的な行為が行われても、それが真意でなくても同意さえとれば何をしてもいいと、意のままであるというふうな表現になっております。普通、我々一般的な社会常識のある人間はそういうことは書きません。この神聖な大学で詐欺的なものが行われてもだれも実際にはそれを問題にしなかった、あるいはとがめなかったと。大学でこういうようなことが許されていいものでしょうか。一般社会でこういうことは許されるのでしょうか。私はこれを見て、こういう表現が出ること自身が非常に不思議に、違和感を覚えました。」

Q　「最後に裁判所に述べておきたいことを述べてください。」

　それが次の第2節井上陳述書である。

八　反対尋問

被告ら指定代理人（横田）

1　同意の意味について
同意書を示す

Q　「ここに、任期を平成10年5月1日から平成15年4月30日までとされることに同意しますと、記載がありますね。」

A　「うん。」

Q　「ですから、あなたとしては、15年4月30日が来たらどうなると思ってたんですか。」

A　「これはここに書いてあります、京大規定任期が切れて再任かということで、それで事務長からも、普通にまともに仕事すれば再任される、私はもう普通以上に仕事をするという気持ちでおりましたし、それで、任期が切れれば退職するとか、任期が切れれば終わるとか、そういう説明は一切受けておりません。だから、任期で再任可であると、普通以上に仕事をするつもりでしたし、そういうことに関しましては頑張れば再任されるということについては同意しましたが、任期が切れれば退職するということには全く同意しません。」

Q　「あなたは再任というものはどういうものだというふうに理解してたんですか。」

A　「今申しましたとおり、再任というのは、同意書の作成のときにおきましては、普通以上に頑張れば再任されるということで再任可ということがありましたので、私はとにかく客観的な評価を受ける必要があると、この任期制に関しましては。それでそのときに同意の気持ちですが、いわゆる教授というのは、本当に仕事をしない、あるいは怠慢な教授、何もしない、極端な場合には再任されない場合もあるであろう、しかし、普通に頑張っている、あるいは普通以上に頑張るということは、それで一定の評価を受けて再任されるという認識がありました。」

Q　「そうすると、再任ということ自体、普通の例えば任期のない教授ではないということはわかりますよね。要するに、一定の期間が経過して、そこで切れてもう1度任命されるかどうかを仰ぐということじゃないんですか。」

A　「それはもう全く違います。」

2　平成10年4月21日の協議員会への出席通知の有無について

Q　「あなたが……同意書を書いたという次の日に協議員会があったということですけれども、あなた自身はその協議員会が開催されることについて通知等は何か受け取ってないんですか。オブザーバーとして参加されませんかという通知は受け取ってませんか。」

A　「私自身は、4月20日の同意のときには、協議員会のとき私は教授は内定しておりましたけど、教授としてまだ採用されてませんので、出席してないと思います。」

Q　「通知を受け取ったか受け取ってないかを聞いているんです。」

A　「そういうことの記憶は全くありません。」

Q　「通知を受け取ったかどうかもわからない。」

A　「通知を受け取ったかどうかに関しては私は記憶はありません。」

Q　「でも、大事な関心があるんじやないんですか。」

A　「いえ。要するに、これは事務長から非常にせかされて書いた、あしたの会議に必要であるということでしたので、これは何らかの手続に必要だということで、私たち大学の教官は、辞令が5月1日で決まってましたので、手続上の会議というのはしょっちゅうあるわけです。だから、そのことを一々そういう会議は気にしないのが一般であります。」

3　再任審査について

Q　「先ほど主尋問でも出てましたけども、3条に学内の教育、行政の貢献、社会的貢献に関するものを出してくださいという規定がありますね。」

A　「はい。」

Q　「これはよろしいですよね。」

A　「はい、社会的貢献ですね。」

Q　「あなたの方としては、……同意書をつくったときに自分は再任されるものだということを前提にお考えになったようですけども、ただ、平成10年5月1日の時点で、要するに、将来あなたがどのような教育あるいはどのような社会的な貢献をするのかわかってないわけですよね。ですから、それは任期の定められた期間内の経過を見ないと平成10年5月1日の時点では何もわからないじやないですか。」

A　「いえ、そうではありません。とにかく私は、同意のときには普通の仕事ということで、だめな、実績を残さない場合には再任されないという気持ちは。普通以上に頑張るつもりでいましたので、当然頑張るつもりでいましたので。」

第2章　事件の真相と裁判所、学長への要望

Q　「あなたとしては、普通に仕事をしていれば、いずれちゃんと再びその職につけてもらえるんであろうと、そういうふうな認織でいたということになるわけですか。」

A　「いいえ。私はこの再生研究所の教授に応募したのは、患者さんに対する治療開発を完成させようと、私何回も言ってますように、それは医者の気持ちとか学者の気持ちを無視した発言だと思います。そういう気持ちで応募しているわけですから。」

原告代理人（尾藤）

　「今の尋問で、普通に仕事をしていれば採用されるであろうのごとき質問は前提を誤ってますから、質問を変えてください。そういうことを言われてないです。そういう前提になってないです。」

4　論文の投稿について

被告ら指定代理人（横田）

甲第14号証及び甲第15号証を示す

　「甲第14号証の2枚目のⅡ1.①という項目のところで「ES細胞に関するNature Biotech論文がRejectされCell Biologyに投稿準備中」という記載がありますね。」

A　「はい。」

Q　「甲第15号証の真ん中下に、ES細胞からの分化誘導研究に関してというところで、「論文投稿（Nature Biotechnology）」、「論文投稿中（Journal of Cell Biology）」という記載がありますね。」

A　「はい。」

Q　「端的に答えていただきたいんですが、この論文というのは結局学会誌か何かあるいは研究誌にレビュー、論文掲載されたことがあるんですか。」

A　「これはPancreasというジャーナルに採用されまして、今非常に評価されて、引用件数は非常にふえてます。非常に世界じゅうで引用されて、評価されております。その最初のいろんなことですが、大体非常に新しい発見をするときは、そういうペーパーを出してもなかなか海外のジャーナルは信用してくれないと。だから、最初の論文、いろいろずっと積み重ねがあった場合には割と採用されやすいですが、新しい研究成果というのはいきなりたまたま出ても、それをなかなか信用しないという面があります。それはもう学会の先生は全部知ってます。だから、本当に重要な仕事というのはなかなか最初に採用されるのが非常に難しい、それは医学会、研究者の一般常織であります。」

Q　「今掲載されているというふうにおっしゃったのは、両方の論文なんですか。」

A　「Pancreasというのはアメリカのれっきとしたジャーナルです。膵臓に関する一番権威のあるジャーナルです。世界的なジャーナルであります。」
裁判長
Q　「甲第15号証の上の方にPancreasとありますね。これですね。」
A　「これは別の論文であります。その後にアクセプトされました。」
被告ら指定代理人（横田）
Q　「よくわからないので聞きますが、甲第15号証でいうNature Biotechnologyと　Journal of Cell Biology　にはレビューされているのかされてないのかということについてはどうなんでしょうか。」
A　「それは投稿中という言葉が恐らく抜けていると思います。先ほど申しましたとおり、いろんな雑誌に出しましたが、実際に評価はされているんですけど、そのリジェクトの理由はわからないんですが、簡単なリジェクトの理由で全部それはリジェクトされてます。次から次に出していったわけです。そういう非常に積み重ねがあるわけです。なかなか理解してもらうのが難しくて。最終的にアクセプトされた後に今現在非常に高い評価を受けているわけです。」
Q　「ですから、そのNature BiotechnologyとJournal of Cell Biologyについては現時点においてもレビューされてないと。」
A　「いや、それはもうリジェクトされてます。リジェクトというのは、出した後に拒否されてます。」
裁判長
Q　「投稿は既に終わっているわけですか。」
A　「はい、それはもうとっくに終わったときの、そうです。」

　　　　　　　　　　　　　　　　　　　　　　　　　　　　　　　以上

九　阿部泰隆コメント

　主尋問では、井上先生に100％理があり、京大の腐敗、ごまかしが白日の下にさらされた。
　この反対尋問は、1、3は、同意書の件で、無意味な尋問である。井上先生の主尋問は全く崩されなかった。
　2の協議員会へのオブザーバーとしての通知の件も、井上先生が出席したという、裏でも取った上での尋問かと、一瞬ひやっとしたが、そうではない。
　4は、わかりにくいが、井上先生の論文がrejectされた価値のないものであると

いいたいところ、立派な雑誌に載ったとして反撃され、それで終わったのである。井上先生に聞けば、相手側のいう論文とは、ES細胞からの膵島細胞の樹立に関する論文で、これは、まず、Nature Biotechnologyに投稿したところ、詳しい理由説明がなされないままにrejectされ、ついで、Journal of Cell Biologyに投稿したところ、これも、ほとんど理由らしい理由も明示されずに、rejectされた（平成14年の時点）が、Pancreasに投稿したところ、非常に高い評価を受け、majorなcriticismは全くなく、スムーズにアクセプトされ、平成15年7月に、online publicationされた。この論文は、糖尿病に対する画期的な再生医療の開発に繋がる重要な論文として、現在、世界的に多く引用されている。

別の論文と言うのは、相手が見せた書類に、PancreasとTransplantationと二つの論文名のみの記載があったので、混乱するが、その時に相手が見せた書類の前後関係から、これは、ESとは全く別の研究内容で、カプセル化膵島に関する研究が記載された論文だということである。この一連の研究は、すでに、PancreasとTransplantation（どちらも一流学会誌）の両方に何遍か掲載されている（もちろん他の一流学会誌にも）。

私が反対尋問するなら、どこにも載っていないということを調査の上で行うはずである。

これで、反対尋問は全て失敗し、持ち時間30分のところ、10分で終わった。戦争途中で撤退したのと同じである。善意に解すれば、訟務検事も、京大を勝たせるのは正義に反するので、形だけ仕事をしたふりをしているということであろうか。

第2節　井上先生の陳述書

京都地方裁判所御中

平成16年2月18日

私の母は医者でありましたが、私は母の患者さんを救おうとする強い熱意と骨身を惜しまない献身的な姿勢に心を打たれて医者になりました。私の人生の原点はそこにありますし、患者さんのために頑張ろうという熱意は今も全く同じであります。

私は現在糖尿病に対する新しい再生医療開発研究に取り組んでいます。糖尿病の患者さんは潜在数も含めると1500万人近くになっており、重大な医学的・社会的問題になっています。特に小児に発症する糖尿病は深刻で、御両親がインスリン注射をしています。中学生になると自分で、一日4回のインスリン注射ができるように

なりますが、いくらインスリン注射を続けても、失明などの合併症の進行が防げないという大きな問題があります。この問題を解決できるのが、私達が取り組んでいる新しい再生医療開発研究です。

私達の治療法は日本から世界へ発信でき、多くの患者さんを救うことができる画期的な治療法で、患者さん御本人や御家族から多くのお電話やお手紙をいただいておりますし、多くの患者さんがこの新しい治療開発を待ち望んでおられます。病気は待ってくれません。

教室や他大学の多くの先生方と一丸となって取り組んできましたこの治療法も、いよいよ臨床応用の実現が近いところまでやってまいりました。治療開発を待ち望んでおられる多くの患者さんのためにも、ここで研究を止めるわけにはいきません。

私はいろいろの圧力や制約を受け、極めて厳しい環境下にありますが、教室の先生方と心を一つにして、研究、研究指導、学会、講演、執筆、ボランティアー活動などに励んでおります。これはまず何よりも、新しい治療開発を待ち望んでおられる多くの患者さんのために研究を継続・発展させ、その臨床応用を実現させるためであり、さらに、教室の多くの研究員、大学院生、留学生の方々、そして、私を支援してくださる多くの病院や学会関連の先生方、多方面にわたる多くの有志の方々のためであります。

さて、今回の事件について、思うところを述べさせていただきます。

私が研究所の教授のポストに応募したときには、任期制ではありませんでした。採用内定後に突然、任期制に変更されたのですが、これは再任可で、普通に仕事をすれば再任されるということで同意いたしました。ところが、同意したまさしく次の日に、同意の内容とは全く正反対の取り決めがおこなわれました。この信義に反する取り決めを知ったのは、同意してから4年半以上経過した、再任拒否事件の頃です。

研究所では、外部評価委員会の評価に「基づいて」再任を決めるという規則があります。平成14年に再任の審査があり、外部評価委員会が全員一致で私の再任に賛成の結論を出しました。ところが前所長の画策により再任が拒否されました。外部評価は何のためにあるのか、外部評価の結論をなぜ覆すことができるのか、普通以上に仕事をしても、再任が拒否になるというのはまさしく異常な事態です。

大学当局は、自治の名があれば、各部局が信義に反する行為をしても、それを見過ごしてよいのでしょうか。真理を追究すべき、教育、研究の場でこういう人の道に反し、信義に反することが平然と行われても良いのでしょうか。京都大学では、滝川事件以来大学の自治が守られてきたはずですが、今回の事件が正しく解決されないと、大学の自治が完全に崩壊してしまいます。

第2章　事件の真相と裁判所、学長への要望

　私は、今月に送られてきた被告からの準備書面を見まして、まさに自分の目を疑い、何度も読み返しました。"仮に当該同意がなされるまでの手続きが詐欺的なものであって"という表現がありました。こういう社会常識をはるかに逸脱し、人の道に反し、信義に反することを何の抵抗も無く平気で裁判所宛の書面に記載するという被告の神経に、大きな衝撃を受けました。尋常ではありません。これは、社会常識や、一般の方々の気持ち・正常な感覚をないがしろにする思い上がり以外の何物でもありません。これでは、詐欺的に同意をとっても、一旦同意をとってしまえば、あとは意のままであるということになります。神聖な学問の場で、被告自らが言及しているような詐欺的行為が行われてよいものでしょうか。

　実に恥ずかしいことではありますが、京都大学には全く自浄能力が無く、信義に反する行為が行われても、大学当局はその責任を問いませんでしたし、大学内には何等の救済手段もなかったのです。被告はまさに今、任期が切れたら終わりといって門前払いしようとしております。これは、先進国として世界の模範となるべき法治国家にあるまじき行為だと思います。

　そこで私は、大学に救済の道がない以上、大学の自治と学問の自由を守るために、そして患者さんのために、社会正義を信じ、法治国家としての日本を信じて立ち上がり、司法に訴えたのです。

　被告の方々、あなた方が御自分の胸に手を当てて、御自分の本来の心と御自分の良心に正直になれば、私の陳述に対して、正当な反論をすることはできないと思います。私には何の曇りも無いからです。これは傍聴席の皆様方や、国民の皆様方にもきっと御理解いただけるものと確信しております。

　私は社会正義というものを信じます。社会正義を実践していかないと、世の中は破滅します。教官の任期制が正しく運用されるために、大学の自治の崩壊を防ぐために、学問の自由を守るために、社会正義を守るために、患者さんのために、そして日本の将来のために、なにとぞ適正な御裁断を賜りますようお願い申し上げます。

井上　一知

第3節　京都地裁への要望書

京都地裁民事三部

　　　　　　　　　　　裁判長裁判官　八木　良一殿
　　　　　　　　　　　裁判官　　　　飯野　里朗殿
　　　　　　　　　　　裁判官　　　　財賀　理行殿

要　望　書

　京都大学再生医科学研究所の井上一知教授がいわゆる大学教員任期制法に基づき失職扱いにされていますが、これは、以下に述べるように、学問の自由を守るべき大学が自ら教員の学問の自由を侵害しており、裁判所によって、本来救済されるべき事件です。貴職におかれては、この問題を根底から再考して、井上教授を本年5月1日に遡って復職させていただきますように要請します。

　同教授は、平成15年4月30日までの任期に先立ち、その一年前に再任申請の手続きをされました。井上教授は再生医療に関する研究業績で国際的に高い評価を受け、日本再生医療学会の初代会長を勤められました。特に糖尿病に対する再生医療開発研究は臨床応用直前の段階にあり、多くの患者さんがその開発を待ち望んでおられます。再任審査の結果、超一流の専門家7名から構成される外部評価委員会の委員全員が一致して、今後の活躍に期待し、再任に賛成との結論を出されました。

　ところが、同研究所内部の協議員会は、"外部評価委員会の評価に「基づいて」決定する"という内規を無視し、井上教授に何等の説明の機会を与えることもなく、「基づかない」理由を示すことなく、再任を拒否しました。井上教授は当時の所長に対して再任拒否理由の明示を求められましたが、なしのつぶてです。

　大学教員の人事権は大学に属するという大学の自治が、今日学問の自由の一内容として承認されていますが、それは公明・正大であるべきです。このような事件がそのまま見過ごされては、教員の学問の自由は、国家権力からは独立でも、大学内の権力によって弾圧されてしまいます。これは大学の自治・研究所自治の濫用です。国家権力に抵抗して、大学の自治を守った京大滝川事件の70周年に当たる本年に、京大がみずから弾圧者側に回るという事態に至ったことは、誠に遺憾であります。任期制を採用する大学・学部は急激に増加し、医学部ではすでに20大学以上が任期

第2章 事件の真相と裁判所、学長への要望

制を採用し、横浜市立大学では全教官の任期制への移行が議論されています。今回のような理不尽な処置が容認されると、任期制教官の地位は、いかに業績を挙げどれほど社会的貢献をなそうとも、それとは関係なく、再任を決定する機関の恣意的な判断に全面的に依存することになってしまいます。

これでは、教員は再任拒否の憂き目にあわないようにと、発言どころか、研究をも自己規制することになり、それが全国に波及する結果、この国では、自由な学問は死滅します。

大学内に救済の道が閉ざされていることをふまえ、日本は法治国家であることを信じておられる井上教授は、もはや一個人のためだけではなく、憲法で保障された教員の学問の自由を守るために、そして将来の日本の社会のために、京都地裁に行政訴訟を提起されました。

本件は、仮の救済がないと、研究がストップして回復が至難になるところから、井上教授は、さしあたり、行政訴訟における仮の救済である執行停止を申請しましたが、本年4月30日、貴裁判所(京都地裁民事三部)は、本件は"任期切れで失職したのだから救済の道はない"とか、"任期制の教員からの再任申請に対して、任命権者は審査をする職務上の義務はあるが、再任申請者に対する関係での義務とまではいえない"といった考え方により、却下(門前払い)をされました。しかし、これは時間のない中で急遽判断されたためと推察されます。

そこで、目下、この失職扱いを行政処分として、その取消しを求める本案訴訟が貴裁判所に係属していますが、これに対し、元京大法学部助教授でもあり、前最高裁判事の園部逸夫博士は、今回の井上事件を、大学の自治を侵害し、日本の教官任期制度を根幹から歪める極めて重大な社会的な事件と判断され、貴裁判所に意見書を提出されました。その中で、"大学自治の理念もその運用を誤ると、教授会の独善や、派閥人事の隠蔽などに悪用される恐れがある。任期制の運用に当たっては、大学教員の身分保障に基づく学問の自由と発展と言う、大学自治の基本理念に反することがあってはならないのである。"と述べられています。

考えますと、確かに、任期が適法につけられ、しかも、公明正大な評価とルールに基づいて再任拒否が行われれば、任期満了により失職となるはずです。しかし、本件では、憲法で定められた裁判官の任期制とは異なり、本人の事前の同意が必要ですが、井上教授が公募に応じたときには任期制との説明もなく、発令直前に事務官から急遽同意を求められたということですし、業績をあげても問答無用で再任拒否されるとまでは予想できなかったでしょうから、そんなことであるとすればその同意に瑕疵があったことになります。しかも、本件は一号任期制ですが、井上教授のポストがこれに該当する理由の説明もありません。文部科学省は、任期制を導入

できる場合を限定したものと国会で言明しています。以上の理由により、本件では任期が適法につけられたとはいえないと思われます。

また、再任申請に対する審査について、文部科学省は新規採用手続と同じと考えてきたようですが、それでも国会答弁では再任拒否に対して司法審査の道があると認めていますし、判例でもそのようなものがあります。しかも、再任審査は一般の新規採用とは異なり、再任申請者のみを対象とし、かつ、任期制法に基づく文部科学省令から学則に授権された手続で行っておりますので、単なる職務上の義務にとどまるものではなく、外部評価に「基づく」といったそのルールに違反すれば、およそ公明正大な評価とルールとはいえないものですから、違法となるものと考えます。

それにもかかわらず、本件を、単に任期切れとして、門前払いで済ませるのでは、日本は法治国家とはいえないと信じます。

丁度今、日本の行政訴訟は、「やるだけムダ」といわれて、機能不全に陥っているとの認識のもと、それを国民・利用者の立場に立って機能させるべく、その改革作業が進んでいますが、本来これは立法を待つことなく、裁判所の努力でも十分に改善できるものと考えます。

貴裁判所におかれては、短時間で行われた先の判断にこだわらずに、ここで、学問の自由の崩壊を防ぎ、法治国家を実現するために、法理論を再検討され、本件の真相を徹底的に解明されて、井上教授の学問的断絶を早急に回復すべく、公正な御判断を下されますよう、切にお願い申し上げます。

平成15年12月

第4節　京都大学総長　尾池和夫殿　要望書

　一　京都大学再生医科学研究所の井上一知教授がいわゆる大学教員任期制法の名のもとに「失職」扱いにされて、目下京都地裁に提訴中であります。京大前総長は、これを学部・研究所自治の問題と考えられたのか、私たちの期待するような解決なく退任されたことを非常に残念に思っておりますので、新総長としての尾池先生にはこの提訴の内容を本当にご理解いただきたく存じます。

　尾池総長のお名前で法廷に出されている文書には、総長のご了解を得たとはとても思えないものがたくさんあるのです。

　これは、以下に述べるように、学問の自由を守るべき大学が自ら権力を濫用して

第2章 事件の真相と裁判所、学長への要望

教員の学問の自由を侵害している事件です。昨年は、文部省の大学人事介入に対抗して大学の自治を守った輝かしい実績のある京都大学滝川事件の70周年に当たりますが、この事件は、その歴史に汚点を残すものと考えます。総長自らこの事件を検討され、井上教授を昨年5月1日に遡って復職させて、教員個人の学問の自由を是が非でも守り通していただけるように要請いたします。

　本年（平成16年）2月18日に、京都地裁の御裁断により井上教授の本人尋問がおこなわれました。傍聴席は井上教授のお人柄を慕う多くの患者さんを始めとして、関係者の方々、一般の方々、メディアの方々などで満員になり、中に入れずに外で見守ってくださった方々が多数に及びました。
　一時間に及ぶ主尋問でついに井上事件の全貌が公にされました。すなわち、再生医科学研究所前所長の画策により違法な再任拒否が行われたその実態が、包み隠さず細部に至るまで、リアルタイムで明らかにされたのです。被告側は、大学の自治の名のもとに行われた違法な実態・事実の呈示に対して、何の反論もできませんでした。さらに、被告側からの反対尋問は、質疑応答を含めて、被告側に与えられた30分の時間の三分の一のわずか10分が費やされただけの短い時間でした。これは、井上教授には何の非も無いので、被告側は何の質問をしてよいのかわからない、すなわち、まともな質問を探すことができないのがその理由でした。その証拠に、次元の低い、内容に乏しい質問ばかりがなされましたが、何の曇りも無い、井上教授の正当な返答により被告側は一方的に圧倒され、誰が見ても被告側の負けでした。

　今回の井上教授の尋問で、流れが大きく変わりました。
　傍聴席にお見えになられた方々は容易に事件の真相を理解することができ、"井上先生の勝利を確信した、"あるいは、"井上先生が勝利しないといけない、"との強い気持ちを抱かれたようです。私たちも今回の尋問の結果、井上教授勝訴への確信を持つに至りました。
　この3月31日には京都地裁の判決が予定されています。勝訴を信じて疑わない私たちにとっては、この日が本当に待ち遠しい日です。私たちは、3月31日に判決がでる前に、早急に、尾池総長に京都大学としての、また、神聖な学問の場としての良識あるご決断をしていただき、井上教授を昨年5月1日に遡って復職させていただきたいと切望しております。これは、学問の自由を守るため、大学の自治の崩壊を防ぐため、そして、京都大学の名誉のためです。是非、よろしくお願い申し上げます。

第4節　京都大学総長　尾池和夫殿　要望書

　二　井上教授は、平成15年4月30日までの任期に先立ち、その一年前に再任申請の手続きをされました。井上教授はこれまでに400篇近い英文論文を発表され、最近では特に再生医療に関する研究業績で国際的に高い評価を受け、日本再生医療学会の初代会長を勤められました。その中でも糖尿病に対する再生医療開発研究は臨床応用直前の段階にあり、多くの患者さんがその治療開発の実用化を待ち望んでおられます。再任審査の結果、超一流の専門家7名から構成される外部評価委員会の委員全員が一致して、今後の活躍に期待し、再任に賛成との結論を出されました。

　ところが、同研究所内部の協議員会は、"外部評価委員会の評価に「基づいて」決定する"という内規を無視し、井上教授に何等の説明の機会を与えることもなく、「基づかない」理由を示すことなく、再任を拒否しました。井上教授は当時の所長に対して再任拒否理由の明示を求められましたが、なしのつぶてです。

　被告側はほとんど実のある主張をしないで、この訴えを門前払いしようとしていますが、驚くべきことに、外部評価委員会の結論を無視したことを正当化するために、「外部機関の判断にゆだねることは、大学の自治に反し、およそありえない」との趣旨の主張をしています。しかし、外部評価に「基づいて」判断するというルールを研究所で定めた以上は、外部評価委員の先生方7名全員が再任可と判断されたのに、なおかつ再任拒否するためには、外部評価の判断に大きな誤りがあることを証明すべきでありますし、少なくとも、再任拒否に至った理由を明らかにする必要があります。これは井上教授に対してだけではなく、外部評価委員の先生方に対する義務でもあり、礼儀でもあります。そのような説明は全くないのです。これこそ、京都大学の名誉を傷つけ、自ら大学の自治を踏みにじるものではないでしょうか。

　三　大学教員の人事権は大学に属するという大学の自治は、今日、学問の自由の一内容として承認されていますが、それは公明・正大であるべきです。このような事件がそのまま見過ごされては、教員の学問の自由は、国家権力からは独立でも大学内の権力によって弾圧されてしまいます。これは大学の自治・研究所自治の濫用です。

　最近、任期制を採用する大学・学部は急激に増加し、医学部ではすでに20大学以上が任期制をとり、横浜市立大学では全教官の任期制への移行が議論されています。今回のような理不尽な処置が容認されると、任期制教官の地位は、いかに業績を挙げどれほど社会的貢献をなそうとも、それとは関係なく、再任を決定する機関の恣意的な判断に全面的に依存することになってしまいます。これでは自由な学問は死滅します。京都大学はその悪例の先陣を切ることになります。

第2章　事件の真相と裁判所、学長への要望

　四　井上教授は、大学内に救済の道が閉ざされていることをふまえ、一個人のためだけではなく、憲法で保障された教員の学問の自由を守るために、そして将来の日本の社会のために、社会正義を信じて立ち上がられ、京都地裁に行政訴訟を提訴されました。

　しかし、京大当局は、これに対して、本件は"任期切れで失職したのだから救済の道はない"といった答弁以外はほとんどしません。前記のように、学部・研究所自治の濫用が疑われている本件で、「黙して語らず」とは、大学人のあるべき姿でしょうか。これまで同僚として席を同じくした者に対する態度でしょうか。これでは、この再任拒否が権力濫用であるという疑いを、京大自ら増幅させるだけで、悪しき当事者として、訴訟の結果如何にかかわらず、京大の名誉を汚すものと思います。

　元京大法学部助教授でもあり、前最高裁判事の園部逸夫博士は、今回の井上事件を、大学の自治を侵害し、日本の教官任期制度を根幹から歪める極めて重大な社会的事件と判断され、井上教授を支援されるために裁判所に意見書を提出されました。その中で、"大学自治の理念もその運用を誤ると、教授会の独善や、派閥人事の隠蔽などに悪用される恐れがある。任期制の運用に当たっては、大学教員の身分保障に基づく学問の自由と発展という、大学自治の基本理念に反することがあってはならないのである。"と述べられておられます。

　五　考えますと、任期が適法につけられ、しかも、公明正大で合理的な評価とルールのもとに再任拒否が決定された場合に限って、任期満了により失職となるべきものです。

　しかし、本件では、まずは、井上教授が公募に応じたときは任期制ではなく、面接のときにも任期制であるという説明はなく、もともと発令予定日の平成10年4月1日には任期制の京大規程もなかったところ、なぜか発令が1ヶ月延びて、その間の4月9日に任期制の京大規程が施行され、5月1日の発令直前の4月20日に急遽事務官から同意を求められたにすぎません。しかも、その際には、「再任可」とする京大規程を示され、「普通に仕事をしていれば何度でも再任される」との説明があったので、同意書にサインしたにすぎません。そもそも井上教授の研究は、苦しんでおられる患者さんのための治療開発研究ですので、少なくとも10年以上の研究期間とその継続性が必要であり、しかも、多くの大学院生や研究員とともに教室あげて取り組み、かつ、科学研究費を始めとする高額の研究費を継続して受給してこそ、初めて、その臨床応用が可能になるのです。

　5年で終わりというのはきわめて不合理ですから、京大当局がそんな方針を採っ

ているとか、業績をあげても問答無用で再任拒否されるなどとは、到底予想もつかなかったはずです。

ところが、最近研究所のHPにこの任期制の性質の説明文書が載っていたのでわかってきたことですが、研究所は、井上教授再任拒否の理由が見つからなかったのか、井上教授のポストは、再任原則なしのポストだと言い出したのです。それが、井上先生が任期制の同意を取られた平成10年4月20日の翌日の研究所協議員会の申し合わせだというのです。実は、この申し合わせは、任期制教官に関する京都大学の規程にも明らかに違反しているのです。

そんな申し合わせはもちろん井上教授には知らされていませんでしたが、これでは、表では、再任が原則であると説明して、同意書を詐取して、実は裏では再任が原則なしで運用するのですから、詐欺以外の何ものでもなく、井上教授の同意には、瑕疵があり、無効となります。

ところが、尾池総長の代理人は、騙して取っても、同意を取った以上は同意は有効だとか、同意が無効なら井上教授のポストも無効のはずだといった詭弁を弄します。いやしくも被告からの裁判所宛の準備書面に、"仮に当該同意がなされるまでの手続きが詐欺的なものであって"という、明らかに常軌を逸し、人の道に反した記載が平然となされていたのです。井上教授の場合には、公募時においても面接時においても任期制ではなく、しかも任期制ではない普通の教授としての採用が内定していたのですから、無効なのは任期への同意部分ということになります。すなわち、同意が無効なら、任期のない昇進と解するべきものです。それ以外に方法はありません。

いずれにしましても、騙して取ったものが有効だとは、法治国家にはあるまじきことで、神聖な学問の場を守るべき天下の京大の発言とはとても信じられません。これは、決して尾池総長ご自身のお言葉では無い、と信じております。

さらには、本件はいわゆる一号任期制ですが、文部科学省の国会答弁によれば任期制は限定的なのに、再生医科学研究所で本件のポストだけがなぜ一号任期制に当たるかの説明もありません。したがって、本件では任期が適法につけられたとはいえません。

そのうえ、再任申請に対する審査について、文部科学省は新規採用手続と考えてきたようですが、それでも国会答弁では再任拒否に対して司法審査の道があると認めていますし、判例でもそのようなものがあります。しかも、再任審査は一般の新規採用とは異なり、再任申請者のみが対象であり、かつ、同じ任期制法に基づく文部科学省令から学則に授権された手続で行っておりますので、単に職務上の義務にとどまるものではなく、外部評価に「基づく」といったそのルールに違反すれば、

公明正大な評価とルールに反し、違法となるものと考えます。

　六　井上教授はいろいろの圧力や制約を受け、極めて厳しい環境下にありますが、教室の先生方と心を一つにして、研究、研究指導、学会、講演、執筆、ボランティアー活動などに励んでおられます。

　井上教授の研究業績や実績が高い評価を受けて、昨年には伝統のある日本膵臓学会（第35回）の会長に選出され、本年（平成16年）7月には第35回日本膵臓学会会長として、国際膵臓学会と合同で大規模な国際学術集会を主催されます。さらに、来年（平成17年）3月には、日本消化器病学会支部例会の会長として、学術集会を主催されます。大学・医者・学会関係者の方々は、井上教授が係争中であることは十分にご存知ですが、井上教授を高く評価し、大きな期待を持って井上教授を会長に推挙されたのです。

　尾池総長は、京都新聞（2003年9月28日付）で、"優秀な研究者が大学に残っていられる仕組みがさえあれば、基礎研究はちゃんとできる。彼らに不必要な手出しをしないことが京大の伝統です。"と発言しておられるのを拝見し、強い感銘を受けるとともに、心強く感じました。

　尾池総長におかれましては、京都大学の名誉を守るためにも、本件を学部・研究所の自治に丸投げして、その結果、真の大学の自治を損なうことのないように、自ら、京都大学としての良識あるご決断をされ、判決の前に一刻も早く、井上教授を昨年5月1日に遡って復職させていただきますよう、切望いたします。

　学問の自由を守るために、大学の自治の崩壊を防ぐために、公正、かつ早急なご決断のほどをなにとぞよろしくお願い申しあげます。

　2004年3月3日

　　　　　　　　　　　　　　　有志代表　京都大学名誉教授　矢島　治明

　　　　　　　　　　　　　　　連署人　京都大学名誉教授　村上陽太郎

　　　　　　　　　　　　　　　　　　　京都大学名誉教授
　　　　　　　　　　　　　　　　　　　（日本外科学会名誉会長）戸部　隆吉

　　　　　　　　　　　　　　　　　　　京都大学名誉教授　小林　昭一

第4節　京都大学総長　尾池和夫殿　要望書

　　　神戸大学法学研究科教授　阿部　泰隆

　　　神戸大学法学研究科教授　安永　正昭

　　　東北大学医学研究科消化器外科教授
　　　（日本膵臓学会理事長、
　　　　　元日本外科学会会長）松野　正紀

　　　京都府立医科大学病院長
　　　　　　（消化器外科教授）山岸　久一

　　　獨協医科大学付属病院長
　　　　　　（消化器内科教授）寺野　　彰

　　　九州大学医学部付属病院副院長
　　　　　　（腫瘍外科教授）田中　雅夫

　　　京都大学医療技術短期大学部名誉教授
　　　　　　　　　　　　　　内田耕太郎

第3章　「失職」の処分性と実体法上の違法性

第1節　本訴に向けて
――阿部の地裁への要望書（2003年12月9日づけ）――

　1　私は、貴裁判所に対し、井上一知先生の「失職」事件について、事案の深刻さと緊急性にふさわしい判断を是非ともお願いしたく、本意見書提出に当たって、冒頭に一言申し上げます。

　2　本件の本質は、大学・同僚が、任期制法を悪用して、恣意的な権力濫用を行い、井上教授を「失職」に追い込んで（隠れたる免職処分）、教授の学問の自由を侵害した憲法違反の事件であり、これを放置すれば、任期制が全国に波及しようとしている今日、一井上教授の学問だけではなく、全国の大学の学問が死に至る可能性が高い重大な事態であると思います。なお、本件を、小説「白い巨塔」並みの大学内の内輪もめと受け取っておられる方もありますが、この小説の内容は医学部内の人事騒動にとどまり、その事案自体には違法はないし、学問の自由を全国的に抹殺するものではありませんので、本件とは全く違います。

　国家権力から大学の自治を守った昭和の滝川事件の70周年を祝うはずの京都大学において、大学自らが教授の学問を弾圧して、大学の自治を内部から崩壊させる契機をつくるとは何ということでしょうか。まさに、「平成の井上事件」というべきものです。

　3　このように本件の重大性を認識した私は、この事件を黙視することはできないと考え、学問と判例の現在の水準をふまえ、本年（2003年）4月現在の私見を、貴裁判所の執行停止決定前にも提出させていただきました。

　私は、これまで裁判所に多くの意見書を提出してきましたが、私のこれまでの学問的な仕事に忠実に、しかも、ご都合主義ではなく、本来正しいことしか主張して

いないとの確信を持っております。判例が固まっているものはともかく、私の意見は、裁判所においても結構採用されていると思っております。本件でも、貴裁判所は、この意見書を十分に検討していただき、その判断に十分生かしていただけるものと思っておりました。

　ところが、遺憾ながら、私の意見書は、貴裁判所を説得するに至りませんでした。しかし、貴裁判所の執行停止の判断理由については、私は、全く納得がいきませんでした。あるいは、これは、私独自のご都合主義の意見と思われたのかもしれないと思って、園部逸夫、平岡久、矢野昌浩の三名の教授にも意見をお聞きしましたが、基本的に私と同方向の別々の意見書を頂きました。私自身、これで自信を持ったことは確かです。

　韓国・ソウル大学徐元宇名誉教授に伺いますと、韓国でも、任期制が導入されています（ただし、教授になれば身分保障がある）が、任期満了による失職を処分と判断したり、違憲とした判例が出ていることも注目されます。

　4　今回、改めて意見書を提出いたしますが、これは、私自身の考えについても問題点を再検討し、より充実したものにしたと思っております。先の意見書に種々付け加えたところがありますが、貴裁判所の執行停止却下決定に反論させていただいているほか、特に、韓国の判例を紹介し、さらに任期が適法に付いていないところから、任期切れによる失職はないこと、さらにこの主張を排斥するには、どうしても証人尋問が必要であることと、裁判官の任期制とは異なって、大学教員の任期制には、本人の適法な同意が必要であり、再任審査は文科省令に基づく法的なルールになっていることの指摘にもご注目ください。裁判官の再任拒否については争えなくても、任期制法による失職扱いは免職処分たりうると判断しております。また、再任の義務づけ判決も下すべきだと考えます。

　5　先の執行停止申請の却下決定時点では、御庁も時間のない中で判断を求められた面があると思いますので、先の判断に囚われずに、事実を十分にふまえて、改めてご検討をお願いします。そして、原告側は、私見をふまえて準備書面を作成、提出しておりますので、原告の主張を十分検討していただき、原告や私が主張するすべての論点について、きちんと筋の通った判断をしてくださるようにお願いします。

　6　原告代理人の弁護士によれば、今回御庁は12月16日に証人尋問をするかどうかの判断をされると聞いております。

　本件の判断にあたっては、問題になっている点はいずれも法律問題だから裁判所は証人尋問を要しないと、貴裁判所は、あるいはお考えかもしれませんが、本件については、事実を確定しなければ、法律判断ができない争点がたくさんあります。

また、法律問題についても、やはり丁寧に議論しないと法の求める真意は伝わらないものです。

しかも、本件について被告側は、単に「任期切れだから失職している」としか答弁せず、原告側としては、まさに暖簾に腕押しの状態です。被告の態度は、大学人としてはあるまじき、まさに「悪しき当事者」と言うべきでしょう。このような状態では、私の主張のどこが間違いなのかもわからないままであり、小生としても、本件の妥当な解決をめざして、十分な反論ができないところであります。

貴裁判所は、争点について沈黙したままの被告にまともな反論をするように釈明していただきたいと存じます。私としては、可能であれば補佐人として呼んでいただき、被告と論戦させていただきたいとも思っています。それが不可能ということであれば、私の真意と理論の正当性を理解していただくために、是非証人として採用していただき、直接、貴裁判所に証言する機会を与えていただきたいと存じます。

なお、少なくとも本件については、任期が適法に付いているかどうかの論点は、法律解釈ではなく事実問題ですので、証拠調べのうえ、事実をふまえて判断していただくことが必要です。

7　今日、わが国では司法改革の流れが大きく歩み出そうとしています。行政訴訟では、特に、行政の官僚的、あるいは、恣意的な運用から市民を救済するために、救済機能の強化が求められています。

本件のような事例は、民事の労働事件では直ちに救済されると思われますが、その類似例として、日本大学柳沢弘士教授の定年延長裁判の判決を挙げておきます（東京地裁2002年12月25日）。その内容は、定年延長は裁量だとか、そのルールは職務上の義務にすぎないなどとは判断せず、延長拒否が恣意的であれば、救済するというものです。そのような判断は、当然のことであり、行政訴訟の機能強化も、法改正を待たずに裁判所の努力で十分可能なはずです。

8　先にも述べました通り、本件では、本来適法な紛争である「白い巨塔」とは違って、「黒い巨塔」ともいうべき違憲・違法行為を行っている京都大学の伏魔殿的な膿を出すことが求められています。しかし、こうした巨大権力に対して、一教授が闘うためには、大変な苦難が求められています。しかも、井上教授は、執行停止決定が却下されたことから、地位を失うだけではなく、現在、科学研究費も打ち切られるなど、研究に対する妨害と闘いながら、訴訟を遂行しなければなりません。

井上教授自身は、有能な医師であり、第一回日本再生医療学会の会長を務めた第一流の国際的研究者でもありますから、普通に考えれば、本件を争わずに、しかるべき地位に転出した方が個人的には得ということになります。

しかし、井上教授は、このままでは、この不正義と悪例が全国に波及してしまう

ことから、将来の日本社会のために断固頑張っておられます。私利私欲で意地を張っているわけではないことを、貴裁判所におかれては、十分ご理解いただきたく存じます。

私自身、これまで、権力に迎合することを拒否し、正義のために理論を構築し、行動しているつもりであります。それゆえに、井上教授のこのような誠実で、崇高な思いを何よりも貴重と考えておりますが、貴裁判所には是非とも井上教授の真意をご理解いただきたいと存じます。

9 本件はこのように、<u>本来違憲の問題を含むものですし、任期制法の解釈という、法令解釈上の重要事項を含みます</u>。御庁におかれては、将来、最高裁判所もこれを採用するような、模範的な判断を下していただきたいと存じます。そのためにも、事実の把握が必要な争点につて、<u>証人尋問を行い、何が真実かを十分に見極めて、司法に対して今日寄せられている権利救済の実効的拡大という期待に応え、井上教授を遡って救済するとともに、日本の大学と学問の崩壊を防ぐ栄誉を是非担っていただきたく</u>、まず冒頭に申し上げます。

第2節　阿部泰隆意見

―大学教員任期制法による「失職」の処分性と、
本件の実体法上の違法性―

一　事件の概要と処分性を否定する京都地裁の決定

1　事件の概要

原告井上教授は、京大医学部外科の助教授であったが、平成10年2月、公募されていた本件再生研教授のポストに応募した。採用候補者が井上教授に絞られ、発令日が平成10年5月1日に延期されたところで、同年4月20日に任期制法による同意を急に求められ、同意せざるをえなかった。

こうして井上教授は同年5月1日に教授に昇進したが、平成14年になって、任期制に基づく再任審査を行うこととされた。そのために外部評価委員会が設置され、「協議員会は、（外部評価）委員会による再任申請者の評価に<u>基づき</u>、再任の可否について審議決定する」（京都大学再生医科学研究所任期制教官の再任審査に関する内規9条、資料）こととされていた。

第3章　「失職」の処分性と実体法上の違法性

　井上教授の再任申請に対して、外部評価委員会は、井上教授の再任に全委員が一致して賛成するとの結論を出したが、平成14年12月19日に、協議員会は再任拒否の議決をした。そして、被告京大学長は、井上教授に対し、平成15年4月22日付で、「京都大学教官の任期に関する規程第2条第1項の規定による再任については可となりませんでしたので、貴殿の任期満了退職日は平成15年4月30日であることを通知」した。

　井上教授はこれに対して、取消訴訟と執行停止を申請した。しかし、京都地裁（平成15年（行ク）第4号、第5号、執行停止申立事件、八木良一裁判長）平成15年4月30日決定は、この通知は失職の事実を通知したもので、処分ではないとして、取消訴訟の対象にならないと判断した。これに対して大阪高裁に即時抗告がなされたが、裁判所はこれを取り上げないという強い態度を示したので、井上教授は断腸の思いで、これを取り下げ、京都地裁で本案審理を求めるしかなくなった。

　本件の争点は、まずは、二　この失職通知は処分にならないのかという点にあり、処分とされたら、三　それは違法であるか、執行停止の要件を満たすかにある（本書では執行停止の部分は紙幅の都合で省略）。

2　京都地裁決定の要点

　「任期法2条4号の規定によれば、「任期」とは、国家公務員としての教員等の任用に際して定められた期間であって、国家公務員である教員等にあっては当該教員等が就いていた職若しくは他の国家公務員の職……に引き続き任用される場合を除き、「当該期間の満了により退職することとなるものをいう。」と明確に規定されているから、申立人は、当該期間が満了すれば任命権者の何らの処分や措置を要せずに当然にその身分を失うものと解さざるを得ない。

　そうすると、申立人は、平成15年4月30日の経過により、本件昇任処分の任期の満了によって、当然に再生研の教授の地位を喪失するものであって、任命権者の何らかの行政処分等によって、この地位の喪失の効果が発生するものではない。この関係は、任期法2条4号の前記の明文の規定によっても明らかである。……通知は、……任期満了退職日通知書なる書面によってこれを申立人に通知しただけであって、いずれも、それ以上の法的な意味はない……。したがって、……通知によって、……教授の地位を喪失させる行政処分があったとも、再任を拒否する行政処分があったとも、いずれも到底いうことができないもので、そのような行政処分があったことを前提としてその取消を求める本案訴訟は、不適法といわざるを得ない（継続任用されなかった任用期間の定めのある自衛官は任期満了により当然に退職して自衛官としての地位を失うと判断した東京高裁判昭和58年5月26日・行集34巻5号835頁、東京地

判平成1年1月26日・判例時報1307号151頁参照)。

　なお、申立人は、(阿部泰隆)意見書を援用し、本件昇任処分による任期中に、少なくとも、申立人は合理的な手続によって再任の可否を判断してもらう権利を有するというべきであって、恣意的な再任の拒否は、申立人の権利を侵害するものである、再任用の拒否は、法令に基づく再任申請権の侵害か、又は学問の自由の恣意的侵害防止の権利を侵害するものとして、教授を失職させる不利益処分と解することもでき、また、再任申請の拒否処分と解するとしても、その処分の執行停止の効力として、改めて適法な再任拒否決定がされてから6ケ月間は失職しないという実体法上の効果が発生すると解釈すべきであるなどとも主張する。

　確かに、任命権者は、任期制の教員から再任審査の申請があった場合には、所定の手続に従って公正かつ適正にこれを行わなければならないものというべきである。しかし、それは、任命権者や手続に携わる者の職務上の義務であって、再任審査の申請をした者に対する関係での義務とまではいえないというべきである。また、法律上は、任期制の任用による教員は、任期満了の後に再任してもらう権利を有するものではないと解され、いずれにしても、現行法上、……通知により行政処分があったと解することはできないことは前記のとおりであり、結局、申立人の上記見解は、いずれも採用できない。」

　要するに、引き続き任用されなければ、任期満了により当然に失職するものであるから、任命権者の行為は介在せず、これを処分と見ることはできないとするものである（この決定の全文は資料12）。

二　処分性＝本件の失職通知は再任拒否決定と一体となって、失職させる処分であること

1　処分と失職の区別

　まず、取消訴訟で争うことができるのは、「行政処分その他公権力の行使に当たる行為」(行訴法3条)であるが、これは判例上「直接国民の権利義務を形成し又はその範囲を確定することが法律上認められているものをいう」(最判1964＝昭和39・10・29民集18巻8号1809頁)とされているように、行政庁の法的効果を生ずる判断である。法的効果が生ずる行為であれば、その取消しによって原状に復元できるからである。

　これに対し、行政庁の判断なしに機械的に法的地位に変動が生じているのであれば、それは「直接国民の権利義務を形成し又はその範囲を確定する」行為ではなく、

行政庁相手にその「取消し」を求めても、法的地位の変動を復元することはできない。

たとえば、公務員が禁固以上の刑に処せられたときは失職する。これについては、任命権者の法的判断はなく、法律上当然に失職という効果が生ずる（国家公務員法38条、76条）から、任命権者の行うのは、失職という効果が生じているという事実の通知であって、法的判断ではない。

このように禁固以上の刑に処せられたというだけで失職にされたことを争うためには、失職通知を取り消しても意味がなく、その根拠となっている公務員法の違憲（法令違憲、又は適用違憲）・無効を理由に、行政主体に対して、地位の確認を求めることになる。

本件の任期制についても、京都地裁は、被告京大学長がしたのは、期限到来により井上教授の公務員としての地位は自動的に消滅しているとして、その事実を確認したにとどまるというのである。いわば、お医者さんが、ご臨終ですと確認したからといって殺したことにはならないのと同じつもりである。

2　再任不可・再任審査が事実上のものである場合は失職

再任が可となっていない任期制のポストに就いていた者は、任期満了で自動的に失職する。また、再任制度が法的な制度になっていないならば、再任拒否も法的な制度ではないので、再任拒否の結果、事実上任期を迎えることになる。それは失職であるとしておこう（もちろん、それでも、後述のように、新規採用の拒否でさえ処分とされるのであるから、法的なものと構成できると思量するが、本件ではそのような理論構成を必要としないので、さしあたりここではこれ以上深入りしない）。任期制法の下において再任不可と明示してこのような運用を行うことは可能である。

京都地裁決定が任期制法2条4号を根拠に任期満了により失職と判断しているのは、こうした場合を念頭においているものであろう。再任審査は、職務上の義務であって、再任審査の申請をした者に対する関係での義務とまではいえないとする判旨も、その趣旨であろう。

3　再任可のルールの下での再任拒否は失職させる判断として処分

しかし、本件のポストの任期は全員について5年、再任可と、大学の規程において明記されている。同じく任期制でも、再任なし、再任1回限りというものがあるのに、本件は制限なしである。

普通に考えれば、再任可とは、これまでそのポストを占めていた教員に絞って、再審査を行い、合格すれば再任されるという趣旨である。しかも、本件再生研では、井上教授に限定して、再任審査を行ったのである。そうすると、このような解釈が

採られているというべきであろう(1)。
　したがって、この再任審査は、公務員の身分を有する井上教授を、期限満了で失職させるか、継続任用するかの判断を行ったものである。ここでは、再任と失職とは別個のことではなく、再任拒否は、失職へと追い込む効果を持つものである。
　もっとも、この再任審査が、単なる事実上のものであれば、失職へ追い込むのも単なる事実上のものであるかもしれない。
　京都地裁の決定が、「確かに、任命権者は、任期制の教員から再任審査の申請があった場合には、所定の手続に従って公正かつ適正にこれを行わなければならないものというべきである。しかし、それは、任命権者や手続に携わる者の職務上の義務であって、再任審査の申請をした者に対する関係での義務とまではいえないというべきである。」とするのはこの趣旨であろうか。
　しかし、これには、なぜそれが職務上の義務にとどまるかの説明がないので、それだけでとうてい賛成しがたい。
　むしろ、これは単なる職務上の義務にはとどまらないというべきである。すなわち、任期制法は、一方では、再任されなければ失職する（2条4項）と規定しつつ、他方では、任期制法に基づく文科省令第1条において、任期に関する大学の規則には、再任の可否その他再任に関する事項を記載するものとするとしている。京大規程は本件で再任可と規定しているが、それは大学が勝手に規定しているのではなく、このように任期制法に基づいているのである。そして、ここで、再任可という以上は、前記のように、再任の申請とこれに対する応答（審査）が予定されている。したがって、この再任に関する判断は、単なる職務上の義務ではなく、法令に基づく義務である。
　換言すれば、これまで任期制によりそのポストを占めていた教員は、再任申請をすることができ、これに対する応答は、法令に基づく申請に対する応答である。法令に基づく再任の申請に対する再任拒否の決定は、井上教授の申請権、つまりは、適法な評価と手続によって判定してもらう権利を制限することがあるので、行政処分と解される(2)。
　なお、京都地裁決定は、「法律上は、任期制の任用による教員は、任期満了の後に再任してもらう権利を有するものではない」としているが、原告（申請人）の主張は、その判旨も述べるように、「合理的な手続によって再任の可否を判断してもらう権利を有するというべきであって、恣意的な再任の拒否は、申立人の権利を侵害するものである」とするにとどまるのであるから、この判旨は誤解に基づくものである。
　京都地裁決定は、再任審査と任期満了を別個に切り離して考察して、京大規程を

第3章　「失職」の処分性と実体法上の違法性

単なる職務上の義務と誤解したが、それは、同じく任期制法関連の法規でありながら、その2条4項だけを見て、再任に関するルールが法規範である——したがって、それは井上教授と京大の間を拘束する——ことに配慮しなかったためであろう。

このように、井上教授が「失職」するのは、再任拒否が行われた結果、期限到来により事実上生ずる効果ではなく、法令に基づく行政処分としての再任拒否が行われたことによるものである。したがって、再任拒否は単に採用を拒否するというだけではなく、失職させるかどうかの公権的な判断と解され、失職通知と一体となって、法的に失職させる効果を有する処分（失職に追い込む処分、免職処分）と考えるしかないのである。あるいは、期限満了による失職通知は、再任しない（失職させる）という公権的な意思決定によるものであるから、免職処分相当の行政処分であると解される。

先ほどの比喩でいえば、本件は、任期切れる前に再任拒否を決定して任期切れに持ち込んでいるので、いわば生命維持措置を外して、ご臨終ですと言うようなもので、殺したと同等に評価される。

そして、それは単なる再任拒否処分ではなく、積極的に地位を剥奪する不利益処分であるから、これに対して執行停止を求める利益がある。

こうした解釈は再任拒否に対して司法審査の道があるとする文科省の見解にも沿ったものである[3]。それにもかかわらず、被告京大学長が本件訴訟で司法審査の道がないといった主張をするのは信義に反する。

4　裁判官の任期制・再任拒否と大学教員任期制法による任期・再任拒否の違いについて

裁判官が再任拒否された場合に争えないのと本件は同じではないかという疑問があるかもしれないので、一言説明する。

裁判官の任期が更新されない場合、これを違法として争えるかどうかについては意見が分かれるが、裁判官の任期制は英米流の法曹一元の理念に基づく憲法上の制度（憲法80条1項）であるから、これを制限する憲法上の法理はなく、実定法上も、再任拒否を規制する規定はないので、人事当局の絶対的な裁量に任されているとの解釈もそれなりに理由がある。これに対して、大学教員の任期は、法律上の制度で、憲法23条の定める学問の自由の保障による制約があり、任期制法に基づく学則及び研究所「内規」も再任拒否事由を限定している（第5章参照）。

再任申請権と当局の応答義務を解釈上導くことは、前者では、実定法に直接の手がかりがないので簡単ではないが、後者では、前記のように学則などから容易に導くことができる。

さらに、裁判官の任期制は、全ての裁判官について当然に適用されるのに、大学教員の任期制を適用できる場合は限定されており（1号から3号までの限定列挙、これにつき、三9、第5章一4)、しかも、本件の場合、井上教授が公募に応募した時、任期制であることは示されていなかったのである。

裁判官の任期制は憲法上の制度であるから、当然のこととして、同意を要しないのに対して、大学教員の任期は、本人の真意に基づかなければもともと無効である。

このように、両者には基本的な違いがあるので、裁判官の再任拒否を処分ではないと解しても、それは本件とは関係がない。

なお、京都地裁の決定は、自衛官の継続任用に関する先例を根拠として引用するが、自衛官の任期は法律で2年ないし3年と決められている（自衛隊法36条）点でも、本件とは異なる。会計検査官には任期の定めがあり、再任の可能性はある（会計検査院法5条）が、再任申請権もない。再任されるかどうかは、行政裁量というよりも、政治裁量である。

5　大学教員の任期制は、再任審査ルールが法定されなければ、学問の自由を侵害し、違憲であること

大学教員の担う学問は、時の政府の意見に反することがあるだけではなく、大学教員の人事権を有する教授会構成員の意見に反することが少なくない。なぜなら、学問は、官庁や企業における業務とは異なり、これまでの権威、考え方を克服して、新しいものを作り出すことに使命があり、それは必然的に同僚との見解の対立をも惹起するものだからである。

そこで、同僚がいわば罷免権を有する任期制は、学問の自由を著しく侵害する。

このように考えると、任期制法は違憲の疑いが濃いが、仮に合憲の道を探るとしても、再任審査が適切に行われることが法的に保障されていなければならない。したがって、再任審査手続の違反は、当該教員との関係でも違法であると解すべきである。

再任審査に関する京大の学則と研究所「内規」は任期制法に基づく法規であるとするのが、申請人の主張であるが、京都地裁がおそらくは前提とするように仮にそうでないとすれば、この制度自体が違憲無効であるというべきである。

6　さらに、「内規」は法規範であること

これだけで、本件失職通知の処分性は十分に立証されたはずであるが、さらに、再生研の「内規」も法規であり、それに基づく決定は処分であることを説明する。

京大の任期制の規程では、任期5年、再任可としか定められておらず、再任審査

のルールは規定されていない。それは研究所の内規で定められている。では、その法的性質は何であろうか。京都地裁のいうように、単なる職務上の義務にとどまるのであろうか。

再任に関する事項とは何かは明らかではないが、これまでの研究・教育・学内業績などの評価基準、再任審査の手続や再任審査における評価基準、外部評価を行ったときのその評価の取扱いなどを含むものであろう。したがって、任期制法上はこれを大学の規則に定めておくことが期待される。京都大学ではこれを学則には定めていないが、それは、人事は、学部・研究所教授会の議に基づき学長が行うとする規定（教育公務員特例法4条）にみるように学部・研究所の権限とされていることから、あるいは、学部・研究所の自治の慣行により、研究所の定めに委任されていると理解される。

そうすると、再任人事に関する内規は、単なる内規ではなく、ここでいう任期に関する大学の規則に当たると理解されるのである[4]。したがって、これは、任期制法に基づく前記文科省令1条の再委任立法であると解される。法的に見れば、再生研がこれを内規と称していること自体に誤りがある。

7　内規としても外部拘束力があること

なお、仮に研究所「内規」が本当に内規にすぎないとしたらどうなるか。

もともと、内規は、講学上の行政規則に当たり、行政内部の規範で、外部にいる国民との関係では法的な効力を有しないこととなっていた。しかし、最近では内規の持つ実際上の効力を法的なものとして把握しようとする研究が積み重ねられている。

今日では、種々議論はあるが、内規も、平等原則や信頼保護の原則により内規通りに行動するように行政自身を拘束することになる（自己拘束力）[5]と解される。あるいは内規は裁量基準として働き、内規通りに行わないと原則として違法になると解され、その限度で国民との関係で外部効果を持つという見解[6]が一般的になっている。

判例では、全国の税務官庁の大多数が、事実上、特定の期間、特定の課税物件について、法定の課税標準ないし税率よりも軽減された課税標準ないし税率で関税の賦課、徴収処分をしている場合には、右の慣例に反してなされた関税の賦課、徴収処分は、たとえ実定法の正当な解釈適用によるとしても、租税平等主義に反し違法であるとするものがある（大阪高判1969＝昭和44・9・30高民集22巻5号682頁、判時606号19頁、判タ241号108頁）。違法な裁量基準でも、行政を拘束することさえあるのである。

第2節　阿部泰隆意見

　本件では、仮に内規であれ、再任審査の申請を認めて、井上教授と京大は個別具体的な法律関係に入り、再任審査のルールとして、外部評価「に基づく」と定めているから、井上教授がこれを信頼して行動するのは当然であり、京大はこのルールに拘束される。したがって、外部評価に基づいたという証明のできない再任拒否決定は、違法となるのである。

　なお、いわゆるマクリーン判決（最大判1978＝昭和53・10・4民集32巻7号1223頁）は、「裁量権行使の準則……は、本来、行政庁の処分の妥当性を確保するためのものなのであるから、処分が右準則に違背して行われたとしても、原則として当不当の問題を生ずるにとどまり、当然に違法となるものではない」として、裁量基準の裁判規範性を否定している。そこで、これに依拠して、本件の「内規」の裁判規範性を否定する見解があるかもしれない。

　しかし、これは、裁量権行使の準則違反は、当然には違法にならないといっているだけで、違法になることがあることを否定したものではない。しかも、これは外国人の在留許可に関するもので、そもそも外国人には憲法上も入国管理及び難民認定法上も、在留許可を求める権利がないから、その裁量権は、既存の身分保障の剥奪を意味する本件とは異なって、きわめて広範である。したがって、これは本件の内規の裁判規範性を否定する根拠にはならない。

　むしろ、いわゆる個人タクシー事件最高裁判決（最判1971＝昭和46・10・28民集25巻7号1037頁）が、内部的にせよ審査基準の設定という、法律の条文にない新たな要請を創造して、これに基づく判断を要求したことが参照されるべきである。

　しかも、裁量基準の外部拘束力を主張する学説（注（5）（6）参照）はいずれもこのマクリーン判決をふまえて、なおそれを主張しているのである。

　ごく最近の東京地判2003年10月17日（最高裁HP掲載）は、在留期間を更新しないままわが国に長期在留した韓国人家族に対してされた退去強制令書の発付処分について、行政庁の内部的な裁量基準に定められた考慮要素を全く考慮せずにされたことなどから裁量権の逸脱濫用があるとして、これを取り消した。

　その理由中では、特別在留許可の判断において、「外国人に有利に考慮すべき事項について、実務上、明示的又は黙示的に基準が設けられ、それに基づく運用がされているときは、平等原則の要請からして、特段の事情がない限り、その基準を無視することは許されないのであり、当該基準において当然考慮すべきものとされている事情を考慮せずにされた処分については、特段の事情がない限り、本来重視すべき事項を不当に軽視したものと評価せざるを得ない。この点については、裁量権の本質が実務によって変更されるものではなく、原則として、当不当の問題が生ずるにすぎないとの考え方があり、過去の裁判例にもこれを一般論として説示するも

第3章　「失職」の処分性と実体法上の違法性

のが少なくないが（たとえば、最高裁大法廷判決昭和53年10月4日民集32巻7号1231頁）、このような考え方は、行政裁量一般を規制する平等原則を無視するものであって採用できない。」として、マクリーン判決をも否定しているのである。

8　関連判例の検討

このような見解は、あるいは新規（新奇？）のものとして拒否反応に遭うのかもしれないが、これまでの判例の延長線上にあることを次に立証する。

（1）　自衛官の継続任用拒否と地方公務員の新規採用拒否

① 志願について合理的な判断を求める権利　　任期付き自衛官（自衛隊法36条1項により2年の任期）の任期切れの際に、継続任用を求めた元自衛官の訴えに関する判例は、ＴＫＣの判例検索によると下級審で3件あるが、いずれも却下されている（東京地判1979＝昭和54・7・30行集30巻7号1384頁、判時935号3頁、判タ391号66頁、東京高判1983＝昭和58・5・26行集34巻5号835頁、東京地判1989＝平成1年1月26日判時1307号151頁、行集40巻1・2号36頁、判タ708号184頁）。

しかし、その論拠は十分ではないし、本件に関して、期限切れ失職を正当化するものではない。

平成1年の東京地判は「陸士長等に任用期間の更新（または再任）請求権等継続任用をされるべき権利が保障されているものということはできない。」とする。先にも述べたように、京都地裁決定も、これに引きずられたのか、井上教授がこのような主張をしていると誤解して、同様の判断をしているが、井上教授も私もそのような権利を主張するものではない。

筆者が主張するのは、志願について合理的な判断を求める権利にすぎない。これは1983＝昭和58年の東京高裁でも主張されているが、「任免権者が継続任用適格者を選抜するにあたり公正かつ適正な基準及び手続によつてこれを行わなければならないものであることは当然のことであるが、それは、<u>任免権者の国に対する職務上の義務であつて、志願者個人に対する義務とはいえず</u>、……控訴人が継続任用の志願をしたからといつて、そのことにより直ちに控訴人に法律上保護されるべき利益が生ずるものとは解されない。」として、否定された。先の京都地裁決定はこれに依拠するものである。

これは、公務員の再任に関する法的なルールは客観的な法の拘束に過ぎず、出願者に権利を与えるものではないという趣旨である。かつてはドイツでもそういう説があった。しかし、今は、成績主義などの原則は志願者にとっても権利性を帯びる（成績の劣位の者が採用されて優秀な志願者が排除されることを防衛する権利がある）と解されている[7]。

第2節　阿部泰隆意見

②　新規採用の拒否でさえ争える　この京都地裁、東京高裁の考え方では、新規採用が拒否されたときは、それが違法でも、それは職務上の義務違反にすぎないとして争えないことになろうが、わが国でもすでにこれを否定する判例がある。公務員が新規採用を拒否されて、その取消訴訟を提起したところ、水戸地裁（水戸地判1980＝昭和55・11・20判時999号118頁）は、「職員の採用（任用）に当たり任命権者に裁量権のあることは明らかであるが、これは決して恣意的な採用（或は不採用）を許すものではなく、すべからく任命権者は国民ないし地方公共団体の住民のため、受験成績その他の能力の実証に基づいて真に有能な人材を選択、採用すべき責務を負っていることはいうまでもない。いわゆる成績主義（メリットシステム）または能力主義の原則は右任用の基準を示すものであって国家公務員法第33条、地方公務員法第15条に規定されているところであり、法は罰則まで設けて右基準の貫徹をはかっている（国家公務員法第110条第1項第7号、地方公務員法第61条第2号）。したがって、任命権者が職員の採用に当たり、法の要請する能力の実証に基づかず、或は他事考慮し、或は不正、不当な動機ないし目的をもって採否を決した場合等には、右行為（処分）は裁量の範囲を逸脱したか、もしくは裁量権の濫用として違法となり、取消訴訟の対象となる。」とした。

このように、公務員の新規採用については、出願者には採用せよという権利はないが、何の権利もないのではなく、平等原則、能力の実証などのルールに従って判断してもらう権利があると解されるのである。

本件では、新規採用のように全く新規の募集によって採用者を決めるのではなく、志願者に絞って、再任させるかどうかを判断するのであるから、その申請者は水戸地裁の例である新規採用の場合よりも強く保護されるべきである。そうすると、すでに5年間その地位にある井上教授が再任を求めて拒否された場合にはこれを処分として扱うのは当然である。

本件では、京大当局は再任を可とする外部評価委員会の判断を無視したので、国家公務員法33条の定める「能力の実証」によるという根本基準に違反して人事を行った疑いが濃い。そうすると、同法110条1項7号の処罰規定にも抵触しかねない問題が起きる。

③　自衛官の継続任用拒否と本件との違い　しかも、自衛官の任期は法定され、その継続任用審査のルールは、法律に明記されているものではなく、自衛隊の内部の通達（訓令、達など）[8]によっている。それは委任立法ではない。これに対し、本件の再任審査のルールは先に述べたように、研究所の内規とされてはいるものの、文科省令に基づく委任立法であり、仮にそうではなくても外部拘束力のある規範と解されるのであるから、単なる「職務上の義務」にとどまるものではない。したが

第3章 「失職」の処分性と実体法上の違法性

って、この自衛官の継続任用の判例は本件には妥当しないのである。

さらに、1983＝昭和58年の東京高裁判決は、「継続任用の決定がされた場合には、発令行為によつてそれが外部に表示され、かつ、それによつて隊員の地位に変動が生ずることになるけれども、継続任用をしないこととされた場合には、その経過はあくまでも行政庁の内部的な意思決定の過程にとどまるものであり、陸士長等の地位に変動を生じさせるような任命権者の外部的に表示される作為的行為は存在しないのであつて、右手続的過程をもつて取消訴訟の対象となる行政処分その他公権力の行使に当たる行為ということはできない。」とする。しかし、本件の場合には、任期制法と京大規則や憲法の要請をふまえて解釈すれば、再任に関する手続過程は単なる内部的な意思決定過程にとどまるものではない。

自衛官の任期制の根拠は、下級兵士について「その職務内容と強靭な体力、気力及び持久力が必要とされることに鑑みると、高齢者では右の任務に耐えられないことが明らかであるばかりか、かえって部隊行動の効率を阻害するおそれすら生ずることは明白である。したがって、右の危険を回避するためには、常に陸士長等の新陳代謝をはかり、若く壮健な陸士長等を常時確保し、精強な部隊を編成・維持することができる制度が必要不可欠となる。」という点にある（東京地判1989＝平成1年1月26日）。それ自体は正当である。しかし、これは流動化の必要という大学教員のそれとは全く別であるし、学問の自由を制限するといった問題もないところから、本件の任期切れを正当化する根拠としてこれを持ち出すことは不当である。

さらに、この自衛官の事件はいわゆる反戦自衛官が提起したもので、本案勝訴の可能性もないと見られたことが影響していると推測される。なぜなら、前記の水戸地判の例では、裁量濫用がはっきり認定されたので、採用拒否の処分性の論争はなされず処分性があることは当然とされているからである。

（2） 失職の例外認定をしないことは不利益処分とされる

地方公務員法16条は「次の各号の一に該当する者は、条例で定める場合を除くほか、職員となり、又は競争試験若しくは選考を受けることができない。」として、「二　禁錮（こ）以上の刑に処せられ、その執行を終わるまで又はその執行を受けることがなくなるまでの者」と定めている。そして、職員がこれに該当するに至つたときは、「条例に特別の定がある場合を除く外、その職を失う。」（28条4項）。これを受けて、「任命権者が情状により特に斟酌すべきものがあると認定した事実を原因として（同）法16条2号の規定に該当するに至つた職員のうち、その罪が過失によるものであつて、且つ刑の執行を猶予された者は、当該猶予を取り消されない限り、その職を失わない。」と定めている条例がある。法律の原則の例外として失職しないこととすることが任命権者の認定により可能となる制度である。公務員が有

第2節　阿部泰隆意見

給休暇を取って勤務時間外に車を運転中、死亡事故を起こして、禁固刑に処された事件で、当局は、右特例は業務上の過失に限定されるとして、失職しないこととする認定をしないで失職通知をした。

しかし、裁判所は、「任命権者が斟酌すべきものなしとの認定をすれば、当該職員は失職することになり、当該職員の身分関係に変動を生ぜしめることになるわけであつて、任命権者のこのような認定は実質的にみれば行政処分としての性質を保有している」として、その失職通知を行政処分と解し、しかも、この特例を業務上の過失に限定するのは裁量権の範囲を逸脱し違法であるとした（名古屋地判1972＝昭和47・11・8行集23巻12号855頁、判時696号185頁、判タ289号266頁）。

本件のしくみでは、期限が到来したら自動的に失職するものではなく、再任審査により不可となった場合に初めて失職することになる。そして、この再任審査のルールは、井上教授には何ら法的な地位を与えない内部規範ではなく、任期制法と一体となった法規範である。そうすると、再任の審査により再任決定が行われる場合には、身分が継続するが、再任決定が行われない場合には、この判例の事案で、失職しないこととする認定をしないと同じで、身分を剥奪する効果を持つと解される。

（3）　ＦＭ東海事件＝期限が不当に短い場合の期限の解釈

超短波放送を行う実用化試験局の免許に3ヶ月の期間を付した場合に、その期限の到来によつて当然に処分が失効すると解するのは妥当でなく、処分の目的、性質からみて不相応に短期の時は、条件の存続期限としての性質をもつと解するのを相当とし、同期間の満了直前に郵政大臣がした同期間の満了後は再免許しない旨の通告は、行政法上のいわゆる撤回の範疇に属する処分であって、抗告訴訟の対象となる処分であるとする判例（東京地決1968＝昭和43年8月9日行集19巻8・9号135頁、判時526号21頁、判タ224号127頁、ＦＭ東海事件）がある。

これは文言にとらわれず、実態に合わせて制度の趣旨を合理的に解釈したものである。筆者は、本件の任期は単に条件の存続期限とするものではないが、この判決の論法を借りると、本件の場合、任期制であるというだけで期限到来によって当然に身分が消滅すると解するのではなく、再任審査手続や大学教授の身分保障の必要性などを合理的に考慮すれば、再任拒否が適法に行われたとき初めて任期到来によって失職させることができるものであり、再任拒否が違法であれば、そのような効果は生ぜず、失職扱いの違法性を争うことができると解すべきである。

（4）　高校非常勤講師の期限付き任用

福島地判1966年＝昭和41年1月17日（行集17巻1号1頁）は、6ヶ月の任期を付された高校の講師は、右期間の終了によって当然その資格を失うものというべく、被告がなした退職通知は単なる観念の通知にとどまり、もとより行政処分と見るこ

第3章　「失職」の処分性と実体法上の違法性

とができないとするものである。被告はこの判決を援用した。しかし、これは本件の「失職」を正当化することはできない。

　もともと定年制がなかった当時、退職勧奨に応じ退職した高等学校教諭を改めて講師として任用するに当たっては常に六ヶ月の期限を付し非常勤扱いにしていたこと、原告を非常勤講師として任用するに当たっても前例に従い六ヶ月の期限が付されることを説明し、同原告も右六ヶ月の期限が付されることを承諾していたこと、ただし、校長は、同原告が未亡人で、2人の子供をかかえ、その養育費等を要する事情を知つていた関係から、同原告に対し、講師任用には六ヶ月の期限が付されているものの期限を更新することによつて相当期間にわたり勤務できるよう努力する旨言明したことは認められるが、これは右校長が単に同原告のため事実上努力することを約したにとどまり、講師任用の条件としたものとは解することができないということを前提に判断されている。

　ここでは任期更新の約束は事実上のもので、法的な制度とはなっていないと理解されているようである（なお、これは四〇年近く昔の判例で、今日ではこうした約束も法的なものとする学説が多いと思われるが、ここでの直接の問題ではないので、省略する）。

　これに反し、本件任期制法においては、確かに任期が更新されなければ失職することになっているので一見これに似ていると誤解されやすいが、任期制法の下では、任期の更新について、同じ任期制法に基づく文部科学省令に従って、大学の学則・学部規則が再任手続きを定めているから、これは法的なしくみである。さらに、福島地判の事案では一旦退職の上、改めて任期付き講師に採用されているので、身分保障の要請が乏しいものであるのに対し、井上教授は身分保障のある助教授から任期付き教授（再任可）に昇任したのであって、退職した事実はない。したがって、本件はこの例とは全く異なるのである。

（5）　**申請権が法令に基づく場合の拒否の処分性**

　このほか、申請に対する拒否が行政処分かどうかに疑問が持たれるようなケースでも、裁判所は積極的に処分性を認め、申請に対して適法な応答を求める権利を承認している例が少なくない。このような裁判例にかんがみても、本件の再任拒否決定は処分であり、その結果、任期満了失職に追い込むことになるので、本件の再任拒否決定とその失職通知は、全体として、失職させる免職処分（不利益処分）と解される。

　① **公立高校入学試験不合格**　　公立高校入学試験の受験者は、合格請求権を有するものではないが、不合格になった場合、その取消訴訟を提起できる（尼崎市立高校筋ジストロフィー障害者入学拒否訴訟、神戸地判1992＝平成4・3・13判例自治94

号18頁、判時1414号26頁)⁽⁹⁾。この事件では、不合格の処分性については特に争われていない。

受験、合否判定制度が法制度として整備されている以上は、受験者は、申請に対して適法な応答（適法な合否判定）を求める権利を有すると考えられ、不合格決定はその権利を確定するから処分と考えられる。本件でも再任審査制度がある以上は同じである。

② **地方公務員法46条に基づく措置要求の申立に対する人事委員会の棄却判定**
地方公務員法46条に基づく措置要求の申立に対する人事委員会の棄却判定は、原告の勤務条件に関する意見の表明に過ぎない（権利を確定するものではない）が、適法な手続により判定を受けるべきことを要求しうる権利を侵害し、裁量権の限界内の適法な措置を要求する権利を侵害するとして、処分として扱われている（最判1961＝昭和36・3・28民集15巻3号595頁）。こうした弱い権利も、処分を根拠づける権利なのである。

③ **専従休暇の不承認** 専従休暇の不承認は、単なる現状維持をもたらすものにすぎないが、関係法令は、職員に対して申請承認権を与え、その運用を法令による統制に服せしめる趣旨であるとして、処分とされている（最大判昭和1965＝40・7・14民集19巻5号1198頁）。

④ **帰化の不許可** 帰化の不許可についても、外国人には帰化請求権はないが、申請者には所定の手続に従って適法になされることにつき権利ないし法的利益を有するとして、その処分性が承認されている（東京高判1972＝昭和47・8・9判時675号22頁)⁽¹⁰⁾。

9　韓国ソウル行政法院の判例

韓国でも、任期制により失職させられた教員が争っている事件で、判例は分かれているが、再任拒否の処分性を認めて、しかもそれを取り消した例が出ている（ソウル行政法院2000年1月18日)⁽¹¹⁾。その要点を、徐元宇ソウル大学名誉教授の提供により紹介する。なお、同教授は日本でも数年前北九州大学、獨協大学で教授として勤務したことがあるほどで、日本法にも詳しい。

「大学の自律性と学問の自由、教員地位法定主義に関する憲法規定とその精神に照らし学問研究の主体である教授の身分は一定の範囲内で保障される必要があり、このような身分保障の必要性は任期制で任用された教授であっても憲法理念上別途に見るべきものではない。また、このような憲法理念の土台以外にも、教育部長官が各大学に示達した大学教員人事管理指針を通じて期限付きで任用された教授の再任用審査方法、研究実績の範囲と認定基準、審査委員選定方法等を詳細に規定する

ことにより再任用審査に対し一定の基準を提示しており、大学も自らの規定によって再任用審査に関する一連の規定を設けている点、期限が満了した教授の大部分がこの人事管理指針と各大学内部の審査基準に従って再任用されてきており（1976年から1998年までの23年間に再任用を拒否された教授は、国公立大学の場合全国で60名、私立大学の場合166名にすぎず、ソウル大学では原告が最初である）、このような現実の制度運用の結果、教授など大学構成員だけではなく、社会一般人も教授の地位が任期満了によって当然に喪失するものとは認識していない点などを総合してみれば、任命権者に、任用期間が満了した教授を当然に再任用しなければならない義務はないにしても、再任用いかんについて<u>合理的基準による公正な審査を行う義務はあり</u>、これに対応して期限付きで任用された教授も、再任用いかんについて合理的な基準によった公正な審査を申請する条理上の権利を持つことになる（これと見解を異にし、任用期間が満了した教授にはいかなる権利も認められないと解釈すること、任命権者の恣意によって再任用いかんを決定することができると解釈することは任期制の本来の立法趣旨から逸脱し憲法理念を毀損させることを放置する結果を生ずる外はない）。

したがって、任期が満了した教授の再任用申請を拒否する行政上の行為は拒否処分としての性質を持つため、任用期間が満了したという任命権者の通知は原告の再任用申請を拒否する趣旨が含まれていると見るのが相当である。」

これは若干の法制度の違いはあるが、私見とほぼ同様のことを説いていると言えよう。

もっとも、ソウル高等法院は2000年8月31日この再任用拒否を処分ではないとして訴えを却下した。

これによれば、法令上任期を定めて任用することができると規定されているだけであって、法令のどこにも、任命権者に任用期間が満了した場合に再任用すべき義務を課すことや再任用手続および要件等に関して何ら根拠規定がないので、期間を定めて任用された大学教員の身分関係は任用期間の満了で当然に終了し、期間を定めて任用された大学教員が任期の満了に伴い再任用の期待権を持つものとは言えない。したがって、再任用しないという通知は、教員に任期満了で当然退職させることを知らせたにすぎず、行政訴訟の対象になる処分とは言えない。

たとえ、原告主張のように、教育部長官が各大学に示達した大学教員人事管理指針を通じて期限付きで任用された教授の再任用審査方法、研究実績の範囲と認定基準、審査委員選定方法等を詳細に規定することにより再任用審査に対し一連の規程をおいているとか、任期が満了した教授の大部分がこの人事管理指針と各大学内部の審査基準に従って再任用されてきていることによって、教授など大学構成員だけではなく、社会一般人も教授の地位が任期満了によって当然に喪失するものとは認

識していないとしても、このような事情だけでは、この事件の決定と通知を処分と見ることはできない。

これは京都地裁の決定を思い起こさせる。「このような事情だけでは、」というだけで、再任用について詳細な規程をおいても、それ以上の理由なしに処分性を否定するのは理由不備だと思われる。それに、教授の再任用審査方法、研究実績の範囲と認定基準、審査委員選定方法等の詳細な定めは少なくとも日本では前記の通り法令と考えるべきであるから、この高等法院の判例は日本では妥当しない。むしろ、公正な審査の必要から、再任拒否の処分性を導いた地裁判決の方が説得力を持つと思われる。この事案は大法院で処分性ありとして破棄差し戻しされた。

なお、韓国の憲法裁判所は任期制違憲の判決を下している（2003年2月27日、第5章一6（2）に掲載）。これらの点については、本書冒頭の特報参照。

三　実体法上の違法事由

1　はじめに

本件には多数の違法事由がある。その大きなものは違憲性である。これは本書第5章で述べるが、日本の裁判所は違憲審査に消極的なので、弁護団は、この点はさしあたり主戦場とせず、京大規程の井上教授への適用過程の違法を中心に据えることとした（もちろん、違憲の主張もしているので、裁判所がこれに答えないのは違法である）。

実体法上の論点は、事実認定にもかかわることで、井上教授側が提出した証拠と相反するような証拠が提出されれば、理論も変わることがあるが、本件では、被告京大学長側は何ら実質的な反論をしていないので、ここでは原告井上教授の主張が正しい事を前提に、法理論としてどうなるかを考えることにする（現に結審に至るまで被告からはまともな証拠は提出されなかった）。

本件の井上教授は、再生医療学会の大物であり、外部評価でも、7人の委員が全員再任に賛成しているのに、再任が拒否されたのである。本件さえ救済されないようであれば、普通の先生が任期制を適用された場合にはとても救済されない。筆者なら再任審査されれば、かならず異議が出て、結局は水掛け論にされ、失職させられるであろう。それでは大学の人事の公正さは完全に犠牲になる。大学教員は人事権者のほうを見て、黙して語らず、論争を避け、誰にも関係のない「お勉強」を一人静かに行って、一見「業績」を生産することになろう。これでは、既存の学問を乗りこえることに使命がある学問の死を意味する。

第3章　「失職」の処分性と実体法上の違法性

2　外部評価に悠々と合格

京都大学の右記研究所では、人事の最終権限は協議員会にあるが、再任拒否の判断をする前に、外部評価委員会を設置して、その評価に「基づいて」決めるという「内規」（資料6）が制定された。

この委員会の構成員7人は高名な学者で、うち臨床医は5人おり、再生医療を専門とする専門家も5人いるということである。これは再生医療を専門とする原告教授の業績を理解できる専門家からなるもので、それなりに公正なしくみである。そして、その外部評価の結果、井上教授の業績は、変な表現ではあるが、「国際的に平均」であり、その「再任を可とすることに全委員が一致して賛成し、今後の活躍に期待をしめした」ということである（資料7）。ここで「国際的に平均」とはまさか、学問が進んでいない国も含めた平均ではなく、国際的に立派に評価されていることを意味するであろう。

したがって、これを覆すには、外部評価に重大な誤りがあるか、外部評価とは別の重大な不適格性を指摘する必要がある。

3　外部評価に「基づく」との審査基準に反する理由不明の再任拒否は違法

しかし、研究所の協議員会は、再任を拒否してしまった。その理由は、京大側から正式には説明されていない。これでは学問の府にふさわしくない、悪しき当事者である。京大当局は、この人事が恣意的だと批判されているのであるから、正面から答えるべきである[12]。

推測するに、前研究所長は、当初は、外部評価を否定しようとしたらしい。その違法性を示す証拠はたくさんある。

4　外部評価の切り下げ画策

まず、この前研究所長が、外部評価委員会に働きかけて、一部は井上教授に不利に修正させた。他方、再任に全委員賛成という文章を、「特にそれを不可とする意見はなく」という消極的な文章に書き換えさせようとしたとか、「国際的に平均」という評価（これは国際的に評価されていることを意味する）から「国際的」を落とそう（それは日本の平均的教授を意味し、評価の著しい切り下げである）として失敗した事実（これは資料7）、井上教授に辞職するように説得を依頼して失敗した事実も、外部評価委員（出月東大名誉教授）から文書をもって明らかにされている。これは、外部評価を求める方が外部評価を道具として使おうとしたものである。

第2節　阿部泰隆意見

5　医の倫理問題

　また、平成14年10月段階では、京都府立医大との合同申請により行おうとした共同研究に「医の倫理上の問題」があるとされたらしい。この研究は、ガン切除の際に、本来は医療廃棄物として処分される患者本人の膵臓から膵島の細胞を分離して、患者本人の血管（肝臓の門脈）に注入するものである。そうすると、細胞が肝臓に生着し、インシュリンの分泌を得て、膵臓を摘出した術後の患者の血糖コントロールに益するものである。これは、臓器移植法が適用される脳死ドナーから臓器の提供を求める臓器移植と混同されている可能性があるが、臓器でもない、自分の細胞を自分の細胞に注入する、自家細胞注入治療というべきものである。井上教授は再生研・医の倫理委員会で承認されれば、この分離の過程を担当する予定であった。それも最終的には承認されなかったので、この研究をしなかった。よってこれに、倫理上何らかの問題が生ずるはずもない。

　この点は、井上教授としては、何の問題もないことを同僚に説明する機会は与えられず、所長から一方的に辞職を迫られたということである。

　しかし、最終的に再任拒否を決定した協議員会の議事録及び研究所のHPにはこの点が示されていない（資料10、11）ので、これは研究所側も、理由にならないと判断したと推測される。

　こうして、外部評価を覆すまっとうな理由は見つからなかったと推察される。

6　1号任期制を3号任期制と勝手に読み替え

　それなら、なぜ再任拒否されたのか。ここで、根拠とされたのが、井上教授のポストについては、「新たな教官選考については、ここでの研究は5年程度で具体的な成果を得て　終了することを基本とし、原則として5年の時限を課す。」という、平成10年4月21日付再生医科学研究所再生医学応用部門に関する申し合わせ（資料5）であるらしい。筆者は、そのことは長らく気が付かなかったが、平成15年7月25日に、研究所のHPに掲載されて、秋も深まってから、やっとおぼろげながら気が付いた。

　この点は、任期制の性質に関する錯誤による同意の無効として、第4章で詳述するところであるが、そのほか、実体法上も違法である。すなわち、本件の任期制は、京大規程において、1号任期制であり、しかも、何度でも再任される「再任可」として規定されているのに、この研究所の申し合わせは、これを3号任期制（プロジェクト型）と読み替えるというものであるから、上位規範でもあり、かつ、京大自身が自ら作ったルールに違反しているものである。そもそも、そんな運用をするなら、外部評価も必要はなかったはずで、このような申し合わせに基づいたものだと

いう研究所HPの説明自身矛盾に満ちたものである。さらに、この申し合わせは井上教授には知らされていなかったものであるから、井上教授に適用することはとうてい無理である。

7　所長の越権行為の可能性

本件では、前所長は、先に述べたように、外部評価報告作成への介入、辞職なり再任申請の取り下げ要求など、再任拒否へと誘導しているが、さらに、研究所協議員に対して、井上教授の再任は前提としないこと、法学部教授の助言を求めているが、法的に違法ではないという文書を送って説得している（資料8）。しかし、前所長はもともと教授会では、井上教授の再任を前提とするという説明をしていたのである（井上教授本人尋問、第2章第1節）。また、法学部教授の誰が助言したかはわからないが、本来ならばどのような資料を示してどれだけの議論をしたのかを示すべきところ、何ら根拠を示さずにあたかも神のお告げのごとく、法学部教授の見解を援用するとは、議事の恣意的誘導である。その結果、協議員会自体が、本件の任期制は5年限定のものと錯誤に陥っていたのであって、その意味でも、この議決は無効だったというべきである。なお、小生が京大法学部の行政法担当教授である芝池義一、岡村周一教授に問い合わせたところ、知らないということであるから、おそらくは専門外の教授に聞いたのではないか。

これらの経緯を見れば、本件は単なる裁量濫用などという生やさしいものではなく、研究所長の権限濫用であると思われる。

なお、判例によれば、公務員は被害者に対して、個人としては賠償責任を負わないのが原則であるが、特別に保護されている裁判官でさえ、「違法不当な目的をもって裁判をしたなど、裁判官がその附与された権限の趣旨に明らかに背いてこれを行使したものと認めうるような特別の事情」があれば国家賠償責任が成り立つ（最判1982＝昭和57・3・12民集36巻3号329頁）。研究所長は個人としても責任を負わなければならないのではないか。

8　専門外の・安全地帯にいる教授が無記名投票で決定

この京大のしくみでは、任期制の適用を受ける協議員は、井上教授だけで、他の教授は安全地帯にいて、同僚の身分を左右する。これはきわめて恣意的な運用を可能にする。任期制を導入するなら、みんな同じリスクを犯すべきであるし、多くの構成員の勤務を適切に評価して、評価の低い人についてだけ再任を拒否するというシステムでなければ、組織が崩壊する。それとも、人材の流動化と称してどんどん入れ替えるのが目的なら、そもそもあらかじめ再任なしとすべきである。

また、この協議員は、同僚の身分の生殺与奪の権限を有するのに、外部評価委員と異なって、井上教授の専門である再生医療の臨床からはほど遠い人が多い。20人の協議員のうち臨床医が3人で、しかも井上教授と専門を同じくする専門家がほとんどいないということである。もしそうであるならば、外部評価委員という専門家の判断をなぜ覆すことができるのだろうか。

　さらに、協議員会は無記名投票で決め、しかも白票は反対票と数えるという制度となっていた（資料6、11条）ので、きわめて無責任に決めることができるしくみである。これは単なる新規採用人事と同じつもりであろうが、外部評価に「基づく」となっている以上は、それと異なる結論を出す場合には、理由を示すべきである。協議員が各人の良心で、外部評価に「基づ」いて判断したつもりというのでは、その客観性が保障されないのである。せめて、協議員会では単に再任の賛否を問うのではなく、再任に賛成の案と反対の案を理由つきで提出して論争すべきであった。この運用は、外部評価に「基づく」とは言えないから、違法であるというべきである。

9　本件は任期制適合職種か

　京大再生研のなかで任期制が導入されているのは、5つある部門の中の1部門（再生医学応用研究部門）だけ（しかも、その5分野中4分野）と、附属幹細胞医学研究センターだけである。しかも、教授で任期制なのは、本件の井上教授のほかは、2003年2月に新しく1人採用されただけである。同じ研究所の中でなぜこのような政策が採られているのかわからない。

　そもそも、この任期制を導入することができるのは、研究助手型（2号）とプロジェクト型（3号）のほか、1号の流動化型に限られている（任期制法第4条1項）。第5章―4で述べるように、文部省は、身分保障との関係その他から、任期制は限定的だとしている。正当である。

　ここで、1号とは、「先端的、学際的又は総合的な教育研究であることその他の当該教育研究組織で行われる教育研究の分野又は方法の特性にかんがみ、多様な人材の確保が特に求められる教育研究組織の職に就けるとき」である。

　そうすると、井上教授のポストがこれに当たり、他のポストはなぜ「多様な人材の確保が特に求められ」ないのかに関する説明が必要であるが、これについて京大当局は何ら説明していない。裁判所は、ここで京大当局に対して、説明を求めるべきであろう。

　もしその説明が妥当でなければ、本件の任期制は最初から無効であるから、井上教授は失職しないのであり、失職通知も無効である。

10　昇進での任期制は期限到来でも身分を失わない

さらに、本件では井上教授は助教授から教授に昇任したところで、任期を付されたのである。身分保障のある一般職の助教授が教授に昇任したら、任期のために、もとの助教授の地位まで失うというのはいかにも行きすぎであり、この人事異動通知書も、教授に昇任させる、任期5年と書いてあるだけであるから、そのような趣旨とまではわからない。これは、教授に任ずるがその任期は5年ということは、任期が終了すれば助教授に戻るという趣旨とも読めるのである。

ちなみに、国家公務員の昇進は、採用と同じく6ヶ月間条件付きとなっている（国家公務員法59条）。そこで、6ヶ月間は分限事由に該当しなくても降任させることができることとなっている（免職、失職ではない）。本件の任期制も、昇進の場合、公務員の身分を奪うのでは、予想外であり、仮に任期制が適法であると仮定しても、合理的に捉えれば、5年間の条件付き昇任と理解するのが合理的であると思われる。

そうでなければ、新規採用ではない以上は、任期が到来したら助教授の身分まで失うのですが、了解しますかとまで念を押して聞くべきであろう。

11　まとめ

以上、本件の「失職」扱いは、再任拒否決定、失職通知だけではなく、それに先行する、1号任期制の制度の本件ポストへの適用、同意の徴収など、多くの点で、違法である。

四　任期を付したことの違法は「失職」の処分性を作り出す

今述べた実体法上の違法事由は本案の問題であるが、そのほか、「失職」を免職処分と解する訴訟要件上の主張とも解すべきである。すなわち、任期制法は、任期が到来すれば、退職となることを定めているが、それはもちろん、任期が行政処分により適法に付された場合に限るのである。任期が憲法上（裁判官の場合）、法律上（会計検査官、人事官、自衛官など多数）付されている場合とは異なるのである。そこで、任期を付すことが違法であるにもかかわらず、任期を付したとして、任期到来による「失職」扱いとすることは、地位を違法に奪うものである。そうした可能性がある以上は、これは不利益処分たる免職処分と同様の処分と解される。

1号任期制を適用できる場合に該当しないのに、1号任期制とした場合、「同意」を詐取して錯誤を生じさせた場合がこれである。したがって、本件を門前払いすることは許されない。

五　付言：再任発令の義務づけ訴訟では処分性は問題なし

　以上のように、京都大学総長は、再任拒否によって原告を「失職に追い込んだ」のであって、原告は単に期限満了によって「失職」したのではないから、「失職」を処分として捉えて、取消訴訟と執行停止の対象とするのが筋であるが、仮に、京都地裁の執行停止却下決定にみるように、そうでないとしても、義務付け訴訟は本案に入って審理すべきである。すなわち、新規採用拒否でさえ処分とされている（前記水戸地判1980＝昭和55・11・20判時999号118頁）のであるから、再任発令は当然に処分である。この場合に、再任発令をせよという義務づけ訴訟は、この「処分性」の関門を当然にくぐり抜けることができるのである。

　そして、法令に従って制定された京大内規に基づき原告には再任申請権（再任について内規に従って合理的な判断を求める権利）があり、再生研が行った本件の再任拒否決定は裁量濫用なり権限濫用であり、外部評価に基づいて再任決定する以外には、選択肢がない（学長には、原告を任命すべく、裁量がゼロに収縮する）と考えるべきものと思量するので、原告は再任発令の義務づけ判決を求めることができる。本件ではすでに任期である2003年4月30日が徒過して、原告はいったん失職した扱いになっているが、裁判所は、同年5月1日付で遡って再任の発令をせよという義務づけ判決と仮命令を発するべきである。

(1)　再任可とは何を意味するかというと、論理的には、期限到来の際に行われる後任者の募集の際に、これまでそのポストを占めていた者を排除しないという消極的な意味しか持たないとも考えられる。しかし、それなら、再任可とわざわざ決める必要もない。他の場合として、再任申請不可とか後任者募集への応募禁止というものがあるならば、再任可とは、再任申請を禁止しないという趣旨とも理解できるが、この場合にそのようなルールはない。したがって、本文のように解するしかないだろう。

(2)　これは、本件に提出され、第3章に掲載される園部逸夫、平岡久、矢野昌浩意見書と、若干理由付けは異なるが、ほぼ同方向である。この私見は一般に承認されるものであると思う。

(3)　第5章一4（2）、129頁。

(4)　この論点は第3章第4節平岡久意見書に詳しい。

(5)　大橋洋一『行政規則の法理と実態』（有斐閣、1989年）124頁以下、乙部哲郎『行政の自己拘束の法理』（信山社、2001年）、宮田三郎「行政規則の拘束力について」朝日法学論集27号1頁（2002年）以下参照。

第3章　「失職」の処分性と実体法上の違法性

(6)　塩野宏『行政法〔第三版〕』（有斐閣、2003年）93頁参照。
(7)　阿部泰隆『行政裁量と行政救済』（三省堂、1987年）235—238頁、佐藤英世「西ドイツ官吏法における競争者訴訟（一）」奈良法学会雑誌2巻1号9—11頁以下（1989年）。
(8)　「陸士の任用期間に関する訓令」（防衛庁長官・昭和34年8月22日）、海上自衛官については、「海士長等の継続任用に関する達」、航空自衛官については「継続任用に関する達」。
(9)　阿部「解説」判例自治105号83頁。
(10)　小早川光郎「判批」判評169号119頁。
(11)　「"再任脱落も訴訟対象"、教授の勝訴相次ぐ。再任脱落教授の訴訟が増加する模様。」詳しくは、http://www.koreanavi.com/news/head-line/20000119-5.html
　　　韓国の行政訴訟法は、日本の行政事件訴訟法に似ている点が少なくない。それは行政庁の違法な処分その他公権力の行使又は不行使による国民の権利又は利益の侵害を救済する。処分とは、行政庁の行う具体的事実に関する法執行としての公権力の行使又はその拒否その他これに準ずる行政作用をいう。行政訴訟の種類は、抗告訴訟、当事者訴訟、民衆訴訟、機関訴訟の4種で、抗告訴訟は、行政庁の処分等又は不作為につき提起する訴訟である。そこで、その処分に関する解釈論は、ほぼ同一の法文を対象とするものとして、直接に参考にできるものである。
　　　韓国の行政訴訟法（1984年法律第3754号、1988年、1994年改正）は『現行韓国六法』（ぎょうせい）D2509頁に掲載されている。さらに、この法律が制定されたばかりの時点における講演として、金道昶「韓国の行政訴訟制度の現状と課題」自治研究63巻12号16頁（1987年）。
(12)　京都大学再生医科学研究所現所長中辻憲夫氏（全文は「国公立大学通信」2003年6月5日号、http://ac-net.org/kd/03/605.html）は、「私どもも、任期制の導入には、適切な運用と公正な手続きを整備することが不可欠であると考えております。」「前教授の再任問題については、これまで再生医科学研究所の立場や反論を公表することは控えておりますが、今後の裁判の場で明らかにしてゆくつもりであります」という。
　　　しかし、その後も、京大当局は、本件の事案が「適切な運用と公正な手続き」にのっとったものであることを、裁判の場でも明らかにしていない。それをしないのは、悪しき当事者である、逃げ口上、学者としてふさわしくないといわれても、やむをえないのではないか。
　　　このように書いていたが、実は再生研は、平成15年7月25日になって、そのHPで、本件のポストは再任を原則としないという趣旨の説明をしている（資料5）ことに、ようやく最近気が付いたところである。これについては、本文を修正したほか、特に第4章参照。

第3節　園部逸夫意見書

任期制採用の教授に対する失職通知と
大学の自治・学問の自由の法理

　　　　　立命館大学大学院法学研究科客員教授　法学博士　園部　逸夫

　神戸大学大学院法学研究科阿部泰隆教授の要請により、大学の教員等の任期に関する法律（以下、「任期法」という）の適用に関する法律問題について、次の通り卑見を申し述べます。

一　「失職」の処分性

　任期法の規定する任期制の下では、任期の満了に伴い、任期を附された教員はその職を失うという見解がある。公務員について任期制を採用することの是非はさておき、大学教員に限って見ると、任期制を適用する場合は、特に大学の教員に保障される大学の自治と学問の自由に関わる重要な問題があることに留意しなければならない。

　任期法の主な目的は、大学における、特に研究の活性化及び人事の流動化にあり、我が国における大学の閉鎖性や人事の独占という弊害を除去するための政策的立法であることは容易に理解できる。しかし、そのことによって、大学教員の身分保障に基づく学問の自由と発展という、我が国の大学が、多年にわたり幾多の試練を経て培ってきた、大学自治の基本理念に反することがあってはならないのであって、当該事案に照らし、任期法の適用を巡って、当該教員の再任に関する期待権が正当な根拠を有する場合は、単に任期満了という法律要件の形式的な適用に止まることなく、大学教員の任用に関する基本的な身分保障の要請を十分考慮することが肝要である。

　本件についてこれを見ると、一般職の公務員と同様、外部評価委員会の評価に「基づいて」再任の可否を判断することになっているので、外部評価の結果、再任が可とされた場合に、それに「基づかない」再任拒否は許されないことになっている。そうであるとするならば、本件の任期満了とそれを前提とする任期満了退職の通知は単なる法律効果の通知ではなく、相手方に対する一定の行政組織上の判断に基づいて行われた積極的な処分と同視すべきものと解するのを相当とする。仮に行政実体法上の免職処分と見ることが困難であるとしても、相手方が、行政訴訟上の

第3章 「失職」の処分性と実体法上の違法性

救済を求めている以上、本件失職通知に至る一連の手続を総合して行政事件訴訟法上の「行政庁の処分」と解して、本件任期満了手続の違法を審理する機会を処分の相手方に与えることは、大学の自治と学問の自由に関する条理に照らし、決して過剰な要請ではないと思料するものである。

任期法について国会の附帯決議が濫用のおそれを指摘しているのも、このような事態を予想したものであると解されるのであって、処分の適正と被処分者の権利救済という見地からも、上記のような法解釈を導くべきなのである。

公務員の失職には、定年退職のように、期限の到来によるもの又は禁固刑に処せられた場合のように、法定の事由によるものがあるが、これらは、法令上当然に失職するものであって、通常は、格別の処分を必要とするものではない。しかし、懲戒処分や分限処分について見ると、特定の公務員の状況が、任命権者によって法定の懲戒処分や分限処分の事由に該当すると判断された場合に、免職を含む処分がされる場合がある。この処分が、当該公務員の権利利益を害する場合は、いわゆる不利益処分として、行政不服審査及び抗告訴訟の対象となる。

このように、公務員の失職は、法定の事由による当然失職と、任命権者の判断過程を経た不利益失職処分に大別することが出来る（二分論）。本件任期制による失職について、失職した公務員には何ら不利益はないとする見解は、二分論の当然失職に当るとするものである。しかしながら、私は、すべての失職を形式的に二分論で律することは、失職に至る任命権者の関わり方によっては、具体的妥当性を欠く場合があると考えるものである。すなわち、本件任期制の下では、任期満了後の再任があり得ることとされている。もちろん、再任制度があっても、それは新規任用と並行して行われるものであるから、任期満了の公務員が再任を希望した場合、他の新規採用候補者に当然に優先するものではなく、他の新規採用候補者が存在しない場合でも、再任希望者であるということのみで新規採用候補者と異なった取り扱いをすべきでないことはいうまでもない。しかし、再任希望を有する者について、任期満了についての通知をするまでに、内規により一定の手続を経ることとされている本件の場合（京都大学再生医科学研究所任期制教官の再任審査に関する内規（同研究所協議員会平成14年7月18日決定）資料6）、任期満了による失職の通知に、行政手続上任命権者の意思が関わっていると解すべきであって、このように、失職の通知に何らかの行政的手続が前置されており、しかも再任の希望をまったく考慮しないという結果をもたらす場合は、当該公務員の期待権を害することになり、形式的には期間満了による失職の通知であっても、その実質において、任命権者の意思決定が介在する失職の行政処分と見るべきであって、当該通知を受けた者は権利保護を求める利益があると解するのを相当とする。

二　大学の自治のもとにおける教員の身分保障と任期制による失職の関係

　次に、大学の自治と本件失職処分との関係について述べる。京都大学のいわゆる京大事件（沢柳事件・滝川事件）に象徴される戦前の大学自治に関する理念の基調は、大学教授の人事に関しては、教授会による自治を尊重すべきであるというものであった。しかし、大学自治の理念もその運用を誤ると、教授会の独善や、派閥人事の隠蔽などに悪用されるおそれがないとはいえない。大学教員に関して言えば、任期制の採用は、大学人事の活性化をもたらすものであり、ひいては、学問の自由を現代的な意味において発展させる契機となることが期待される。しかし、その運用は、慎重であるべきで、本件における内規が、外部評価委員会に基づく協議員会の決定という制度を置いているのも、大学教員の身分保障という観点から理解出来るものといえよう。

　ただ、ここで考えなければならない問題がある。大学における人事関連の教授や教員による組織（評議会、教授会、本件協議員会）の運用は、任命権者や政府当局に対する場合でも、或いは人事協議の対象となる当該教員に対する場合でも、放埓で恣意的なものであってはならないのであって、常に客観的に公正なものであることが期待されているということである。

　本件において、任期満了前に再任拒否の決定がなされていることは、単なる任期満了による失職と異なり、外部評価委員会の評価に基づいて協議員会が再任の可否について審議決定したということである。このことは、基本的には大学における人事の自治的判断として尊重すべきであるが、再任拒否の決定を受けた者が、当該決定を不服として争う場合には、少なくとも不服申立機関や裁判所に対する関係において、右決定に基づく任命権者の最終的判断に対してこれを行政処分として争う途が開かれなければならない。従って、当該被処分者が、任期制の適用に同意しているとか、任期満了の通知に過ぎないという理由より、争訟の道をまったく閉ざすことは出来ないと考える。

　一般論として見ても、再任拒否の決定を、人事に関する組織が下すことにより、表面上は任期満了という形式を取っていても、再任拒否の理由によっては、本人の将来にわたる経歴を考慮するとき、その利益を害する恐れなしとしないのである。このように大学自治の下における大学教員の身分保障と任期制の問題には単なる期間満了の法理のみでは解決し得ないものがある。形式的には、期間満了の状態にある失職公務員に対する行政救済は、抽象的には執行停止の問題を含めて法理論構成上の難関があることはよく承知しているが、本件について原告の法律上の地位を、失職に関する処分を受けた地位と理解すれば、解決の糸口を見いだすことは出来ると考える。阿部教授の意見書はこの意味において、原告擁護の立場に立ついわゆる

第3章 「失職」の処分性と実体法上の違法性

ためにする理論ではなく、任期制と大学教員との相関関係について行政救済の面から検討を加え、かつ行政訴訟の将来を見据えたもので、十分検討に値する。私としては正鵠を得たものと評価したい。

なお、期間満了による失職の行政処分性については、法定の事由による失職の場合でも行政処分に当るとした名古屋地判昭和47・11・8行裁集23巻12号855頁、期間満了前にした再免許しない旨の通告の行政処分性を認めた、FM東海事件東京地判昭和43・8・9行裁集19巻8・9号1355頁を、本件の期間満了の通知に至る再任拒否処分の過程における人事上の裁量権の行使については、いわゆる個人タクシー事件最高裁判所判決（最判昭和46・10・28民集25巻7号1037頁）を、再任拒否処分の行政処分性については水戸地判昭和55・11・20判時999号118頁を参考判例ないし裁判例として援用する。

以上

第4節　平岡久意見書
国立大学研究所「内規」の「法」規範性・裁判規範性

大阪市立大学大学院法学研究科教授　平岡　久

本文書においては、まず、京都大学再生医科学研究所の教授であった原告の再任申請に対して行われた再任しない旨の決定は行政事件訴訟法3条にいう「処分」であり、かつ、不利益処分（免職処分）であること等を簡単に述べたのち、主として、上記研究所の再任にかかる「内規」は「法」規範であり、裁判規範たりうることについて、意見を述べる。

上の第二の点についてとくに記述するのは、筆者がこれまで行政法一般論の中ではとくに広義の「行政立法」（いわゆる法規命令と行政規則）に関心をもって研究してきたからでもある（とりわけ、平岡・行政立法と行政基準（1995年、有斐閣）を参照）。

一　再任拒否決定の「処分」性および「不利益処分」性等

1　国公立大学を含む大学の教員等に任期を定めることを可能にしている大学の教員等の任期に関する法律（平成9年法律第82号。以下、「任期制法律」という）は当初任期の満了後の取扱いに関する規定を設けていないが、同法3条3項による委

任にもとづく文部科学省令である「大学の教員等の任期に関する法律第三条第三項等の規定に基づく規則に記載すべき事項及び同規則の公表の方法に関する省令」（以下、「任期制記載事項等省令」という）1条4号は、任期付き教員の存在を前提としつつ、「再任」がありうることを想定している。

そして、任期制法律3条1項による委任（教員の任期付き任用を行う国立大学又は公立大学については、むしろ義務づけである）にもとづいて学長が制定した「立法」にほかならない京都大学教官の任期に関する規程（平成10年4月9日達示第23号。以下、本文書において「京大規程」という）は、同大学再生医科学研究所（・再生医学応用研究部門）において教員の任期付き任用を可能とするとともに、「再任の可否」について、「可」と定めている（京大規程・別表第一）。

これらからすると、上記研究所の後出「内規」類の内容を見るまでもなくすでに、少なくとも「再任の可否」が「可」とされている上記研究所（・部門）については、任期付き任用の教員は任期（5年－京大規程・別表第一）の満了によって自動的に失職するのではなく、学長は再任するかどうかを決定する必要があると解される。再言すれば、任期制法律に直接にもとづく「委任立法」であり「法」規範にほかならない京大規程が上記研究所（・部門）について再任を「可」と定めている以上は、少なくとも再任を希望する任期付き任用の個々の教員については、（所定の任期の満了後においても）実際に再任するかどうか、という、当該教員の再任にかかる具体的判断・決定が行われることを京大規程は想定し、予定していると解される。このような解釈は、ごく常識的で、自然なものであろう。

そして、この、再任するかどうかの決定は、教育公務員を含む公務員の任用行為は契約の締結ではないとする理解するかぎり（任期制法律5条も私立大学の教員の任期は労働契約で定めることができるものとして、国公立大学の教員の場合と区別している）、従前と同じ研究所等の教員たる法的地位を消滅させるか存続させるかに関する一方的決定であり、当該教員の法的地位に対して具体的かつ直接的な変動を一方的に生じさせる法的効果をもつものである。したがって、この再任にかかる決定は、行政法学上にいう「行政行為」、あるいは行政事件訴訟法3条2項にいう（抗告訴訟および取消訴訟の対象となる）「行政庁の処分」にほかならない、と断じることができる。

なお、最高裁昭和52年3月15日判決・民集31巻2号234頁は大学の学生に対する単位認定行為を「自律的…部分社会」の「内部」問題として司法審査の対象にならない旨を述べている。しかし、いうまでもなく、大学教員の再任にかかる決定は「部分社会」の「内部」問題に関するものではなく、学生の卒業または専攻科修了にかかる認定と同様に「外部」と接触するものである。したがって、当該最高裁判

決を援用して、教員の再任にかかる決定が司法審査の対象にならないとすることはできない、ということは明らかである。

　2　以上では「再任するかどうかの決定」または「再任にかかる決定」という表現を用いたが、この決定がどのような性質の「処分」であるかが、つぎに問題になる。

　後述する「研究所再任審査内規」が再任「申請」に対する応答というシステムを定めていることからすると、再任にかかる決定は再任希望者による申請に対する「拒否処分」であるとも理解されやすい。

　しかし、ここでの「申請」は、応諾されてはじめて新たな法的状態が生じる諸種の営業許可や「免許」等の申請とは異なり、既存の法的地位の継続を求めるものである。そして、再任しない旨の決定は、既存の法的地位の継続を否定するもの、換言すれば、既存の法的地位を剥奪する法的効果をもつものである、といえる。行政手続法（平成5年法律第88号）上の分類に従えば、「申請に対する処分」ではなく、「不利益処分」（既存の法的地位を剥奪する処分、いわば免職処分）にあたる、というべきであろう。

　また、観点を変えれば、再任しない旨の決定は、公衆浴場等の営業「許可」や河川占用の「許可」（後者は権利設定行為である）等の「撤回」と同様の、当初の任用行為の「撤回」にあたると理解することもできる。こうした「撤回」行為は、行政手続法上は「不利益処分」の一種である（もっとも、公務員に対する処分は行政手続法の適用を受けるわけではない。同法3条1項9号。「許認可等を取り消す」処分や「資格又は地位を直接にはく奪する」処分が「不利益処分」であり、かついわゆる「特定不利益処分」であることについては、同法13条1項1号イ・ロを参照）。

　3　以上のことを前提にして、さらに付言しておく。すなわち、第一に、再任しない旨の決定が違法であるとして取り消されるとすれば、あらためて適法・適正な手続にしたがって再任する旨の決定が行われるまでもなく、原告は従前の法的地位を回復するものと解される。また、同様に、再任しない旨の決定の効力が停止されるとすれば、原告（申立人）はさしあたり従前の法的地位を回復することになる、と考えられる。

　なお、さしあたりにせよ原告が従前の法的地位を回復するとすれば、当初の任期は満了した後のことになる。しかし、それは再任しない旨の決定が違法であったか、その効力を停止する必要性が認められたかのいずれかの理由によるものであり、再任しない旨の決定が行われていなければ、本来は、任期が満了しても「失職」していないはずなのである。

　第二に、再任を希望し「申請」している者については、適法な再任しない旨の決

定がなされていないかぎり、所定の任期が満了しても、従前の法的地位を失う（剥奪される）ことはない、と解される。反面では、原告に関して改めて適法・適正な手続にしたがったうえで再任しない旨の決定が行われたとすれば、原告は従前の法的地位を失う（剥奪される）ことになるであろう。

ただし、後述するように「法」規範であると解される「研究所再任審査内規」によれば、再任にかかる上記研究所（協議員会）の決定は（申請者の「同意」がないかぎり）「任期満了の6か月前まで」に行なうこととされている（13条）。この定めの趣旨からすると、かりに上記研究所（協議員会）が再度再任しない旨の決定を行ったとしても、当該決定から「6か月」間は、学長による正式決定（これがどの時点でなされようとも）の効力は生じず、この期間はなお従前の法的地位を維持したままである、と解することができる。

二 研究所「内規」の裁判規範性＝「法」規範性

1 任期制記載事項等省令は第1条各号において学長が定めるべき事項（「規則」に記載すべき事項）を定めているが（任意的・裁量的記載事項である5号を除く）、同条4号はその「記載すべき事項」を「再任（…〔略〕）の可否その他再任に関する事項」と定めている。

しかし、京大規程が定めているのは「再任の可否」のみであって、「その他再任に関する事項」は、何ら定めていない（なお、1～3号で要求されている組織・職・任期の期間については、京大規程が研究科等ごとに記載している）。「その他再任に関する事項」としては再任の可否を審議する手続や再任の可否を評価・審査する基準等々が考えられうる。そして、これらに関する定めの欠如は任期制記載事項等省令による要求の趣旨に違反するものであって、京大規程には不備がある、といえる。より正確にいえば、京大規程は、任期制記載事項等省令が「規則」と称して制定を授権して（・義務づけて）いる「法」規範としての完結性を欠いている、といえる。

このように、京大規程は、上位法が要請している「法」規範の内容としては、不備があるものである。

ところで、筆者は公立大学の学部長・研究科の長および評議会構成員であった経験を有する者であるが、大学においては一般に、しばしば、または通常、一種の慣行として、大学全体に関する（通常は評議会の議を経て学長が定める）「規程」類の定めの中に大学内の各学部・研究科・研究所等（の長）への明示の委任規定がなくとも、各研究科等（の長）において大学全体の「規程」類を各研究科等において各研究科等に即して具体化または補充する一般的基準類を定めることが行われてきた。このように、大学全体の「規程」類の中に明示の委任規定がなくとも各研究科

第3章 「失職」の処分性と実体法上の違法性

等（の長）が「規程」類を具体化・補充することができることは、これまでの大学の管理運営において、ほとんど当然視されてきた、といって過言ではない。このような現象は、大学の管理運営における「学部（・研究科）自治」といわれるものを背景にしている、といえるであろう。

　京都大学再生医科学研究所においては、同研究所任期制教官の再任審査に関する内規（平成14年7月18日協議員会決定。以下、「研究所再任審査内規」という、阿部注、本書資料6）および任期制教官の再任審議に関する外部評価委員会運営細則（平成14年4月18日協議員会決定）が定められている。そして、これら、とりわけ前者は、「法」規範としての不備をもつ京大規程を、上記研究所に即して、当該研究所が具体化・補充したものである、と理解することができる。

　（なお、前者とほぼ同一内容を定めている同研究所の「任期制教官の再任審査に関する申し合わせ」（平成14年4月18日協議員会決定）は「研究所再任審査内規」の附則により廃止されている。原告についての「再任審査」に対して適用されたのが「研究所再任審査内規」ではなく、少なくとも一定期間はこの「申し合わせ」であったとすれば、以下の「研究所再任審査内規」に関する記述は、上記「任期制教官の再任審査に関する申し合わせ」に関しても、そのままあてはまる。）

　「研究所再任審査内規」の定めのうち重要であるのは、①任期付き教員のうち再任希望者は任期満了前12月前までに再任申請を、申請後1月以内に所定の必要書類の提出をそれぞれすべきこと（2条・3条）、②必要書類の提出があれば再任審議に関する「外部評価委員会」が設置され、同委員会は任期満了の7月前までに再任申請者の「評価」を報告し、所長はこれを再任申請者に「開示」すべきこと（5条～7条）、③協議員会は上記委員会の「評価に基づき」、再任の可否に関する「審議決定」を行い、任期満了の原則として6月前までに「再任の可否決定」をすべきこと（9条・13条）、④「外部評価委員会」による「評価」の対象とされているのは再任申請者の「学術的業績」、「学内の教育並びに行政への貢献」、「社会的貢献」、「再任後の研究計画」であること、である（なお、上記「申し合わせ」においては、上の①は1・2に、②のうち「外部評価委員会」の設置については4に、③とほぼ同趣旨は4・5・12に、④のうち二つは6に、それぞれ定められている）。

　なお、「研究所再任審査内規」は協議員会による「再任の可否決定」という語を用いているが、教員の再任にかかる正式の決定権限は上記研究所（・所長）に存するわけではない。上記研究所の決定に拘束されつつ、任用権者である学長が正式に決定する、ということになるものと思われる。

　2　本件における論点の一つは、上でその内容を簡単に記した、「研究所再任審査内規」の法的性格にあるようである。これが「法」規範であるならば、これに内

容的(実体的)または手続的に違反している再任にかかる決定は、それだけで容易に違法という評価をうけうる。一方、これが「法」規範ではないとすれば、これに違反している再任にかかる決定は、少なくともそのことのみを理由としては、ただちに違法という評価をうけることはない。これらのことは、これまでの行政法学が、「法」規範と行政決定の関係についての基本的な前提または命題であると考えてきたところのものである。

さて、「研究所再任審査内規」の法的性格については、以下のように考える。

第一に、各国立大学の大学全体に関する「規程」類のほとんどは、学校教育法(政令・省令を含む)上の明示の委任なくして(関係法令を実施するために)定められている。そして、それらの法的性格には曖昧なところがあり、十分に解明されてきているとはいえないことは、たしかである。

伝統的な行政法学においては、国公立大学は「公の営造物」の一つであると考えられ、かつては「営造物(利用)関係」は「特別権力関係」の一種とされた。そして「営造物規則」は「法」規範(または伝統的にいう「法規」)ではなく、「行政規則」の一種であると理解された。しかし、ここでの「営造物(利用)規則」は営造物の利用者、国公立大学についていえば大学の学生に対するものであって、国公立大学の教員を名あて人または相手方として想定したものではまったくない。この点には、まず注意しておかなければならない。

つぎに、国公立大学教員等の教育公務員を含む公務員の勤務関係は、伝統的な行政法学においては、「営造物(利用)関係」等とともに「特別権力関係」の一種とされ、その「内部」関係を規律する定めは「法」規範(または伝統的にいう「法規」)ではなく、「行政規則」の一種であると理解された。しかし、このような概括的で単純な理解は、今日では最高裁判例においても採用されていない(現業公務員の勤務関係について、当該事件の下級審判決とは異なり、「基本的に公法上の関係である」とのみ述べる最高裁昭和49年7月19日判決・民集28巻5号897頁等を参照)。この点もまた、前提にされておく必要がある。

とはいえ、国公立大学の「規程」類の法的性格がどのように再構成または再整序されたかというと、国公立大学の教員である研究者にとっては身近な問題であるものの、必ずしも明瞭ではない、というのがおそらく現状であろう。

このような状況は、①「法律による行政」原理の貫徹を要請しない伝統的な「特別権力関係」的理解にもとづいていたためか、学校教育法等の法令が大学に関する詳細な定めを必ずしも設けず、かつ大学の長等に「立法」を明示的に委任する規定もほとんどおいていないため、大学「規程」類が法令上の委任にもとづく「行政立法」であるとは簡単に理解することができなかったこと、②少なくともかつてのド

第3章 「失職」の処分性と実体法上の違法性

イツとは異なり、学校教育法等の行政法規は私立大学をも対象とするものであって、実質的には同様の性格をもつ私立大学の大学「規程」類も含めて「行政立法」と理解することができなかったこと、③大学「規程」類は、その内容または規律対象からみると、学生の修学等に関する規律、教員の身分・人事等に関する規律、学内諸委員会の設置と所掌事務を定める規程等々も含めて大学または学部（・研究科）の管理運営に関する規律等に分類することができるが、このように異なる内容をもつものの法的性格を一括して論じることは適切ではなかったこと、④とりわけ教員の身分・人事等に関して定めている大学「規程」類の法的性格に関する訴訟および判決例が乏しく、研究者の十分な関心を惹く問題になりえなかったこと、等に由来するもののように思われる。

なお、最高裁昭和52年3月15日判決・民集31巻2号234頁は、大学は法令に格別の規定がなくとも学則等を定め実施できる自律的・包括的権能を有するとし、大学を「自律的な法規範を有する特殊な部分社会」の一つとしている。しかし、「国公立であると私立であると」を問わない判示であること等からして、少なくとも直接には、参考にならないものと考えられる。

第二に、以上で述べたのは、通常の、または多くの大学「規程」類についてであったが、教員の再任に関する京大規程は、先にも述べたように、任期制法律3条3項による委任にもとづき、かつ任期制記載事項等省令（文部科学省令）1条が、学長が定めるべき事項を定めていることにもとづくものであって、任期制を採用する国立又は公立の大学に限っての明示の委任（「義務づけ」）にもとづく「立法」にほかならない。京大規程は任期制法律3条1項による明示の授権にもとづく「教員の任期に関する規則」であり、これは「委任立法」または「行政立法」であると理解することができる。このことは、任期制法律5条1項が、国公立大学の場合とは区別して、私立大学の教員の任期については「労働契約」で定める旨を規定していることからも明らかである。

もっとも、京大規程は「…規程」という名称（表題）をもち、学長の「達示」という形式をとってはいる。しかし、これらは国立大学、少なくとも京都大学（・学長）が定める規範類に関する一般的な慣例──おそらくは「達示」という形式名称以外に適切な呼称が用意されていない──に従ったものとみられ、名称（表題）と形式（または形式名称）のみを捉えて、他の多くの大学「規程」類についてと同様の議論を行おうとすることは、誤りである。

第三に、京大規程が定めているのは「再任の可否」のみであって、先にも述べたように、任期制記載事項等省令が要求している趣旨からすれば、「法」規範としての完結性を欠いている。そして、この非完結性を補充して、再任の可否の評価・審

査手続等の「その他再任に関する事項」を具体的に定めているものの一つが、本件の「研究所再任審査内規」にほかならない。

　この「研究所再任審査内規」は、まず、法令の趣旨に即して本来は学長が定めるべき事項を定めているものとして、形式的には研究所（・その長）が定めたものであるとしても、実質的には京大規程と一体のものとして、あるいは実質的には学長に代わって、任期制法律3条1項がいう「教員の任期に関する規則」の一部を制定したものであると理解することができる。このように理解する場合、「研究所再任審査内規」は――「内規」という名称にかかわらず――、京大規程と同様に、明示の委任（「義務づけ」）にもとづく「立法」であり、「法」規範である。

　つぎに、行政法一般論としては立法には明示の委任が必要であり、「黙示」の委任は認められないと考えられるが（平岡・前掲書33頁参照）、このような考え方は一般の行政作用に関する立法を念頭においたものであり、研究教育機関である国公立大学についてそのままあてはまるかどうかは、なお問題にされてよいであろう。

　そして、すでに述べたように、大学においてはしばしば、または通常、一種の慣行として、大学全体に関する「規程」類の定めの中に大学内の各学部・研究科・研究所等（の長）への明示の委任規定がなくとも、各研究科等（の長）において大学全体の「規程」類を各研究科等に即して具体化または補充する一般的基準類を定めることが行われてきたのであり、このような実態をもふまえるならば、京大規程の中に各研究科等（の長）への明示の授権条項がなかったとしても、各研究科等（の長）は、「黙示」の委任にもとづいて、京大規程を実施するために必要な基準類を定めることができる、と理解することもできる。このように理解する場合においても、「研究所再任審査内規」は、京大規程による、または「学部（・研究科）自治」をふまえた学長からの「黙示」の委任にもとづく「立法」であり、「法」規範であることになる。

　また、上のような理解は、「研究所再任審査内規」の内容は、法令上本来は京大規程において定められていてしかるべきものであった、ということによっても、補強されるであろう。

　以上のような二つのいずれの理解の仕方を採用するにせよ、「研究所再任審査内規」は「法」規範であり、再任にかかる決定についての司法審査の際には裁判規範になる、と結論づけることができる。

　しかるに、京大規程の不備によってたまたま、正確には不可避的に、上記研究所（・長）が「研究所再任審査内規」によって再任の可否にかかる審査手続等を定めたことを捉えて、この「内規」は「法」規範ではなく、定めの内容には「法的」意味がない、という主張があるのであるとすれば、それは、京大規程自体の不備をいわ

第3章 「失職」の処分性と実体法上の違法性

ば棚に上げての、身勝手な論理というほかはない、と思われる。

再述すれば、京大規程はまぎれもなく任期制法律3条1項にもとづく「委任立法」であり、「法」規範たる性格を有するものであり、「研究所再任審査内規」は、「内規」という名称が付されているとしても、京大規程の不備・非完結性を補充するものであり、直接に法令にもとづく、京大規程と一体となった「委任立法」であるか、または「学部(・研究科)自治」の慣行を前提とする京大規程による「黙示」の委任にもとづく「(再)委任立法」にほかならない、と考えられる。そして、この「内規」の諸規定の内容は、「法」規範として、当然に、再任にかかる決定の適法性の司法審査に際しての裁判規範になる、というべきである。

3　「研究所再任審査内規」の法的性格について、なおいくつか付言しておく。

第一に、学部・研究科等の「内規」類の中には、たとえば、学生の法的地位に直接に関係する進級要件・卒業要件等々を定めているものもあり、これらは、国公立大学の場合であっても、大学(正確には設置主体)と学生との間の在学契約の約款であると理解することも可能である。しかし、任期制教員に関係する国公立大学の研究科等の「内規」類の法的性格を、このように理解することはできない。

第二に、たとえば国の各省大臣による省令の定めに不十分さがあるとして、省令上に明確な委任規定が存在しないにもかかわらず、地方支分部局(いわゆる国の出先機関)の長が省令を具体化または補充するための一般的基準を定めたとしても、それは「委任立法」ではなく、「法」規範たる性格をもつとはいえない、と考えられる。

しかし、大学は、国立大学であっても、通常の行政活動を行う機関ではない。また、大学内における「学部(・研究科)の自治」が、従来からそれなりに慣行として認められてきたことに十分に留意する必要がある、と思われる。

なお、上記最高裁昭和52年3月15日判決が用いている「部分社会」の「自律的な法規範」という語は、私立大学をも含めている点で「法規範」概念の紛らわしい用法であるとみられる。ただし、大学は「法令に格別の規定がない場合でも……規定し、実施することのできる自律的、包括的権能」を有するとも述べている、この判決のいう「部分社会」論は、国公立大学の場合については、上位「法」規範による明示の委任がなくとも大学(・学長)または大学内の部局(・長)は「法」を定立できることがある、という、部分社会の一つとしての各国公立大学の特性を肯定する趣旨を含んでいる、と理解することがまったく不可能であるとはいえないようにも思われる。

第四に、「研究所再任審査内規」が「法」規範ではないとすれば、これまでの行政法学の教科書的用語によれば、「法規命令」ではなく「行政規則」の一種である、

第 4 節　平岡久意見書

ということになる。

しかし、「研究所再任審査内規」は、「行政規則」の例とされてきたいずれの類型にも該当しないであろう（「行政規則」の類型についての代表的叙述として、塩野宏・行政法Ⅰ〔第四版〕87頁以下（2003年、有斐閣）を参照）。

すなわち、代表的な例とされる訓令・通達類は、おおむね一致しているとみられるところによれば、指揮監督権をもつ上級機関が下級機関の権限行使・事務処理の仕方に関して下級機関に対して発するものである（平岡・前掲書143頁以下参照）。また、「行政規則」の類型として、今日では、行政指導の基準としての「指導要綱」類や補助金交付等の要件・手続等を定める「助成要綱」（または「給付要綱」）類を挙げることができる。さらに、かつては「営造物利用規則」も「行政規則」の一種とされてきたが、すでに多少触れたように、これは国公立大学の学生・国公立病院の入院患者・国公立博物館の入館者等に対する定めを意味するものである。そして、「研究所再任審査内規」は、これらのいずれの類型にも該当していない。

なお、行政手続法（平成 5 年法律第88号）にいう「審査基準」や「処分基準」等も「行政規則」の一種であり、これらは行政処分権限をもつ機関（行政庁）自身が定めるもの（そして下級の補助機関に対して示したもの）であるが、かりに「研究所再任審査内規」が「法」規範ではないとすれば、それは、ここにいう「処分基準」（「不利益処分をするかどうか……についてその法令の定めに従って判断するために必要とされる基準」。行政手続法12条 1 項参照）に該当する可能性がある。しかし、その場合においても、「行政規則」としての「処分基準」がまったく法的意味あいをもちえないわけではないことは、つぎに述べるとおりである。

4　かりに「研究所再任審査内規」が「法」規範ではなく「行政規則」の一種であるとしても、このことはこの「内規」には法的意味がまったくないということを意味してはいない。

第一に、訓令・通達類であれ「処分基準」・「審査基準」であれ（これらはいわゆる「裁量基準」でありうる）、平等原則または信頼保護の原則（・信義則）等の「法の一般原理」を媒介として、「法」規範に近い機能が与えられることがあることは、近時の行政法学説がほぼ一般に説くところである（さしあたり、塩野・前掲書92頁・260頁、平岡・前掲書252頁以下参照）。

「研究所再任審査内規」についていえば、その内容は任期制記載事項等省令 2 条により「刊行物への掲載その他広く周知を図ることができる方法」によって「公表」すべきこととされているが、この「公表」とは別に、少なくとも（再任希望者を含む）上記研究所教員には内容をそのまま記載した文書を配布するなどによって通知されているはずである。そして、再任申請者は、公表され、かつ個別に通知された

第3章　「失職」の処分性と実体法上の違法性

内容の手続等に従って自己の再任に関する審議・決定がなされるであろうと期待し、信頼するところがあって当然であろう。

訓令・通達類、「審査基準」・「処分基準」等が「公表」されたことのみをもって、一般私人の、それらの内容に従って行政処分等が行われるであろうという信頼の法的保護を図る必要性があるかどうかについては、なお種々の検討と議論が必要であろう。しかし、上記研究所という構成員数も限られた狭い世界において、その内容を個別に通知された（はずの）再任申請者が通常抱くであろう、「研究所再任審査内規」に従った手続・内容によって、自らの再任に関する評価・審議・決定がなされるはずであろうという信頼は、十分に法的保護に値するものと考えられる。ちなみに、「研究所再任審査内規」の各定めは「案」として示されたものでもなく、また、「おおむね、次のように取り扱う」として定められているものでもない。

このように考えると、「研究所再任審査内規」に従っていない協議員会の決定（そして学長による正式決定）は、信頼保護の原則（または信義則）に違反するものとして十分に違法という評価をうけうる、と考えられる。信頼保護の原則に違反するものとして、行政処分権者の裁量権の逸脱または濫用が肯定されうる、と表現し直してもよい。「法」規範ではない定めも、信頼保護の原則（または信義則）を媒介として、事実上は、裁量を強く制約する「法」規範的な機能をもちうるのである。

第二に、再任を拒否する決定が最初に述べたような性格の行政処分であるとすれば——また、かりに申請に対する処分であっても広義の不利益な処分であることに変わりはなく——、行政手続法の適用はないとしても、その事前手続は、日本国憲法からも導かれうる「適正手続の原則」による拘束をうけるものである。

この「適正手続」という観点からみた場合、かりに「研究所再任審査内規」自体は「法」規範ではないとしても、先に言及したような内容をもつこの「内規」を当該研究所（・長）が制定していた、という事実は、決して無視できないものであると考えられる。すなわち、この「内規」が定めている事前手続をそのまま履践する必要はないとしても、—筆者は本件の評価・審査手続の実態をほとんど承知してはいないが—あまりにも大きく逸脱した事前手続は、同時に、憲法がいささかなりとも行政処分権者に要求または要請していると解される、不利益な処分をするに際しての「適正な手続」を経ていないことになる可能性もあるのではないか、と思われる。

このような観点からも、本件における再任審査の過程が検討されてよいであろう。その場合において、「研究所再任審査内規」が定める手続の内容はまったく無視してよいものである、あるいは、それはまったく法的意味あいをもちえないものである、とは考え難い。

＊本稿は2003年7月14日付で第一審原告の訴訟代理人・弁護士に対して送付した「意見書」と題する文書に、若干の追記・修正および若干の構成の変更を2004年3月15日に行ったものである。追記した表題は、国立大学の研究所等の「内規」一般の法的性格等を論じようとするものではない。

第5節　矢野昌浩意見書

任期付教員は任期満了により当然にその身分を失うか？
―任期制と再任手続の対立と調整について―

2003年7月14日
琉球大学法文学部助教授　矢野　昌浩

1　緒　論

　本件は、「大学の教員等の任期に関する法律」（平成9年6月15日法律第82号）（以下、「任期法」という。）を根拠として国立大学教員に対して行われた再任拒否の効力が争われた最初の事例である。当該教員は再任拒否通知および退職通知（以下、「再任拒否通知等」という。）を行政処分としてその取消しなどを求めるとともに、これを本案として執行停止の申立てを行った（京都地裁平成15年（行ク）第4号・第5号執行停止申立事件）。執行停止の申立てについては、これを却下する旨の決定がすでにだされている（京都地裁決定平成15年4月30日）。現在は同決定に対する即時抗告が行われている。

　任期法に基づいて任期付で任用された教員（以下、「任期付教員」という。）は、全国で約3000名存在するといわれる。任期法が制定されてから任期制を導入した大学で、これらの任期付教員の再任手続が行われるようになっている。今後、大学改革のなかで、任期制を導入あるいは拡大する大学が増えることが予想される。再任拒否通知等に関する本件の司法判断は、重要な先例となっていくものと考えられる。

　任期法が制定された際に、私は所属する琉球大学から求められて、同法の解説と検討を行う小稿を執筆して同大学広報誌に掲載させていただいた。任期法が制定されたばかりであったので、同法にもとづく任期制の導入と運用に関する問題点と留意点を、いわば将来を予想しながら検討することになった。再任とその手続も論点の1つとしてとりあげていた。しかし、本件をまさに嚆矢として、今後は再任とその手続が大学の運営と教員の自由との関係できわめて現実的な争点となり、理論的にも実務的にも注目をあびることになるであろう。このような問題意識から、任期

法における再任をめぐる論点をここであらためて検討することにしたい。

執行停止申立を却下した本件京都地裁決定の中心をなす論理は、つぎのとおりである。Ｘ（申立人）は、任期法4条及び「京都大学教官の任期に関する規程」（平成10年4月9日制定）に従って、自らの同意のもとに、京都大学再生医科学研究所の任期付教授として任用された。任期法2条4号の規定によれば、当該任期の満了によって、Ｘは当然にその身分を失うものと解さざるを得ない。研究所長Ａが交付した再任が認められなかった旨の通知書、さらには任命権者である京都大学学長Ｙ（被申立人）が交付した任期満了退職通知書によって、Ｘが主張するような教授の地位を喪失させる行政処分があったとはいえない。そのような行政処分があったことを前提として、その取消を求める訴訟は不適法であり、これを本案とする執行停止の申立ても不適法である。

しかし、本件において、任期満了によりＸが当然にその身分を失うという理解は妥当であろうか。私はこの論点を中心に検討することにしたい。任期法における任期制と再任手続との対立と調整が、基本的な視点となる。すなわち、勤務関係の時間的制約を前提とする任期制と、勤務関係の継続をもたらしうる再任手続とは相互に対立するものであり、なんらかの調整が必要であるとの立場から論旨を展開する。また、任期法3条に基づいて各大学が定める「教員の任期に関する規則」（以下、「任期規則」という。）によりポストに任期を付けること、さらには任期付ポストに教員を任用することには、任期法に照らしてそれぞれ有効要件があるということが、付随的な視点としてあげられる。結論としては、再任拒否通知等は取消訴訟の対象となる処分であること、この処分は免職処分として性質決定できることを、任期法の解釈論として主張することになる。

2　任期制と再任手続との対立
（1）再任手続の2つのモデル

任期法のもとでの任期付教員に関する再任手続には、2つのモデルを想定することができる。1つは、任期付教員の再任手続を前置して、再任不可と判断された場合にあらたに採用手続に入るというものである。もう1つは、このような特別な再任手続を設けず、あらたに行われる採用手続において任期付教員が応募等により候補者となった場合に、結果として再任されることを妨げないというものである。任期法の規定は、この2種類の再任手続のいずれも禁止していない。

実際に、任期規則における再任に関する規定には、当該規定に基づく各部局（学部・研究所等）の「内規」（これが法規であることは後述する）まで含めて考えると、任期付教員のための特別な再任手続を予定するものと、そのような手続が存在せず、

任期が到来すれば新規採用手続を行うことを予定するものが存在する。1つの大学の任期規則のもとでも、この2種類の再任手続のいずれかをポストごとに選択して定めることが可能である。

このような再任手続の相異は、本件のような任期法4条1項1号を根拠とするいわゆる「流動型」の任期制の場合に主として問題となる。同3号を根拠とするいわゆる「プロジェクト型」の任期制については、その性質上再任を予定しないために任期規則では「再任不可」とされることが多いからである（たとえば、本件における「京都大学教官の任期制に関する規程」の2条3項と別表第2参照）。

ところで、国家公務員法33条を受けて制定された人事院規則8－12「職員の任免」の15条の2第1項は、国家公務員の任用に関する原則を定めている。これによると、「任命権者は、臨時的任用及び併任の場合を除き、恒常的に置く必要がある官職に充てるべき常勤の職員を任期を定めて任用してはならない」。民間企業の労働者に比べて、公務員には法律上特別な身分保障がこのように与えられている。その背景には、公務員が職務に全力で専念できるようにするとともに、政治的中立性を保ち、特定の政治的圧力によって罷免されることを防ぐという考え方がある。このような身分保障は、人事院勧告制度とともに、公務員の労働基本権制限の根拠（代償措置）とされている重要な制度である。

さらに、大学教員にとって身分保障は「学問の自由」（憲法23条）を担保するものでもある。この観点から、国家公務員法附則13条を受けた教育公務員特例法が、特別な法規制を置いている。たとえば、教員の採用および昇任についての選考は、「教授会の議に基づき学長」が行い、その審査権限は教授会に属する（4条5項）。降任、免職および懲戒といった不利益な処分については、「評議会…の審査の結果」によるのでなければ行うことができない（6条1項、9条1項）。教員の人事におけるこのような学部自治と大学自治の重視は、それが学問の自由の制度的保障であることによる。

任期法に関する衆参両院の附帯決議がともに、「学問の自由及び大学の自治の尊重を担保している教員の身分保障の精神」に言及するのは、これらの法制度の趣旨をふまえていると評価できる（1997年5月21日衆議院文教委員会、1997年6月3日参議院文教委員会）。大学教員の自由と権利にとってこのように根幹をなす身分保障を、後に制定された特別法である任期法であっても軽々しく否定してはならないと解される。大学教員に対する身分保障が有する意義は、任期法による任期制の導入・運用においても十分に尊重されるべきであろう。

このような観点からすれば、再任を可とする任期制を導入した大学において特別な再任手続が整備されることは、大学教員の自由と権利の保障という要請からして

むしろ当然のことであり、このような手続こそが任期付教員にとっては学問の自由を保障する重要な制度の1つとなっていると解される。より一般的には、任期法を根拠として任期規則により任期制を導入して再任を可とする場合には、任期付教員のための特別な再任手続を設けるのであれ、採用手続の一環として再任審査を行うのであれ、適正な再任手続を整備することによって、当該規則ははじめて合憲となるといえるであろう。

本件においてXが任用された任期付ポスト（「流動型」とされ再任回数に制限はない）には、以上のような考察がまさに当てはまる。

（2）大学の自治における「内規」の意義

任期規則上は再任について特別な規定を明記していない大学でも、各部局では「内規」として再任のための特別な手続を整備している場合が少なくない。本件もこのようなケースに該当する。

各部局が「内規」で再任のための手続を規定するのは、大学の自治のあり方としては自然の流れであると解される。任期法では、「学長は、…評議会の議に基づき、当該大学の教員…について、…任期を定めた任用を行う必要があると認めるときは、教員の任期に関する規則を定めなければならない」（3条1項）とされている。しかし、大学における人事に関する各部局の前述のような自治、さらにはより一般的には大学運営における教授会自治（学校教育法59条1項、国立学校設置法7条の4第4項参照）を前提にすると、いずれのポストに任期を付け、それをどのように運用するかについて主導権をもつのは各部局であり、その意向とは無関係に同部局に属するポストに任期を付けるということは、各部局の自治を前提とする大学の自治の仕組みのなかでは想定されていないといえる。このため、多くの場合には、任期規則では簡単な原則（再任の可否・回数）だけを定めて、詳細な規定は各部局に委ねることが行われているものと理解できる。

また、任期法は、「第1項の教員の任期に関する規則に記載すべき事項…については、文部科学省令で定める」（3条3項）とする。これを受けて、省令（文部省令第33号）が、「大学の教員等の任期に関する法律…第3条第1項…の任期に関する規則…には、次に掲げる事項を記載するものとする」（1条）として、「再任（法第4条第1項…の規定により任期を定めて任用された教員等が、当該任期が満了する場合において、それまで就いていた職に引き続き任用されることをいう。）の可否その他再任に関する事項」（同4号）と規定している。

これらのことからすると、任期規則は任期法の委任命令であり、特別な再任手続を定める「内規」は任期規則の委任命令であるとして、ともに法規としての性格をもつと解される。この点で、本件京都地裁決定が、「確かに、任命権者は、任期制

第5節　矢野昌浩意見書

の教員から再任審査の申請があった場合には、所定の手続に従って公正かつ適正にこれを行わなければならないものというべきである。しかし、それは、任命権者や手続に携わる者の職務上の義務であって、再任審査の申請をした者に対する関係での義務とまではいえないというべきである」としているのは、大学においては「内規」と呼ばれているものにも法規としての性格をもつものがあること、本件における「内規」はまさにこれに該当することを理解しない誤りである。

　本件の再任申請はこのように法規に基づくものであるから、申請を行った任期付教員は法規に従った再任の可否の判断を求める権利をもつことになり、再任申請に対する拒否は処分であると構成しなければならないと解される。なお、本件京都地裁決定は、「法律上は、任期制の任用による教員は、任期満了の後に再任してもらう権利を有するものではないと解され」るとしている。しかし、同決定が、「Xは、甲40、41の意見書を援用し、本件昇任処分による任期中に、少なくとも、Xは合理的な手続によって再任の可否を判断してもらう権利を有するというべきであって、恣意的な再任の拒否は、申立人の権利を侵害するものである」と主張していると述べるように、Xは合理的な手続によって再任の可否を判断してもらう権利を有すると主張しているにとどまり、「任期満了の後に再任してもらう権利を有する」とは主張していないから、これは誤った判断である。上記のように、任期付教員は法規に従った再任の可否の判断を求める権利をもつのであるから、裁判所はこの点について判断しなければならないのである。

　この点に関連して注目されるのが、任期法の国会審議において、再任の拒否について「非常に不合理な取扱いがなされたということであれば、当然それは司法上の救済という道が閉ざされているわけではないというように考えている」との政府委員の答弁があったことである（1997年5月21日の雨宮忠文部省高等教育局長発言）。これは、国家賠償法による損害賠償というだけではなく、再任拒否を処分として争う余地も認めるものであると解することができる（採用拒否に関する処分性を認めた例として、水戸地裁判決昭和51年11月20日判例時報999号118頁参照）。また、「数ある候補者の中の一人として人事選考が行われた結果、再任が認められなかったということもあり得るわけでございまして、そのことについて不服申し立てというのはなかなかしにくいだろうということを申し上げたわけでございます」との政府委員の発言もあった（同上）。ここでは、再任に関して採用と同じ手続で行う場合に、再任拒否に関する人事院等に対する不服申立て、さらには行政訴訟の困難さが前提とされている（ただし、前掲水戸地裁判決参照）。しかし、その反対解釈として、再任に関して特別な手続が設けられている場合には、再任拒否が行われたときに、これを処分として取消訴訟等を行いうることが排除されていないものと解されるのであ

る。

　以上のような理由から、本件における再任申請に対する再任拒否通知等は、取消訴訟の対象となる処分としての性格をもつと考えられる。

3　任期制と再任手続との調整
(1) 特別な再任手続が設定されている場合

　再任拒否通知等を処分であるとした場合に、つぎに問題となるのは当該処分の法的性質である。この性質決定は、任期法のもとにおける任期制と再任手続という2つの法規の調整の仕方に依拠することになると考える。この調整には2つの方法があるだろう。1つは、任期の効果を修正するものである。もう1つは、任期の性質を修正するものである。

　任期の効果を修正するには、少なくとも再任の可否が決定されるまでの間は、任期が延長されるとすることが考えられる。これまでみてきたような特別な再任手続があるにもかかわらず、再任の可否について決定がなされないままに任期が満了して退職となるのを容認するのであれば、当該手続を定めた意義が没却されることになるからである。

　再任行為がないかぎりは任期更新がなされないことから、再任拒否通知等はとりあえず再任拒否処分として構成されることになるが、再任審査基準に違反しているなどの理由で当該処分の取消または執行停止が認容される場合には、法律関係は再任申請状態に戻り、再任の可否が再度決定されるまでの間は任期が延長されることを効果としてもたらすと解される。また、本件においては、あらたに再任審査決定が行われてからさらに6か月（「内規」では、任期満了の6ヶ月前までに審査を終えるとなっていることによる）は勤務関係が継続することが、再任手続に関する規定で保障されていると解される。「国家公務員としての教員…の任用に際して、…定められた期間」（任期法2条4号）であるとの任期法における任期の定義との関係では、特別な再任手続が規定されている場合には、このような任期の延長を含めて期間が定められていると解することになる。

　しかし、特別な再任手続が定められている場合の再任拒否通知等は、再任拒否処分として構成するのではなく、免職処分として構成するほうがより適切である。採用手続とは区別された特別な再任手続が設けられている場合には、任期付教員の学問の自由と身分保障にとって当該手続が重要な意義をもつことから、任期規則において再任が認められているかぎりにおいて（たとえば、再任が1回認められているのであればその1回について）、任期の性質を修正して勤務関係の継続性を保障することを重視すべきであると考えるからである。この観点から、本件の再任拒否通知等

はつぎのように理解すべきことになる。

　前述のように、任期付教員は法規である再任手続に従った再任の可否を求める権利を有する。本件では、再任審査については、別に設置する外部評価委員会の評価に「基づき」、再生医科学研究所の協議員会で可否を決定するとされていた。また、任期規則では再任回数に制限がなかった。しかし、Xが第1回目の再任を申請したところ、全員一致で再任可とした外部評価委員会の結論を覆すに足りるだけの合理的な理由が示されることなく、協議員会は再任を拒否した。これは「基づき」という法規たる「内規」違反である。その結果として、適法に再任拒否をする場合には失職させることができる制度を濫用して、Xを失職させた。このことから、本件における再任拒否通知等は、免職処分に該当すると解すべきことになる。「国家公務員である教員等にあっては当該教員等が就いていた職…に引き続き任用される場合…を除き、当該期間の満了により退職することとなる」（同上）との任期法における任期の定義に、このような法的処理は矛盾しない。適法な再任拒否があった場合には、任期満了で退職することになる点で変わりがない。また、違法な再任拒否があった場合には、当該処分の取消または執行停止が認容されることにより、「引き続き任用される」こととなり勤務関係が継続するからである。

　以上のことから、本件再任拒否通知等は、任期付教員の学問の自由と身分保障という観点から、なによりも免職処分として構成すべきであると考える。

（2）任期付ではない可能性

　さらに、本件においては、Xの教授への昇任処分には、そもそも任期が付いていなかったのではないかという点を検討する余地があると考える。任期が付いていなかったとされる場合には、再任拒否通知等は免職処分として構成されることになる。このような法的主張を行う仕方としては、2つのパターンがある。

　第1は、当該ポストにそもそも任期が適法に付せられていないというものである。たとえば、再任を可とする場合には、再任のための審査基準・手続が任期規則の必要的記載事項に含まれるのであり、これが記載されていないことは、一般の公務員よりもはるかに厳格な大学教員に特有の身分保障に対する重大な例外を設定することを、任期規則に許容しないといった構成が考えられる。本件では、任期規則と「内規」とを一体のものとして扱うのであれば、合理的な再任手続が設けられているといえるので、当該ポストには適法に任期が付けられていることになる。しかし、本件京都地裁決定のように、本件「内規」が任命権者や手続に携わる者の職務上の義務を設定するだけであると解する場合には、再任手続が規定されていないことになるために、大学教員の身分保障に対する重大な例外が適法に設定されていないことになる。この点からも、特別な再任手続を定める「内規」は、任期規則とともに

第3章 「失職」の処分性と実体法上の違法性

法規であると構成すべきであろう。

　第2は、当該ポストには任期が適法に付けられているが、当該教員の任用には任期が適法には付けられていないというものである。この点に関連して注目されるのが、国会での政府委員答弁では、再任の可否を採用手続のなかで審査する場合には、その旨を任用時に本人に明示しておくべきことが指摘されていたことである。たとえば、「いずれにいたしましても、再任があり得るというような扱い、これは再任しないという場合も同じでございますけれども、一体どういうことになるのかということは、任期制を導入する場合にはやはり当該教員を含めて、…こういう仕組みになっているのだということを十分あらかじめ承知しておいていただく、そういう必要がある」といった発言がみられる（1997年5月21日の雨宮忠文部省高等教育局長発言）。このことから、任期付ポストに就く場合には当該教員の同意が必要とされているが（任期法4条2項参照）、この同意を得る際には再任手続がどのようになっているかを事前に十分に通知しておくことが必要であると解されるのである。しかし、本件では、任期付であることに対する同意をXが求められたときに、十分な業績があっても再任しないことがあるといった説明はなされていないと聞くところである。

　本件では、そもそも当該ポストの公募の際には、任期規則もなかったため（公募は1998年1月で、京大任期制規程の制定は同年4月9日）、任期付であることは示されず、昇任辞令の発令直前に同意を求められたに過ぎない。しかも、再任手続が任期満了の約1年前になってから定められた。このことは、Xは任期付であることについて応募時に了承しておらず、再任手続がどのように行われるのかについて昇任時に了解していなかったという事情を推認させるものであり、任期付ポストに就くことについての同意（任期法4条2項）が真意に基づいていないとの立論が可能になるであろう。少なくとも、再任審査が不合理であっても任期切れによる失職はやむをえないという同意ではなく、適正な再任審査の結果として不合格になった場合には失職はやむをえないという趣旨の同意にとどまると理解するのが合理的である。

　任期付であることについての同意に瑕疵があるとの構成をとる場合には、本件京都地裁決定において、附款が行政処分の重要な要素である場合には、両者を切り離して附款のみを対象とする無効確認を求めることはできないとされたことが論点となる。しかし、同決定が認定した事実関係からは、当該教授ポストへの昇任審査手続の途中で、京都大学の任期制規程が制定されて同ポストに任期が付けられた。このような事実関係を前提とすると、京大当局は任期付でなければ原告を任用しなかったのかについて疑念がなお残る。また、かりに任期付であることが任命権者の側にとっては当該教員の任用にとって不可欠であったとしても、当該教員が応募時に

任期付であることを了承していなかったこと、任用時に再任手続について了知する機会を与えられなかったことなどの事情が認められる場合には、附款は昇進発令の重要な要素ではなく、附款と処分の不可分性を主張すること自体が信義則違反といえるのではないだろうか。

以上の点について、即時抗告では十分な検討が行われることが望まれる。

4　結　論

以上の検討の結果をまとめると、つぎのようになる。

（1）　再任拒否事例における任期法の解釈論においては、任期制が前提とする勤務関係の時間的制約性と、再任手続が含意しうる勤務関係の継続性との対立関係を適切に調整することが必要である。その結果として、任期付教員は任期満了により当然に退職するとはいえないことがある。

（2）　再任手続には、任期付教員の再任手続を前置して、再任不可と判断された場合に新規採用手続に入るという方式と、このような特別な再任手続を設けず、新規採用手続において任期付教員が応募等により候補者となり、結果として再任されることを妨げないという方式とがある。任期法の規定はこの2種類の再任手続のいずれも禁止していない。前者のような特別な再任手続を、大学は任期規則で定めたり部局レベルの規則として定めたりすることになるが、いずれの規定形式であっても任期法自体が容認しているものとして法規として性質決定しなければならない。この手続に基づく任期付教員の再任申請に対する再任拒否通知、あるいは再任拒否を前提とする退職通知は、取消訴訟の対象となる処分としての性格を有する。

（3）　特別な再任手続を備えた任期制のもとに置かれた教員は、法規である再任手続に従った再任の可否を求める権利を有する。本件では、再任審査については、別に設置する外部評価委員会の評価に「基づき」、再生医科学研究所の協議員会で可否を決定するとされていた。しかし、全員一致で再任可とされた外部評価委員会の結論を覆すに足るだけの合理的な理由が示されることなく、協議員会は再任を拒否した。その結果として、適法に再任拒否をする場合には失職させることができる制度を濫用して、Xを失職させたのであるから、本件における再任拒否通知あるいは退職通知は免職処分に該当する。

（4）　任期付ポストに就くことに教員の真正の同意がないと認定できる場合には、任期の無効を主張できる。任用行為に任期がそもそも付いていないために、再任拒否通知あるいは退職通知は免職処分として性質決定するしかない。この場合に任命権者の側が附款と処分の不可分性を主張することは、信義則違反である。

以上

第6節　京大側の驚くべき論理
―自ら作った内部ルールを無視しても、
大学の自治である !!―

一　大学の自治の意味

　被告は、「外部機関の判断にゆだねることは、大学の自治に反し、およそありえない」との趣旨の主張をした。
　しかし、それは曲解である。本件では、研究所内規（資料6）によれば、協議会は、外部評価委員会の評価に「基づき」決定するとされている。日本語で「基づく」というのは、原則的にはこの評価に従うが、特段の理由があれば従わないことが許されるという趣旨である。この再任審査は、同僚である協議会がそのまま外部の評価なく判断すれば、恣意に陥るおそれがあるところから、専門家の判断を仰いで、しかし、大学の自治権者である協議会が自らそれをふまえて判断することとしたものである。したがって、これは外部評価委員会に全面的に委ねたものではない。しかし、特段の理由がなくして、これに従わなかった場合には、これに「基づく」ことがなかったので、自ら定めたルールに自ら違反したことになる。それは大学の自治ではおよそ正当化できないはずである。
　したがって、これに「基づく」ことがなかった理由があれば、被告はそれを説明すべきである。それを説明せずして、その判断を正当化しようとするのは、外部評価委員会の設置の目的にも反するはずである。
　さらに、再任審査のルールは、再任申請をした原告との関係で、個別具体的なルールになっているから、相互に拘束的な規範になっているはずである。そこでは、外部評価委員会の評価に「基づいて」協議員会が判断することになっているのであるから、協議員会がこれに反する判断をすることは原告との関係の規範に違反するのである。

二　「拘束」の意味

　被告は、「内規上、協議員会が外部評価委員会の意見に拘束される旨の規定はない」と主張したが、原告は、そのような主張をしていないので、これは原告の主張を誤解しているものである。原告は、前記のように、協議員会が外部評価委員会の

第6節 京大側の驚くべき論理

意見に「基づく」という内規があると主張しているので、特段の理由が説明されない限り拘束されると主張しているにすぎない。

第4章　同意に瑕疵があるとの理論構成

第1節　同意が無効なら任命全体が無効という「理論」がまかりとおるのか

一　詐欺的な同意取得も有効？

　被告は、第二準備書面（平成16年2月18日）において、同意が仮に無効であれば、任期付き任用には任命される者の同意が必要である以上、任期の有効性を論ずるまでもなく、本件昇任行為自体が無効になるはずである、そうすると、原告は京都大学再生研教授の地位になかったはずであるから、その地位にあったことを前提とする本訴はその前提を欠く、という。

　ここでは、同意が無効なら、任期だけが無効になるか、任命全体が無効になるかが争点であるが、被告は、原告の教授への就任が無効になるというのである。

　その上、被告は「仮に同意がなされるまでの手続が詐欺的なものであっても、なにゆえ本件昇任行為に付された附款のみが無効になるのか全く不明である」という。

　天下の京大や国家機関である法務省に、詐欺まで正当化されては、驚くほかはない。この解釈は全くの誤りである。これを種々の角度から説明する。

　なお、被告は、「他の機関の同意を欠く行為が原則として無効である」ことにつき、田中二郎『新版行政法上全訂第2版』（弘文堂、1974年）144頁を引用するが、それがここでいかなる意味を持つかは、不明である。ここで引用すべきは、同じ田中著の中でも、「他の機関」ではなく、「相手方」の同意を欠く行為は原則として無効であるという部分である。そして、相手方である井上教授の同意を欠く行為は無効であるが、ここで問題になっているのは、その範囲、つまり、任期だけが無効になるのか、任命全体が無効になるのかにある。この点については、この田中著はこの部分では何も言っていないから、この引用は全く意味がないものである。

第1節　同意が無効なら任命全体が無効という「理論」がまかりとおるのか

二　任期への同意と任用への同意の違い

　本件同意書には、「私は……教授に就任に際し……任期を……までとされることに同意します」との記載があった。つまり、文面上も、任期部分にだけ同意しているのである。教授への就任への同意は、これとは別個に、公募への応募によって行っているのである。もし、この同意書の同意が、教授への就任の同意とすれば、こうした同意書を徴収しないで行われる通常の教員任命においては、同意がないことになる。それは不条理である。
　したがって、同意が無効なら、任期部分が無効になるのであって、教授への昇任までが無効になるものではない。

三　任期の同意徴収は騙し討ちで無効

　本件の教授人事は公募で行われたが、平成10年1月14日付けの公募書類には任期制の条件はなかった（資料4）。井上教授に昇任の内示があった後、本人尋問によれば（本書第2章第1節）、同年4月20日に、「突然に非常に慌てて事務官もう1名と一緒に大急ぎで入ってこられまして、今すぐにこの任期に関する同意書を書いてくださいということで説明がありました。それで、とにかくあすに会議があると、それで、あすの会議にもう間に合わさなければいけない、そうしないと私の教授の辞令が出ませんので、という非常に急いだ話がありました。非常にそういうことでせかされました。」「事務長はそれからまたいきなり部屋を本当に地響きのするような音で飛び出されまして、それで、また大急ぎで戻ってまいりまして、こういう見本のようなものを持ってこられました。そして、このとおりに書いてくださいというふうにおっしゃいました。」
　「私は本当に同意書とかそういうことは一切知りませんでした。……手続上必要なものであろうということはその場のあれでわかりました。」「事務長は、京都大学の規則を示しまして、それでここに書かれてありますように、私のそのポストは5年任期ではありますけども、再任可であります。とにかく普通にまともに仕事をすれば定年まで引き続いて何回でも再任されます。とにかくあしたの会議に間に合わせないといけないということで、非常にせかされました。」ということである。
　任期制を導入した京大規程（資料1）はその直前の平成10年4月9日に制定・施行されていた。しかし、任期制法に基づく文科省令2条は「任期に関する規則の公表は、刊行物への掲載その他広く周知を図ることができる方法によって行うものと

第4章　同意に瑕疵があるとの理論構成

する。」としている（資料3）。京大任期制規程が施行されてから井上教授が同意するまでわずか11日の間に、この京大規程が広く周知されていたかは疑問である。

　また、任期制は本人の同意に基づかなければならない（任期制法4条2項）。大学審議会答申では、再任は新規採用と同じとしているが、同時に、採用時に「この旨本人に明示しておくことが求められる」としている。

　そうすると、本人がとにかく同意したから、任期切れを一切争えないと解釈するのは間違いである。たとえば、金銭債務を連帯保証するとき、迷惑はかけない、形だけだと言われたとしても、それは制度としては連帯保証人に求償するためである。それは常識であるから、形だけという説明は法的には意味がなく、連帯保証人は債務を負担することになる。しかし、病院では手術の前に、事故があってもやむをえないといわんばかりの同意書を取られるが、それで、どんな医療事故でも免責するというのが当事者の意思であるとは裁判所は解釈しない。医師側も、当時の医療水準に応じ誠実に最大限の努力を行う債務を負担しており、患者側もそれを前提に同意している。弁護士に委任する時も、白紙委任状に近いものを取られるが、それも誠実に能力の限り努力して処理することが前提である。誠実に処理してもなお失敗した場合に初めて責任を問わないという趣旨と解釈される。現に医療過誤訴訟で医師側が同意書を根拠に責任を否定する主張をすることはまずないと言われているし、少なくとも裁判所がそんな主張を認めることはない。

　井上教授が任期について同意書を提出した時のいきさつが前記のようなものであれば、普通の人がその時の井上教授の立場に身を置けば、「普通に、まともに仕事していれば、定年まで何度でも再任される性質のもの」と信ずるのが当然であり、任期と再任審査は別で、任期が到来したときに行われる再任審査が新規採用と同じという趣旨とは全く想定できないだろう。これは井上教授の一方的な思いこみではない。

　現に、神戸大学医学研究科を含め、かなりの大学医学部では、教授を含め全教官に任期制が導入され、相当の教員がこれに同意しているが、同僚の審査がいかに恣意的であれ、任期満了により失職させられる重大な事態を認識して、同意書を出しているわけではないだろう。

　ところが、本件では、研究所は、業績では、外部評価委員会の結論を覆すだけの再任拒否事由は見あたらないと気がついたのか、本件の任期制は実は、5年で終わる性質のものだと言い出した。しかも、それは法廷内では言わず、平成15年7月25日に至って初めて、研究所のHPに掲載しただけである（資料11）。そして、その根拠とされる研究所の申し合わせは、井上教授が「同意」を取られた翌日に行われていた（平成10年4月21日、資料5）。

第1節　同意が無効なら任命全体が無効という「理論」がまかりとおるのか

そこで気がついて、記録を丁寧に見れば、前所長が協議員各位へ平成14年12月5日に出した手紙（資料8）では、次のようになっていた。
1　「平成10年4月に任期制教官というポストが出来たときの『再任を前提とする』という話」は全く根拠がありません。
2　採否の決定はあくまでも協議会決定です。

また、平成14年11月12日、協議員会（平成14年度第4回）での再任審議（2回目）の議事録案（資料9）には、当初以下の記載があった。
本人退席後に新たな事項につき審議。
「井上教授退出後の審議で、井上教授の説明内容にいくつか問題点ありとされたが、外部評価委員会の結論を尊重するとしている以上外部評価委員会の結論を覆すだけのものがあるかについて議論がされた。

次いで、井上教授の医の倫理にかかる問題提起があり、外部評価委員会の知り得なかった倫理上の重大な事実として審議された。

審議の結果、医の倫理にかかる問題の重要性を考慮し、可否の投票は行わず再度継続審議とすること、今後の対応について議長に一任することとなった」

しかし、これは、平成14年12月17日の段階に至って、「井上教授退出後の審議で、井上教授の説明内容にいくつか問題点ありとされたが、外部評価委員会の結論を尊重するとしている以上外部評価委員会の結論を覆すだけのものがあるかについて議論がされた。」という部分が、「井上教授退出後の審議で、井上教授の説明内容にいくつか問題点ありとされたが、外部評価委員会の評価に関する意見をどう最終結論に反映させるかという点や、場合によってはこの意見とは逆の結論を出す可能性に関して議論を行った。」と、全く逆方向に修正されている。これは所長が検討して修正したものである。

これは最終的に再任拒否をする作為的な伏線ではなかろうか。

さらに、再任拒否をした平成14年12月19日の協議員会の議事録（資料10）でも、医の倫理の論点は消えており、任期制教官は再任を前提とするものではないということを確認して、評決に入っている。

このプロセスを見ればいかにも恣意的であるかがわかるが、「再任を前提とする」という話には根拠がないなら、それは井上教授が同意書に同意するに当たって認識した任期制の性質とは全く異なるから、錯誤であり、同意書を提出したから、任期で失職したのであり、再任審査には権利がないというのでは、井上教授は罠にはめられたとしか言いようがない。これを救済することこそ、裁判所の使命であろう。

第4章　同意に瑕疵があるとの理論構成

四　任期部分の重要性？

　任期は昇進という行政行為のいわゆる附款である。そして、無効の附款が行政行為の効力に及ぼす影響については、「その附款が行政行為の重要な要素である場合には、附款が無効のときは、行政行為全体の無効を来すのに反し、その附款が行政行為の重要な要素でない場合には、その附款が無効となるだけで、附款のつかない行政行為としての効力を生ずるものと考えるべきであろう」[(1)]とされている。
　京都地裁は4号事件却下決定（資料13）において、次のように述べている。
　「3　期限等の行政処分の附款については、その附款が行政行為の重要な要素ではない場合においては、その附款のみについて重大かつ明白な瑕疵があるときは、その附款のみが無効であるとして、その無効確認訴訟を提起できるものと解されるが、附款が行政処分の重要な要素である場合においては、その附款に重大かつ明白な瑕疵があることにより行政処分自体が無効になる場合があるとしても、その行政処分と切り離して、その附款のみを対象とする無効確認を求めることはできないものというべきである。
　4　申立人に対する本件昇任処分の前記の任期の定めは、本件昇任処分の附款ではあるが、任期法の各規定や任期法の趣旨、それに京都大学教官の任期に関する規程の各規定に照らしても、任用行為に不可欠のもので、任用行為自体の極めて重要な本質的要素であるというべきであって、同規程の各規定も、京都大学における任期制の教員の任用される職の研究教育組織、再任の可否等について明確に定めており、また、任期のない任用と任期のある任用と明確に区別されている。したがって、本件附款は、本件昇任処分の本質的な要素であって、本件昇任処分の効力と切り離して本件附款のみの有効無効を論じたり、本件附款のみの無効確認を求めることはできないものと解される。」
　これは法文の文章だけを読んで行った判断であろう。
　しかし、大学教員の任命・昇任においては、普通には、任期制任用が行われていないのであるから、任期は一般には重要な要素ではない。任期制法の下でも、任期を付しうる場合は1―3号の場合に限定されていて、決して一般的ではない。
　本件の原告のポストがなぜ1号の要件を満たすのかもまだ説明されていないが、同じ研究所の他のポストには任期が付いておらず、研究所協議員で任期制なのは原告だけであることからも、このポストの任期制が重要であるとするなら、その旨きちんとした説明があるべきである。
　しかも、本件の場合、公募の際（資料4）及び面接の際には、任期制の表示はな

第1節　同意が無効なら任命全体が無効という「理論」がまかりとおるのか

く、発令引き延ばし中の平成10年4月9日になって初めて任期制が京大規程（資料1）により導入されたものであった。したがって、京大当局は任期制を重要な要素とは理解していなかったというべきである。

　さらに、本件の任期制は、京大規程によれば、「再任可」であり、しかも、「再任不可」とか「再任一回限り」という他の任期制とは異なり、再任回数にも限定がないから、5年任期で、やめていただくという意思は全く表示されておらず、むしろ、再任が原則という趣旨と理解されるのであって、任期はそれほど重要な要素ではないと評価すべきである。原則として5年の時限を課すとする平成10年4月21日の協議会申し合わせ（資料5）は、原告にも示されていなかったし、上記の京大規程にも違反するものであるから、この点で考慮されるべきではない。

　さらに、同意書を徴収された時は、事務長から、普通に仕事をしていれば再任されるという説明がなされていたのであるから、任期切れで絶対やめていただかなければならないということは、この昇進人事の本意ではない。

　このように、本件の実態を見れば、任期は、京大当局にとって重要な要素ではなかったのであるから、任期だけを無効とするしかないのである。

五　信義則

　仮に、同意が無効なら、昇任まで無効とする被告の理論が成り立つ場合があるとしても、この同意を、任命権者の方が、その言動により、原告を錯誤に陥れて取得した場合には、任命権者の方から、教授就任自体を無効と主張することは、信義則に反する[2]。本件の場合、京大側は、書面上は5年任期となっているが、仕事をしっかりやっていれば、定年まで再任されると原告を思いこませて、同意書を取ったのであるから、京大側の手は汚れているのであるし、被告が「同意書」の形式で取ったのは、任期の同意であって、教授就任の同意ではないから、原告が、その認識した通り、再任制度を運用されるべきだと考えたこと、もしそうでなければ、任期部分は無効だと主張することを妨げることはできないはずである。

　したがって、この同意が無効である場合、京大側は、教授の就任が無効という主張をすることは許されないのである。

六　欺罔的同意取得でも、救済方法の不存在の不合理

　もし被告の主張通りとすれば、同意を「詐欺的に」取られても、任期部分の無効を主張することができないことになる。そして、同意が無効であれば、教授就任が

無効になるとすれば、任期のない教授の地位についていることあるいは再任されるはずであると主張する原告にとって、無効は全く無意味な制度となる。これでは、同意書を騙し取られても、何らの救済方法がないことになる。驚愕する理論というほかはない。

　もっとも、再任拒否を行政処分とし、原告が同意の時に認識した任期制通りの運用が行われないことを違法として救済するなら、また別論かもしれないが、この観点からも救済しないとすると、どのような角度からも救済の道がないことになる。

　このように、被告の主張によれば、任期制法が導入された以上は、同意を騙してであれ、とにかく取れば、同意の無効という理論でも、失職は恣意的な免職処分だという理論でも救済できず、あとは任命権者の恣意に任されることになり、騙し討ち、詐欺、錯誤などはいっさい争えないことになる。これは法治国家に違反する。こんな不正義があろうか。

　以上、どの観点から見ても、被告の主張は成り立たないのである。

　　（１）　田中二郎『新版行政法上全訂第2版』（弘文堂、1974年）130頁。
　　（２）　この点は、矢野昌浩意見も同旨である。

第2節　安永正昭意見書

「京都大学再生医科学研究所再生医学応用研究部門器官
　形成応用分野教授　井上一知氏事件」に関する意見

京都地方裁判所第三民事部御中

　　　　　　　　　　　　　　　　　　　　　　　平成16年2月16日
　　　　　　　　　　　　　　　　　神戸大学大学院法学研究科 教授　安永　正昭

〔本意見書の趣旨〕

　本意見書は、井上一知氏が標記教授職への就任に際してなした任期を定めて任用される教員であることに対する「同意」はその要素に錯誤があるため無効であり（民法95条）、したがって、「大学の教員等の任期に関する法律」第4条第2項の要求する「当該任用される者の同意」がいまだ存在しないこととなるので、被告京都大学総長は同氏に対してその任期制の適用を主張することはできない、との卑見を述べるものである。

第2節　安永正昭意見書

1　はじめに

（1）　井上一知氏の本件同意は錯誤無効であり、被告京都大学総長はその任期満了を主張できない

井上一知氏が標記教授職への就任に際してなした任期を定めて任用される教員であることに対する「同意」（以下、本件同意）はその要素に錯誤があるため無効であり（民法95条）、したがって、「大学の教員等の任期に関する法律」第4条第2項の要求する「当該任用される者の同意」がいまだ存在しないこととなるので、被告京都大学総長は同氏に対してその任期満了を主張することはできない、と考えるべきである。なお、本件同意につき、民法95条の適用を論ずる前提としては以下の理解を前提とする。すなわち、本件同意は、5年任期付き教授昇進という行政処分のうちの任期部分の前提となるいわゆる私人の公法行為にあたり、私人の公法行為は私人の意思表示であるところ、その瑕疵については、特別の規定がない限り民法の意思表示に関する規定が適用される、と。

（2）　錯誤無効の根拠は、「仕事をしっかりやっていれば再任される」かどうかの点（任期制の性質）に関し錯誤があり、この錯誤は本件同意の要素の錯誤ということができるからである。

あらかじめ、このような結論に到達する理由を要約しておくと、以下の通りである。すなわち、井上氏が、本件同意をした時点において、当該教授職に関する任期制の内容、とりわけ、再任の具体的内容につき懐いた「仕事をしっかりやっていれば再任される」という認識と、研究所が付与した当該教授職に関する任期制の内容および運用、すなわち「原則として5年の時限を課す」との事実とが大きく異なっている。任期制にとって再任が原則として行われるかどうかは、いわば任期制の性質として把握することができ、再任に関する認識と事実の相違は同意を与えた任期制に関する性質の錯誤（動機の錯誤）にあたるということができる。

ところで、動機の錯誤はそれが表示され意思表示の内容となり、かつ、それが法律行為の要素にあたると評価されれば、民法95条により当該意思表示は無効であるとするのが確定した判例である。上記の井上氏の任期制および再任に関する認識は、この教授職の公募から同意に至るまでの経緯、および、とりわけ同意書を徴求した際の研究所側の説明によってまさに惹起されたものであり、研究所側もこの認識を共有している（井上氏が「仕事をしっかりやっていれば再任される」ものとして任期制に同意したと研究所側も認識している）と評価されるべきであり、任期制の内容がこの認識と異なるものであり同意に関し動機に錯誤があったとした場合、これは当然民法95条の錯誤として顧慮されるべき動機の錯誤であるといえる。そして、本件教授職の任期制の内容が「原則として5年の時限を課すとの運用」というものであ

第4章　同意に瑕疵があるとの理論構成

ると上記同意の際に分かっておれば、定年までの継続的雇用が保障されている医学研究科助教授の職にあった者としてかかる同意はしなかったであろうというほどの重要なものであるといえるので、同意の意思表示の要素に錯誤があったというべきである。したがって、この同意は錯誤によって無効というべきであろう。その結果、「大学の教員等の任期に関する法律」第4条第2項（「任命権者は、前項の規定により任期を定めて教員を任用する場合には、当該任用される者の同意を得なければならない。」）の「同意」がいまだ存在しないこととなり、京都大学総長は同氏に対してそのままでは任期制の適用を主張すること、あるいは任期満了を主張することはできない、と考えるべきである。

2　本　論
（1）　本件同意の意義と錯誤規定の適用の可否
（イ）　本件同意　　いわゆる大学教員の任期制は「大学の教員等の任期に関する法律」（平成9年6月13日法律第82号、平成9年8月25日施行、以下、任期制法という）によるものであり、京都大学では同法第3条1項に従い「京都大学教官の任期に関する規程」が定められ、一定の職につき任期制を導入している。井上氏は、京都大学再生医科学研究所再生医学応用研究部門器官形成応用分野教授の職（以下、本件教授職）に採用されたが、この職は、前記任期に関する規程第2条により、「任期5年再任可」とされているものであった。

ところで、任期制法第4条第2項によれば、「任命権者は、前項の規定により任期を定めて教員を任用する場合には、当該任用される者の同意を得なければならない。」とされ、前記任期に関する規程3条がその様式を定めている。

井上氏が本件教授職就任に際し平成10年4月20日付で京都大学総長宛に提出した同意書は、これらに基づくものであり、内容は、「任期を平成10年5月1日から平成15年4月30日までとされることに同意します」、というものである。この同意により、井上氏について、教員任用に当たって任期を定めることが根拠づけられる。

すなわち、形式的にこの同意書面の内容をとらえれば、これは、任期制法第2条第4号の「任期」に関する定義、「国家公務員としての教員等の任用に際して、定められた期間であって、国家公務員である教員等にあっては当該教員等が就いていた職に、引き続き任用される場合を除き、当該期間の満了により退職することとなるものをいう。」（関係部分抜粋）からして、かかる意味での任期付きであることに同意をしたことを意味する。

（ロ）　同意の性質と錯誤規定の適用の可否　　以下では、本件同意が、錯誤に基づくものであるとして、民法95条により無効であることを述べようとするものであ

る。その前提としては、本件同意につき、民法95条の適用が認められることが必要である。

本件同意は、5年任期付き教授昇進という行政処分のうちの任期部分の前提となるいわゆる私人の公法行為にあたる。私人の公法行為は私人の意思表示であり、このような意思表示につき瑕疵がある場合については、特別の規定がない限り民法の意思表示に関する規定が適用される（田中二郎『行政法上』（弘文堂、1976年）111頁、塩野宏『行政法Ⅰ［第三版］』（有斐閣、2003年）326頁）。

そうすると、本件同意については、民法95条の錯誤規定の適用がありうるということができ、このことを前提に、以下本件同意が錯誤無効かどうかを検討する。

(2) 井上氏の当該教授職についての任期制に関する認識

井上氏の証言によると、任期制教員としての任用につき「同意書」を提出し本件同意をした際に、同氏は本件教授職の内容・性質を、任期制ではあるが原則再任される（仕事をしっかりやっていれば再任される）ものと認識していた。この認識は、公募から任用に至る経緯、および、本件教授職の任期制および再任に関する再生医科学研究所側の説明などの客観的事情から、以下の通り正当なものであると基礎づけることができよう。

(イ) 公募に当たって　第一に指摘しなくてはならないことは、平成10年1月14日に出された「京都大学再生医科学研究所教官公募」（職務内容：臨床応用可能な代謝系人工臓器作成を目指す研究）（締切日：平成10年2月12日）には、就任時期平成10年4月1日（予定）とあるだけで、任期制の記述は全くない、という点である。

当時、定年まで継続的な身分が保障されている「京都大学医学研究科助教授」であった井上氏が応募した時点では、本件教授の職はそもそも任期制の職とはされていなかったのである。その当時は後述のように「京都大学教官の任期に関する規程」すら存在しなかったのである。任期制であることについては、後述のように、採用の内定後、口頭で告げられている。採用が内定した後、就任までに任期制であることが告げられ、これに対する「同意」が得られたとしても、この公募形式からすると、井上氏にとっては、いかにも時宜に遅れた感じのする手続であったと評価せざるを得ない。もちろん、その時点で任期制を理由に就任を断る可能性は与えられているといえばその通りであるが、明日の会議に必要だからと急遽同意を求められたということであれば、慎重に判断する余裕もないし、また、何よりも重要であることは、本件においては、後述の再生医科学研究所側の説明、すなわち、任期制ではあるが原則として再任される旨の説明があり、それが重要な判断要素となって任期制の適用に同意したということである。

本来、公募前にその職が任期制であること、およびその再任に関する点も含めた

第4章　同意に瑕疵があるとの理論構成

任期制の内容が明らかにされていることが当然であって、この公募は欠陥のあるものであったといわざるを得ない。また、この経緯が、井上氏が、後述の研究所側の「原則として再任される」という説明をそのまま信頼した下地となっているということができる。

（ロ）　採用内定後の経緯

（ａ）　**採用内定**　採用が内定したのは、平成10年3月であった。なお、就任は、公募に際し記載されていた就任時期平成10年4月1日（予定）ではなく、5月1日であった。就任時期が延期されたのは、次の（ｂ）が関係しているものと思われる。

（ｂ）　**平成10年4月9日評議会決定「京都大学教官の任期に関する規程」**　平成10年4月9日に「京都大学教官の任期に関する規程」が制定され、即日施行された。その中で、任期制法第4条第1項第1号関係に該当する任期制教官として（別表第一）が掲げられ、同表中に、再生医科学研究所における再生医学応用部門、生体修復応用分野、組織再生応用分野、器官形成応用分野、再生医学応用流動分野、および附属幹細胞医学研究センターの教授、助教授、講師、助手の職が5年任期であること、再任の可否について「可」であることが明示されている。なお、同表中の他の部局における任期制では、いずれも再任可とされているが、再任の回数につき、「ただし、1回限り」とか、「ただし、2回限り」とされる例がむしろ大部分であるのに対して、再生医科学研究所では単純に「可」とされている。このことは、その表を見る者の抱くであろう再任についての印象（再任の回数に限定がないという印象）という観点からして特に指摘しておく必要があろう（なおまた、別表第二には、法第4条第1項第3号関係としていくつかの職があげられ、これについては、法の趣旨（プロジェクト型の任期制）からして当然ではあるが、再任の可否については「否」とされていることを指摘しておく。）

（ｃ）　**同意書提出**　平成10年4月20日、井上氏から、任期制法4条2項所定の同意が、京都大学教官の任期に関する規程3条の様式に従って徴求され、様式通りの同意書が京都大学総長宛提出されている。

提出の経緯は、当時の事務長から突然連絡があり、もう1名の事務官とともに来室し、その場で、明日の会議に必要なので、任期に関する同意書を今すぐに書いて提出するようにいわれ、示された様式に従って書き、提出したということである。

その際、事務長より、前記の「京都大学教官の任期に関する規程」の別表第一が井上氏に対して示され、5年の任期ではあるが、再任の回数に制限がない「再任可」であり、「仕事を普通にやっていれば何度でも再任される」という説明がなされ、井上氏は、その別表第一の該当部分を見た、ということである。

同意の時点で、井上氏の抱いた、5年任期再任可とされる当該教授職の内容に関

する認識は、「仕事をしっかりやっていれば再任される」ということであり、そのような認識は、公募から上記同意に至るまでの経緯、研究所側の説明を客観的にたどれば、当然の認識というべきであり、これは前記任期に関する規程別表一の解釈からしても正当な認識ということができるのではないか。

　もともと、公募時点では任期制の教授職とはされておらず、事後的に就任時点で任期制の職とされた。その任期制が文字通り期間の満了により退職するというような内容であれば、公募された教授職とは内容が大きく異なるものであり、当然に、採用側責任者からあらためて慎重に説明がなされるべきものであろう。そのような説明がなく、上記のような内容の事務方の説明のみであったというのであるから、井上氏に、任期制といっても当然再任のされるものであるという認識をもたせることになったのはけだし当然といえるのではないか。

（d）　平成10年5月1日、以上の認識の下で、井上氏は就任した。

（3）　**本件同意後に再生医科学研究所で決まっていった、本件教授職に関する「任期5年再任可」の内容**

　井上氏が本件同意の際認識し、本件同意の前提とした本件教授職に関する任期5年再任可の内容についての認識と、その後決まっていった任期5年再任可の具体的内容とは以下に述べるように大きく相違するものとなった。

（イ）　平成10年4月21日再生医科学研究所協議員会決定「再生医科学研究所再生医学応用部門に関する申し合わせ」　　同日付協議員会の決定として、「再生医科学研究所再生医学応用部門に関する申し合わせ」が存在する。それは、要点、以下の通りである。

「1．再生医学応用部門は、再生医学研究の成果を臨床との関連において研究する応用基盤の最先端部門である。従って、この部門の研究分野究は、下記の区分により弾力的に運用する。2．運用にあたって、「生体修復応用分野」、「器官形成応用分野」及び「再生医学応用流動分野」の新たな教官選考については、ここでの研究は5年程度で具体的な成果を得て終了することを基本とし、原則として5年の時限を課す。（なお、年限の延長に関しては、別に定める方式による。）」

　井上氏が就任しようとする「器官形成応用分野」の教官については、「新たな教官選考については、ここでの研究は5年程度で具体的な成果を得て終了することを基本とし、原則として5年の時限を課す（なお、年限の延長に関しては、別に定める方式による。）」、とするものである。これは、本件教授職の任期5年再任可の具体的内容を規定し、その運用を方向付けるものであり、極めて重要な決定であるといわなくてはならない。

第4章　同意に瑕疵があるとの理論構成

「年限の延長」という文言など含め総合的にこれを解釈すると、原則として5年を限度とする（「原則として5年の時限を課す」）が、例外として別に定める方式による「年限の延長」が認められることがある、との内容であり、明らかに本来の意味での「再任」（任期は5年であろう）を否定する内容のものであり、再任を可とする京都大学の規程に示された本件教授職の内容と照らし合わせると、全く正反対の内容であるか、又は、「再任」ではなく「年限の延長」という異なる内容の「弾力的運用」が申し合わされていることになる。いずれにしろ、井上氏の同意の際に正当に抱いた再任の期待とは逆の内容の制度運用が意図されていたことになる。これは任期制法第4条第1号任期制のものを、いつの間にか同条第3号任期制のもの（再任のないプロジェクト型の教員）(注1)のような扱いとして運用するものであり、再任可とする京大規程にも抵触するものである。

注目すべきは、この重要決定は、井上氏を本件教授職に採用する旨の決定（内定）がなされ、任期制である旨の大学規程が作られ、任期制任用について井上氏からの同意を得た、その後（翌日）に作られ、既往に遡って井上氏に適用しようとしていることである(注2)。井上氏は、この決定の内容を、前日になした同意の際に知ることができなかったことはいわば当然のことである。なおまた、同氏は再任が認められなかった後になるまで知らなかったということである。

　（注1）　任期制法第4条第3号は、「大学が定め又は参画する特定の計画に基づき期間を定めて教育研究を行う職に就けるとき。」は任期を定めることができる、としており、これはそのプロジェクト型の趣旨からして、再任はないものである。「大学の教員等の任期に関する法律第3条第1項等の規定に基づく任期に関する規則に記載すべき事項及び同規則の公表の方法に関する省令」第1条第4号は、再任が認められるのは、法第4条第1項の規定により任期を定めて任用された教員等に限られることを前提としている。
　（注2）　京都大学再生医科学研究所のホームページ、平成15年7月25日の「京都大学再生医科学研究所　所長　中辻憲夫」名での「京都大学再生医科学研究所における教官任期制に関する情報公開」と題する文書（本書資料11）を参照のこと（また、後述（ハ）参照）

（ロ）　**平成14年4月18日再生医科学研究所協議員会決定「任期制教官の再任審査に関する申し合わせ」**　同日に、協議員会で、「任期制教官の再任審査に関する申し合わせ」が決定された。これは、再任審査の手続を以下のように定めるものである。関連重要部分を抜粋すると以下のごとくである。

「1．任期制教官は、任期満了の12ヶ月前までに、書面をもって、所長に再任のための審査を申請できる。2．申請者は、該当する任期中（終了時までの見込みを

含む)の学術的業績、社会的貢献、および学内の教育・行政への貢献に関する報告書、それらの評価に必要な資料。また、再任後の研究計画書を、申請後1ヶ月以内に所長に提出する。……4．再任審査については、別に設置する外部評価委員会の意見を聴取したうえで協議員会で可否を決定する。5．協議員会における可否決定に関する審議については、別途定める内規に基づいて行なう。6．所長は申請者の学術的業績および社会的貢献について外部評価委員会を設置し、これに評価を委嘱する。7．外部評価委員会の運営に関する内規……8．外部評価委員会のメンバーについては数名とし、協議会の承認のもと所長が委嘱する。協議員は委員に選出できない。9．外部評価委員会は、個々の任期制教官の再任審査に関して個別に設置されるものとし、常設とはしない。10．本人の再任審査に関する評価審議および可否決定に該当教官は参加できない。11．協議員会および評価委員会は、再任申請者の出席を求め、評価に必要な情報、意見を求めることができる。12．再任の可否決定は任期満了の6ヶ月前までに行うものとする。」

井上教授は、本「申し合わせ」に基づいて、平成14年4月23日に、再生医科学研究所所長山岡義生に対し、再任審査請求を提出した。

前記の平成10年4月21日協議員会決定（再生医科学研究所）「再生医科学研究所再生医学応用部門に関する申し合わせ」と本「任期制教官の再任審査に関する申し合わせ」との関係であるが、前者は、任期制の内容および再任の基準を定める基本決定であり、後者は、再任申請があった場合の再任審査の手続きに関する申し合わせと位置づけることができる。次にあげる「内規」と併せて、次項でその位置づけを検討する。

（ハ）　平成14年7月18日再生医科学研究所協議員会決定「京都大学再生医科学研究所任期制教官の再任審査に関する内規」　　同日付で、「京都大学再生医科学研究所任期制教官の再任審査に関する内規」が以下のように決定されている。上記（ロ）の平成14年4月18日の「申し合わせ」とほぼ同じ内容であるが、いくつかの点で修正されている（第五条1項、第九条を合わせてみると、外部評価委員会の位置づけが高まっている）。

「第一条　再任希望者に再任審査を行う。

　第二条　（上記（ロ）1参照）

　第三条　提出書類（上記（ロ）2参照）

　第四条　提出のない場合

　第五条1項　外部評価委員会の設置、評価（上記（ロ）4の一部、同6（評価を求める事項が「学内の教育並びに行政への貢献」「再任後の研究計画」にも拡大＝全面にわたる評価を委嘱することになる））。

第4章　同意に瑕疵があるとの理論構成

　　２項　委員数、３項　所長の委嘱　４項　協議員の扱い（上記（ロ）８参照）
　　５項（上記（ロ）７参照）
　　第六条　任期満了の７ヶ月前までに所長に報告
　　第七条　所長は、委員会による評価結果を再任申請者に開示しなければならない。
　　第八条　再任申請者は、委員会による評価結果について意見書を所長に提出することができる
　　第九条　協議員会は、委員会による再任申請者の評価に基づき、再任の可否について審議決定する。
　　　（上記（ロ）４「外部評価委員会の意見を聴取した上で」協議員会で可否を決定）
　　同条２項　協議員会は、前項の審議決定に際して、第三条に掲げる再任申請者から提出された書類および前条の意見書を参考にするものとする。
　　第十条　協議員の三分の二の出席
　　２項（上記（ロ）10参照）
　　第十一条　再任を可とする投票は無記名投票とし、再任を可とする投票数が投票総数の過半数員達しない場合、再任を認めない。
　　第十二条（上記（ロ）11参照）
　　第十三条（上記（ロ）12参照）
　　　ただし、特別の事情により再任の可否決定を行うことが困難なときは、再任申請者の同意を得てこの期日を変更することができる。
　　第十四条　略　　」
　前記の平成10年４月21日協議員会決定（再生医科学研究所）「再生医科学研究所再生医学応用部門に関する申し合わせ」と本「京都大学再生医科学研究所任期制教官の再任審査に関する内規」との関係であるが、前項と同じく、前者は、任期制再任制の運用に関する基本決定であり、後者は、一応、再任申請があった場合の再任審査の手続きに関する申し合わせと位置づけることができる。
　このことは、次のような、再生医科学研究所自身の認識とも一致する。すなわち、京都大学再生医科学研究所のホームページhttp://www.frontier.kyoto-u.ac.jp/index-j.htmには、平成15年７月25日の「京都大学再生医科学研究所　所長　中辻憲夫」名での「京都大学再生医科学研究所における教官任期制に関する情報公開」と題する文書が掲示され、その中では、前者は、「再生医学応用研究部門における任期制の運用方針」であると位置づけられ、後者の本「任期制教官の再任審査に関する内規」は、任期制教官が任期終了時に再任を申し出た場合、その審議の進め方を定めた規則と位置づけられている。要するに、前者が任期制の内容、再任の基準を定める実

体規定、後者は再任審査に関する単なる手続規定ということになり、前者の方が、再任の可否の決定にとって基準となるもので決定的な意味を持つことになる。

　繰り返し注意すべき点は、これら手続規定を整備し、その中で、外部評価委員会を設置し、再任申請者の評価、しかも、単に、「学術的業績」および「社会的貢献」にとどまらず、「学内の教育並びに行政への貢献」、「再任後の研究計画」に至るまで（本内規で拡大）、申請者のいわば全面的評価を委嘱し、かつ、「協議員会は、委員会による再任申請者の評価に基づき、再任の可否について審議決定する。」（本内規9条）とまでしながら、これら手続規定は単に手続規定であり、判断基準は判断基準として別個に用意されており、それは本件教授職については「原則として5年の時限を課す」との運用が企図されていたというのである。実体規定と手続規定との関係も相当矛盾に満ちたものであるといわなければならない。再任審査に関する手続が整備されたからといって、再任するかどうかの運用に関する研究所の基本方針に修正が加えられたというわけではないのである。

　（ニ）　**平成14年9月18日付「任期制教官の再任審査に関する外部評価委員会の井上一知教授の再任審査結果報告書」**　外部評価委員会の再任審査の結論部分は以下の通りである。

　結論：「京都大学再生医科学研究所任期制教官井上一知教授の再任を可とすることに全委員が一致して賛成し、今後の活躍に期待を示した。なお、当該研究所の任用に当たっての期待や目標が明確に提示されていないので総合的判断は不可能であり、本答申は国内での一般的な5年任期のポストとしての適否を、与えられた資料と当該者からの意見聴取に基づいて検討した結果の報告である。」

　前述のように、外部評価委員会に委嘱されているのは、申請者についてのいわば全面的評価である（「学術的業績」、「社会的貢献」、「学内の教育並びに行政への貢献」、および、「再任後の研究計画」の全面にわたっている）。

　前掲の「京都大学再生医科学研究所任期制教官の再任審査に関する内規」第九条は、「協議員会は、委員会による再任申請者の評価に基づき、再任の可否について審議決定する。」とされているところ、その委員会の評価は、全員一致しての再任賛成である。協議員会は、この（全体的評価をした結果外部評価委員全員一致の再任賛成の評価「に基づき」再任の可否について審議決定することとなる。

　（ホ）　**平成14年12月19日再生医科学研究所協議員会議事録**　この協議員会の議事において、井上氏の再任が認められないとの結論が出された。

　議事録には以下の記述がある。

　「2．任期制教官の再任審査について……内規等の制定過程に問題がないこと、審査期間を延長したのは協議員会が必要を認めたためであり内規に基づいて申請者

第 4 章　同意に瑕疵があるとの理論構成

の同意も得ており手続き上問題はないこと、これまでの審議が内規に則り適正に行われていること、任期制教官の再任審査は再任を前提とするものではないこと、審議で議論しているのは今後 5 年間のプロジェクトのサイエンティフィックな面と実現性、将来性であり、また研究所の社会的責務への対応等であること、を確認した。また……」「無記名投票を行った結果、再任を可とする票数が再任に必要な票数に達せず、申請者井上教授の再任を認めないことに決定した。」

　なぜ、外部評価の結果に基づくべしとされながら、これと正反対の結論を出したのか、その理由はこの議事録からは全く分明でない。

　「任期制教官の再任審査は再任を前提とするものではないこと、審議で議論しているのは今後 5 年間のプロジェクトのサイエンティフィックな面と実現性、将来性であり、また研究所の社会的責務への対応等であること」との記述では、再任に関するいかなる具体的な基準が存在し、援用されたのかが明確ではない。「今後 5 年間のプロジェクトのサイエンティフィックな面と実現性、将来性であり、また研究所の社会的責務への対応等」が重要な審査基準であることが示唆されているようでもあるが、これらについては、そもそも、一般的なことであり、外部評価委員会に委嘱した審査対象ではないのか。

　結局、当該教官職の運用について定めた、平成10年 4 月21日の協議員会「申し合わせ」が重要な再任否定の基準ではなかったかと思わせる節もある。

（4）　結　論

（イ）　「任期 5 年再任可」に関する井上氏の認識と再生医科学研究所の決めた運用の根本的相違　　以上の経緯の全体を眺めると、本件同意後に決まっていった本件教授職についての任期 5 年再任可の内容は、同意の時点で井上氏が認識した本件教授職の任期制の内容、すなわち「仕事をしっかりやっていれば再任される」というものと全く逆のものとなっている。とりわけ、その後の扱いを決定づける、平成10年 4 月21日再生医科学研究所協議員会決定「再生医科学研究所再生医学応用部門に関する申し合わせ」は、すでに詳しく述べたように、その運用につき、本件教授職につき「原則として 5 年の時限を課す」との運用を企図している。それは、井上氏の本件同意の前提となっている「京都大学教官の任期に関する規程」にも反する内容となっており、同氏の認識とも当然異なるものとなっている。なお、後に再生医科学研究所で「任期制教官の再任審査に関する内規」が決められたが、これは、再任審査の手続を定めるものであり、再任をするかどうかの実体的基準である上記の「再生医科学研究所再生医学応用部門に関する申し合わせ」を修正するものではない。再任を認めるかどうかの決定を方向付けるのはあくまでこの「原則として 5 年の時限を課す」との運用の申し合わせである。その後の経緯は、そのような基本

的視点から再整理すべきものである。
(ロ) 同意の意思表示についての動機の錯誤による無効
(a) **動機の錯誤がある** 井上氏は「仕事をしっかりやっていれば再任される」任期制との認識の下で本件同意をしたが、じつは、再生医科学研究所の決定した任期5年再任可の内容は「原則として5年の時限を課す」というものであったというのであるから、同意をするに際して、その同意の対象である任期制の内容について認識と事実の間に根本的な相違があったといえる。任期制にとって再任があるかどうか、その再任の運用の仕方がどうであるかはいわば、いかなる性質の任期制かという問題として把握することができる(注1)。従って、再任の可否およびその運用に関する認識と事実との食い違いは、同意を与えた任期制に関する性質の錯誤、すなわち、動機の錯誤を構成するものということができよう。

> (注1)「大学の教員等の任期に関する法律第三条第一項等の規定に基づく任期に関する規則に記載すべき事項及び同規則の公表の方法に関する省令」第1条第4号は、「再任(法第4条第1項……の規定により任期を定めて任用された教員等が、当該任期が満了する場合において、それまで就いていた職に引き続き任用されることをいう。)の可否その他再任に関する事項」を、各大学の「任期に関する規則」に、記載すべき事項とし、第2条で、その規則の公表を、「刊行物への掲載その他広く周知を図ることができる方法によって行うものとする。」としている。

(b) 判例の考え方に従うとこれは民法95条の適用される動機の錯誤にあたる。
一般に、動機錯誤が民法95条の規定する錯誤にあたるかどうかについては学説上多様な議論がある(注1)。

判例は、ほぼ確定した考え方として、動機の錯誤は、表示錯誤と異なり、当然には民法95条の適用があるわけではないとしつつも、例外的に、「その動機が表示され意思表示の内容となったのであれば」、民法95条の「錯誤」として顧慮されるとしている(例えば、大判大正6年2月24日民集23輯284頁、最判昭和32年12月19日民集11巻13号2299頁など多数。このことについては、例えば、山本敬三「民法講義1 総則」(有斐閣・2002年)152頁以下参照。判例の分析については、森田宏樹『民法典の百年』(有斐閣・1998年)141頁以下参照)。

この判例の考え方にしたがって、本件の動機錯誤には、民法95条の適用が認められるのか。それは、本件井上氏の同意についての動機が表示され意思表示の内容となっていると評価できるかどうかによる。

「仕事をしっかりやっていれば再任される」性質の任期制であるとの認識が動機

第4章　同意に瑕疵があるとの理論構成

であるが、このような認識は、公募から同意に至るまでの経緯、および研究所側の説明によりまさに惹起されたものである。従って、かかる説明をした当の研究所もこの認識を共有している（井上氏が「仕事をしっかりやっていれば再任される」ものとして任期制に同意したと研究所側も認識している）と当然評価される。したがって、動機が表示され意思表示の内容となっているとの判例の基準に照らして、本件動機錯誤には民法95条の適用があるというべきである。

　　（注1）　動機の錯誤と民法95条との関係については、学説において、周知のような、多様な議論がある（山本敬三・民法講義。総則1　52頁以下の整理及び引用文献参照）。（1）判例のような見解（我妻栄・新訂民法総則297頁）、（2）多数説である、表示錯誤と区別をしないで、相手方における、表意者の錯誤についての認識可能性（幾代通・民法総則〔第二版〕273頁）、又は、錯誤に陥っている事項が錯誤者にとって重要であることについての認識可能性（野村豊弘「意思表示の錯誤（7）」法協93巻6号77頁以下）、あるいはその二つのいずれかの存在を民法95条適用の要件とする見解（四宮和夫・民法総則第四版181頁）、（3）動機錯誤を民法95条の埒外とし、当事者間で動機に関するリスクを転嫁する保証、条件、前提などが認められる場合には、その合意にしたがってリスク処理をするという有力な見解（石田編・民法総則［磯村保］152頁以下）、（4）錯誤が契約の義務の拘束力を基礎づけるような事項（契約の要素）に関するものといえるかどうかにより、直接、要素の錯誤かどうかを判断するという見解（森田・前掲190頁以下）等が主張されている。

（c）　本件動機錯誤は「要素の錯誤」（民法95条）にあたるか。民法95条は、法律行為の要素に錯誤がある場合に意思表示が無効であるという。本件動機錯誤は、要素の錯誤にあたるといえるか。要素の錯誤であるためには、一般に、もし錯誤がなかったら表意者はその意思表示をしなかったであろう、また、一般人の通念からして意思表示をしないことがもっともとみられるといった評価がなされることが必要である。

　本件動機錯誤はどうか。本件教授職の任期5年再任可の内容が、「原則として5年の時限を課す」というものであると上記同意の際に分かっておれば、表意者井上氏は同意をしなかったであろうと見られ、また、一般人の通念からしてもその同意をしないことがもっともであると見られるかである。井上氏は当時定年までの継続的な雇用が保障された医学研究科助教授の官職にあったし、5年の期間の経過時には未だ定年年齢ではないなどの事情を考慮すると、これは肯定されるというべきであろう。従って、本件同意の意思表示には要素に錯誤があったというべきである。それゆえ、本件同意は錯誤によって無効というべきであろう。

第2節　安永正昭意見書

（ハ）　**無効がいかなる意味を持つか**　本件同意の無効はいかなる意味を持つか。同意がない状態になるのであるから、そもそも任期制法第4条第2項（「任命権者は、前項の規定により任期を定めて教員を任用する場合には、当該任用される者の同意を得なければならない。」）で要求される「同意」がいまだ存在しないこととなり、同条第1項の「任命権者は、……その教員を任用する場合において、……任期を定めることができる。」が適用できない状態となる。したがって、単純に考えれば、「職……に引き続き任用される場合……を除き、当該期間の満了により退職することとなるもの」（法第2条第4号）という意味の「任期」の適用ができない状態ということになるのではないかと考えられる。つまり、あらためて、任期制の内容を説明して、真意による同意を得る手続をとることが必要な状態にある（そこで同意が得られないということであれば、就任させない／就任できないこともある）、と。

任期制の適用のみができないとの結論は、任期制教員任用について何故「当該任用される者の同意」（法第4条第2項）が必要とされているのかその趣旨を考えると当然と思われる。同意が要求されるのは、「当該期間の満了により退職することとなる」という、普通の教員任用に比べて被任用者に不利益な例外的扱いが予定される任用となるからである。不利益な扱いを甘受させられる者の真摯な同意が欠ける場合には、その不利益を課すわけにはいかない、との結論は当然であろう。

確かに、事前に就任前に所定の同意が与えられない場合、任期制を予定する教員職の運用に不都合があるから、その職に就任させることができないという意味では、同意がなければ発令はないという関係にある。しかし、そうであるからといって、事後に同意の有効性に関する争いが被任用者から提起され、その同意が無効であるという場合に、就任（発令）そのものまで無効とすることは、結局同意の無効を争う道を閉ざすものであり、いかにも形式論理による結論で不合理というべきであろう。

かりに百歩譲って、任期についての同意が事後的に無効とされる場合には就任（発令）そのものの無効を来すとの結論が採られるべきであるとしても、少なくとも、本件では、研究所は井上氏に対して任期が満了した旨の主張をすることは信義に反する行為となるというべきであろう。なぜならば、研究所は本件同意に際しての説明により、井上氏に「仕事をしっかりやっていれば再任される」という性質の任期制であるとの認識を生じさせたところ、井上氏に全く説明していない（事後的に作った）本件教授職の任期制に関する「原則として5年の時限を課す」との運用ルールの適用を主張することは、前後相矛盾する行為となり、信義に反することになるからである。

以　上

第5章 大学教員任期制法の違憲性・政策的不合理性と大学における留意点

一 大学教員任期制法の構造的不合理さ

1 大学教員任期制法のシステム

　大学教員任期制法のしくみを先にまとめておく。同法は「大学等において多様な知識又は経験を有する<u>教員等相互の学問的交流</u>が不断に行われる状況を創出することが大学等における<u>教育研究の活性化</u>にとって重要であることにかんがみ」という動機のもとに、「任期を定めることができる場合その他教員等の任期について必要な事項を定める」ことにより、「大学等への<u>多様な人材の受入れ</u>を図り、もって大学等における教育研究の進展に寄与することを目的とする。」（1条）。

　そして、「任期」とは、国家公務員としての教員においては当該教員等が就いていた職若しくは他の国家公務員の職（地方公務員としての教員においては当該教員が就いていた職若しくは同一の地方公共団体の他の職）に「引き続き任用される場合」又は、私立大学の教員においては同一の学校法人との間で「引き続き労働契約が締結される場合を除き、当該期間の満了により退職することとなるものをいう。」（2条4項）と定義されている。

　そして、ここでさしあたり問題になる国公立大学の教員の任期は、学長が評議会の議に基づいて規則で定める（3条1項）。この規則は、制定後「遅滞なく、これを公表しなければならない。」（同2項）。そして、この「教員の任期に関する規則に記載すべき事項及び第2項の公表の方法については、文部科学省令で定める」（同3項）。

　この任期制を導入することができるのは、次の3つの類型に該当する場合に限る（任期制法第4条1項）。

　「一　先端的、学際的又は総合的な教育研究であることその他の当該教育研究組織で行われる教育研究の分野又は方法の特性にかんがみ、多様な人材の確保が特に求められる教育研究組織の職に就けるとき」（一号、流動化型）

「二　助手の職で自ら研究目標を定めて研究を行うことをその職務の主たる内容とするものに就けるとき」(二号、研究助手型)

「三　大学が定め又は参画する特定の計画に基づき期間を定めて教育研究を行う職に就けるとき」(三号、プロジェクト型)

そして、「任命権者は、前項の規定により任期を定めて教員を任用する場合には、当該任用される者の同意を得なければならない」(同第2項)。

私立大学の教員の任期は労働契約で定めるが、それもこの3つの類型に該当する場合に限る(5条1項)。それは、あらかじめ、当該大学に係る教員の任期に関する規則を定めておかなければならないのも国公立大学とほぼ同じである。

前記の文科省令とは、「大学の教員等の任期に関する法律(平成9年法律第82号)第3条第3項(同法第6条　において準用する場合を含む。)の規定に基づき、大学の教員等の任期に関する法律第3条第1項等の規定に基づく任期に関する規則に記載すべき事項及び同規則の公表の方法に関する省令」である。

ここでは、

一　法第4条第1項第1号に掲げる教育研究組織に該当する組織
二　法第4条第1項各号に掲げる職に該当する職
三　任期として定める期間のほか、
四　再任(法第4条第1項(法第6条及び第7条 において準用する場合を含む。)の規定により任期を定めて任用された教員等が、当該任期が満了する場合において、それまで就いていた職に引き続き任用されることをいう。)の可否その他再任に関する事項
五　その他大学等において必要があると認めた事項を定めることとなっており(省令1条)、任期に関する規則の公表は、刊行物への掲載その他広く周知を図ることができる方法によって行うものとする(同2条)となっている。

この法律は、本当に大学の活性化に寄与するのか(2)、むしろ逆に、身分保障の原則を撤廃して、学問の自由を抹殺し(3)、大学の不活性化を惹起するのではないか、そうとすると、本来、この法律の代案は何か(2(6))、また、この法律が存在する現実のもとで、その脅威をできるだけ減殺する方法は何か(4)がここで述べる課題である。

2　任期制と流動化・活性化との関係は希薄

(1)　法律の目的、教員の流動化＝大学の活性化か

任期制法の立法目的は、前記の1条に見るように、大学教員の流動化による大学の研究教育の活性化である。第140回衆議院本会議(平成9年5月9日)で行われた

第5章　大学教員任期制法の違憲性・政策的不合理性と大学における留意点

文部大臣による法案の趣旨説明では、①　変化の激しい時代にあって、大学が学問の進展や社会の要請に適切に対応して教育研究を推進していくことが求められている今日、各大学において不断に改革を進めて教育研究の活性化を図る必要があり、これを担う教員の果たすべき役割がますます重要になっている。このため、②　大学教員の流動性を高めて、③　大学における教育研究の活性化を図るための方策として、④　国公私立の大学を通じて、各大学の判断で教員に任期制を導入できるようにする必要があるということである。

①は正しいであろう。そのために、②が必要としても、なぜこれが最優先の課題とされるのだろうか、そのために④教員の任期制を導入するのが適切な手段なのであろうか。

むしろ、マイナス面も多い。研究は、必ずしも同一組織だけで行うものではないから、流動化しなくても、他大学との共同研究を優遇すれば、研究は活性化する上、流動化のために、組織内の共同研究が中断する。これは個人研究ではなく、井上教授の研究のような組織で行う理系の研究では組織がつぶれて、きわめて大きなマイナスである。井上先生の研究も、5年で切るような短期的スパンのものではない（第2章第1節一）から、任期制は研究の成果を上げるなというに等しい。さらに、先生が頻繁に異動すれば、その先生を慕ってきた大学院生の指導は困難になる。任期制の先生は中途半端で、弟子がつかないから、後進の要請は難しくなる。

この法律の根拠となった大学審議会組織運営部会の報告は流動化が必要な理由を、a　自校閥の排除のため、b　業績評価なき年功序列人事の打破、c　組織編成への対応の三つにまとめている[1]。本当にそうであろうか（ここでは、このaについて述べ、b、cは3で述べる）。

（2）　流動性は低いのか、滞留が不活性化の原因か

この法律は、大学教員の流動性が低いことが大学の不活性化の原因であるとしているが、そもそも、事実認識として、大学教員のモビリティは低いのか。

平成8年3月31日付で国立大学等を定年退職した教授、助教授、講師、助手が1158人、このうち、採用から定年まで同一大学等にいた教員は460人いて、率にして39.7%という[2]。

1990年代における日本の大学教員の生涯移動回数は平均して0.78で、14ヵ国中最低であったという[3]。

しかし、諸外国では大学に限らず一般的に横の移動が激しいのに、縦社会の日本では同一会社・官庁で定年を迎えるのが普通であるから、モビリティの国際比較を大学教員だけで行って、日本の教員のモビリティは低いといっても、まっとうな比較とは言えない。

つまり、日本の大会社では、優秀な社員に逃げられないように、定年までの身分保障をしているのが一般であるどころか、他社の優秀な社員をスカウトすることもしない。鉄鋼会社の社員も新聞社員も出版社の社員も他の競争会社に移籍することは少ない。こんな法案を立案した旧文部省の公務員も、文科省から生涯移籍しない。他の官庁などに異動しても、定年までどころか、天下りしても、本籍を変えないのが普通である。

これに対して、日本の大学は競争大学から教員をスカウトするのを日常業務としており、大学教員は、日本の社会のなかでは、唯一流動性の高い職業である。異動すると、退職金、年金、図書、家族の生活、住宅など、種々不利益が大きいにもかかわらず、大学格差の大きいわが国では、学閥などの頂点に位置する大学の教員以外は、どんどん異動している。

(3) 任期制は自校閥の排除のためには機能しない

もちろん、日本の大学では学閥の弊害が顕著である。一般的に言えば、老舗大学は自校閥、新設校は植民地になっている。有力校同士の人事交流は少ない。中堅大学では植民地支配から独立するのが悲願となったりする。この意味では流動性は低い。任期制の目的はこれを是正することにあるという[4]。

しかし、任期制を導入して流動化を促進するとしても、同じ学閥内で人材を入れ替えるだけの可能性が少なくないし、これは大学による自主的な選択的導入（一5）とされているから、当該大学が活用しなければ意味がない。また、「多様な人材の確保が特に求められる」（1号）という口実で、大学教員の職務はすべて任期制にできるのではないかという疑問があるが、後述（一4）のように、文部省の国会答弁では、任期制を導入できる場合は限定されている。それなら、なおさら、実際に任期制を導入するポストは限られるから、大学の活性化を目指す点では実効性がないであろう。

(4) 終身雇用の弊害は文科省にも

大学教員の異動が少ないことが大学の不活性化の原因であるとするなら、それは大学だけであろうか。学卒採用、中途採用なし、定年までの終身雇用が基本となっている日本の会社、官庁では、出世競争が同期内の閉鎖的なものになって、発想も同じになるし、むしろ、組織の利益を図ることが出世の鍵となっている。これは活性化しているとは言えない。

今般の大学法人化法のため、これまでなら、およそ教授どころか助手にもなれない文科省の職員が副学長に天下ってくるのではないか、同省は約100もの天下り可能ポストを確保したのではないかが危惧されている。もしそうでないなら、文科省の（元）職員は大学には天下ってはならないという1ヶ条を入れるべきだと筆者は

主張したが、そうならなかったので、やはり天下りという組織の利益が本音ではないかと疑問を持つ[5]。

むしろ、文科省が大学やマスコミなどの外部の血を率先して入れて、活性化して見本を示すべきではないか。そのためには自ら率先して任期制を導入すべきであろう。

（5） 再任可と流動化型の間は矛盾

流動化を徹底するなら、再任不可として、どんなに優秀な教員でも、任期ごとに入れ替えるべきである。しかし、組織の全部で本当にそんなことをしたら、組織の中核となる人材が残らないから、組織が崩壊する。そこで、再任不可とするのはごく限られたポストとなろう。多くのポストは任期を付けても、再任可とするしかない。そうすると、多くの教員は、結局再任されるので、流動化というこの法律の目的は達成できない。結局は、手間暇がかかるだけとなる。本音は後述のように隠れたる分限免職としか説明できない。

（6） 解決策はスカウトで

学閥人事などによる研究教育の停滞を打破することは必要であるが、その手段としての任期制は上記のように有効ではない。そして、任期制による教員の首切りは、あまりにも極端な手段であって、後述のように身分保障の原則をあまりにも一方的に侵害している。したがって、これは百害あって一理なしである。大学の活性化のためには、身分保障を侵害せず、よりやわらかで、しかも、実効性のある手段を導入すべきであった。たとえば、採用人事において、自校出身者の割合を一定率以下に下げるように目標値を設定させ、その程度に応じて、予算措置で優遇措置を講ずること、諸外国に見られるように、優秀な教員を優遇措置（給料大幅アップ、助手をつけること、学内各種委員の免除など）をつけて招聘することができるように予算措置を講じて、全国すべての大学が優秀な教員の誘致合戦を行うようにする方がよほど研究教育の向上に資する。さらに、優遇措置を受けて招聘されたら、何年かは他から招聘を受けても辞職しない（異動しない）という契約を有効とする特別規定も必要である。

大学教員の処遇は、管理職以外はほぼ均一なので、学問的に優秀な者は能力と比較して冷遇されているから、こうしたスカウトで差が付くのは望ましいことである。

学長・理事等の大学の管理職は教授よりはるかに厚遇されているが、彼らは教育・研究プラス管理をしているのではなく、単に管理だけしている。したがって、優秀な教授よりも当然に優遇される理由はない。重役は部長よりも厚遇されるという、一般の会社とは、職務のしくみが異なるのである。むしろ、本来、優秀な教員は学長以上で処遇すべきである。井上先生の業績を見れば、学長などよりも厚遇す

べきである。

3 恣意的な再任審査のもとでの任期制は身分保障、学問の自由を抹殺する
（1） 身分保障の原則

現行法では、一般職の公務員の身分は分限・懲戒事由がない限り保障されており（国家公務員法75条、地方公務員法27条2項）、「任命権者は、臨時的任用及び併任の場合を除き、恒常的に置く必要がある官職に充てるべき常勤の職員を任期を定めて任用してはならない。」（人事院規則8―12（職員の任免）第15条の2第1項）。

そこで、一般職の公務員の期限付き任用は認められているものの、例外的な場合に限定されてきた。それは、国立大学学長（教育公務員特例法8条1項）、外国人教員（国立又は公立の大学における外国人教員の任用等に関する特別措置法2条3項）、研究公務員（研究交流促進法第3条、人事院規則8―12第15の2第2項）、3年以内に廃止される予定の官職、特別の計画に基づき実施される研究事業に係る5年以内に終了する予定の科学技術（人文科学のみに係るものを除く。）に関する高度の専門的知識、技術等を必要とする研究業務であつて、当該研究事業の能率的運営に特に必要であると認められるものに従事することを職務内容とする官職のうち、採用以外の任用の方法（臨時的任用を除く。）により補充することが困難である官職の場合（人事院規則8―12第15の2第2項）である。

こうした公務員の身分保障は、恣意的人事の防止、成績主義や政治的中立性の原則を確保するためであり、労働基本権の制限の代償（全農林警職法事件最大判1973＝昭和48・4・25刑集27巻4号547頁）でもあるはずである。したがって、任期制を導入する場合も、これらの他の法制度との整合性が必要である上、労働基本権を回復させることなく、任期制を一般的に導入することが憲法上可能なのかという問題があるはずである。大学審議会の答申「大学教員の任期制について（答申）（2（2））」（平成8年10月29日）でも、「任期制を導入するためには、公務員関連法制や労働関係法制等との関係を明らかにし、制度面を含め、所要の措置を講じることが必要である」と指摘されていたが、立法過程で無視された。

（2） 再任審査のもとでの任期制は学問の自由を侵害し、恣意的な免職処分に堕する

（ア）　学問の自由の侵害　　大学の研究者は憲法23条の定める学問の自由を享受する。これを侵害するものは、歴史的には国家権力であった。政治権力を批判すると見られる教授の罷免が政府から要求されたのである。京大の滝川事件はその有名な例の一つである[6]。

そこで、大学教員の人事は大学だけで行うという大学の自治が求められた。これ

第5章　大学教員任期制法の違憲性・政策的不合理性と大学における留意点

が学問の自由の主要な内容になっていることに今日異論を見ない。そして、そのことは、国公立大学においては、大学の人事は大学自身（評議会、教授会の議に基づき学長が行うこと）が行うとする定め（教育公務員特例法4条、さらに、同6条、9条）において明文化されている。

　しかし、大学教官の人事を通じて学問の自由を侵害するのは、何も国家権力だけではない。大学内の権力もそうである。

　そもそも、学問とは、会社組織のように、営業成果を上げる、他社に負けないなど、みんなが同一の目的を追求するものとは全く異なり、先人・同僚の学問を乗りこえ、時の権力者を批判し、批判と孤独に耐えて初めて成り立つものである。そして、多数派は凡人であり、優れた研究者は少数派である。したがって、新しい学問研究は、これまでの（克服されるべき）研究者からは評価されないものが少なくない。こうした研究は研究者の身分が保障されていなければ、およそ成り立たないのである。これまでの大学では、お互いに同僚をいわば追い出すことが不可能であるという前提で、お互いにその研究を尊重するという人間関係が成り立っている。

　このことは、理系の研究所であっても、多かれ少なかれ、人間の社会では同じことである。名古屋大学物理学教室では一時期事実上の任期制を導入していたが、沢田昭二（名古屋大学名誉教授）は国会参考人として次のように証言している。

　「教員の間に任期のついた教員と任期のついていない教員という差別がありますと、任期のついた教員は再任拒否ということを恐れまして批判的な発言を控えるようになってしまいます。そうしますと、大学の研究や教育にとって最も大事な自由に相互批判するという雰囲気が失われて、アカデミックフリーダムが大学の内部から失われていくということになりました。」[7]

　そこで、大学内の管理職は、一般社会や官庁の上司とは異なり、教員の業務つまりは学問に立ち入ってはならないのである[8]。このことは学校教育法58条に明示されている。すなわち、「学長は、校務をつかさどり、所属職員を統督する。学部長は、学部に関する校務をつかさどる。教授は、学生を教授し、その研究を指導し、又は研究に従事する。」となっていて、「統督」という用語からもわかるように、学長や学部長は教授の教育、研究を監督できず、教授は、学長、学部長から、教育、研究に関しては、職務上独立しているのである。この点では、教員は裁判官（憲法76条3項）と同じである。

　（イ）　**同僚による恣意的な免職**　こうした大学において、任期制をおき、再任の可否を教授会が判断することは、同僚が同僚の学問価値を判断してその身分を恣意的に左右できることを意味する。これでは、学内派閥の多数派に属しない者にとって、学問研究の自由は完全に抹殺され、大学の死に至る。任期制は在職中の者が

現地位にとどまる限り適用されないが、昇進の際には「職に就けるとき」に当たるとしてつけられるので、多数派に属しない者にとっては、昇進はハイリスクである。学内派閥の多数派の権力を強化するだけのシステムである。多数派が任期制を導入したいのもこの点にある。

それでも、教授会構成員が全員同じく任期制の適用を受けているのであれば、みんな同じリスクを負っていることを意味し、誰かを恣意的に排除しようと画策すれば、失敗したときに次に報復されるリスクがあるから、恣意的な再任拒否がたくさん起きることはないかもしれない。全員合意して、任期制を導入している学部・研究科がたくさんあるが、その観点からいえば、それなりにまともであろう。しかし、この制度は、前記一1で述べたように「職に就けるとき」に同意書を取って行うので、すでに在職している者に適用することはできない。このことは横浜市立大学商学部教授会が主張していることでもある。

そこで、今後採用される者にだけ任期制を付けることになるが、それでは、任期を付された教員はごく一部で、任期を付されない（安全地帯にいる）教授がその再任を審査するしくみとなる。これでは、任期を付されない教員が同僚教員の生殺与奪の権限を握ることとなる。通常の分限・懲戒事案なら、学問・教育の内容には立ち入らず、それなりに基準があり、人事院の審査・司法審査も行われるので、同僚裁判も直ちには不合理とはいえないが、学問や教育の内容について大幅に裁量権を持って審査する再任審査制は暗黒裁判と化すのである。井上事件はまさにその例である。

さらに、その場合再任を可とするか不可とするかの基準は何であろうか。流動化という基準では、優秀でも出てもらうということであるから、残ってもらう基準は立てようがない。

そうすると、これは実は業績があっても、多数派との人間関係がうまくいかない者を、業績がたりないと称して追い出す手法ということになる。本来身分保障があったはずの教員を、分限免職事由がないのにやめさせることができるのである。しかも、任期切れであるから、救済の方法はつくらないつもりであろう。再任可の下の任期制は、結局は、身分保障を潜脱する恣意的な免職制度に堕す。

なお、裁判官の任期制は、憲法80条で定められているし、裁判官をやめても、同じ法曹である弁護士に誰でもなれるということが前提にある。キャリア裁判官システムではなく、法曹一元の発想である。そして、現に再任を拒否されるのは数からいえば例外であるので、普通には安心して自己の信念で裁判に専念できる。しかし、このしくみでさえ、転勤、出世などの人事裁量を背景に、裁判官の独立を脅かすおそれがあるとの指摘がある。裁判官の再任拒否が本件のようなやりかたでなされる

第5章　大学教員任期制法の違憲性・政策的不合理性と大学における留意点

ならば、裁判官は安心できず、貝のように口を閉じて、一切物言わないようになるだろう。これでは裁判も死に至る。ところが、研究者は単なる一般職の公務員で、高度の専門職であるだけに、いわゆるつぶしがきかず、しかも就職できなければ研究を継続できず、民間との自由な人事交流が可能ではないので、ルールなき再任拒否制は、研究の独立をほぼ抹殺するものである。

また、民間企業の労働者（私立大学教員を含めて）についても、労基法（19、20条）の解雇自由の原則は解雇権濫用の法理などにより、判例上大幅に制限され（最判1975＝昭和50・4・25民集29巻4号456頁、同1977＝昭和52・1・31労働判例268号17頁）、実際上は身分保障があるに近い。2003年7月に行われた労基法の改正においても、この判例が立法化され、「解雇は、客観的に合理的な理由を欠き、社会通念上相当であると認められない場合は、その権利を濫用したものとして、無効とする。」（18条の2）と定められた。

（3）　身分保障を排除する大学審議会の答申には根拠なし

そこで、公務員のうち、国公立大学教員にだけ一般的に身分保障の適用を排除する根拠が問われる。これをまずは大学審議会の審議から探そうとしたが、これは身分保障を廃止するにたりるだけの理由を説明していない。

①　業績評価なき年功序列人事の打破？　　大学教員は、一度採用されると、それ以上は業績評価が行われず、年功序列人事が行われ、教育研究が停滞すると指摘される。そこで、任期制で、業績評価を行うという。

ここで本音が出たというべきであるが、そもそも、このことは任期制法の目的には出ていないので、同法はやはり隠れた分限免職処分を企図するものというべきである。

また、年功序列の弊害はある程度は当たっているが、ある程度は一面的である。

大学教員は、少なくともまともな大学では、昇進、採用時にはそれなりの業績評価を受けている。助手になっても、講師、助教授に昇進するためには、それなりの業績をあげなければならないと、相当のプレッシャーになっているのが普通である。医学部では教授を公募すると、大変な激戦である。法学部の若手講師の公募でも、10倍、20倍の競争になっている。しかも、大学院博士課程を終え、さらには専門によっては留学してＰＨＤ（博士号）を取得しても、就職口は簡単には見つからない。同期同時昇進などという、ぬるま湯的なルールはない。22歳で、上級職公務員試験に合格して採用されれば、特段の事情がない限り本省課長級とか、小さな公団公庫の理事、小国の大使までは保障されている本省キャリアとは、比較にならない厳しい競争社会なのである。

もちろん、他方では、一度助手になれば、特段の事情がない限り教授まで昇進す

るように事実上保障されている大学も少なくない。大学審議会はこのことを問題とするのであるが、満足な業績評価なき年功序列人事は、大学教員に限らず、日本社会では大きな組織には普遍的に認められる。大学教授は官庁で言えば、せいぜい中央官庁の課長、地方出先機関の部長クラスであるから、高位高官と違って、業績が悪くてもどこかたらい回しで、定年まで身分が保障されているはずのポストである。中央官庁でも、適正な勤務評定によりこのクラスの職員を天下り先の用意もなくどんどん辞めさせているわけではない。それなのに、大学教員という業績評価の難しい職業に、適正な業績評価ルールを作る前に、再就職先の用意もせずに、なぜ率先して任期制を導入するのか。

さらに、一度助手になれば、特段の事情がない限り教授まで昇進するように事実上保障するのも、優秀な者は22歳から、高位高官まで昇進を保障された有給の地位につける日本においては、優秀と見られる者を大学のために青田刈りするためである。この状態を打破することは必要であるが、任期制で失職させることとしては、大学教員のポストはハイリスク・ローリターンになるから、逆効果である。志願者を増やすようにして、大学側が優秀な者を自由に選択できるように、優秀な者については、他の社会と比較しても待遇を良くすることが肝心なのである。

② **組織編成への対応？** 社会の変化に応じた新しい学部学科を作ったりするためには、人事の流動性を高めることが必要であるという[9]。

これは組織改革の際に余剰人員を任期制で追い出すために都合の良い、経営者側の一方的な言い分である。こんな議論が成り立つなら、どの役所でも、組織改革の際に邪魔になる公務員を免職にするために、最初から任期制を導入すべきであろう。組織改革の際に余剰人員を免職にする制度としてはいわゆる行政整理の制度が用意されている（国家公務員法78条4号）から、それを使えばよいのであって、大学教員だけに特別の法制度を作る理由はない。旧国鉄をＪＲに民間化した際余剰人員を免職にしたが、3年間国鉄清算事業団で再就職の準備期間を与えた。大学が組織替えをしても、これまでの先生を母体とするから、実際には看板の塗り替えにとどまることが多い。本当に内容のある組織替えするためには、先生を入れ替えなければならないが、免職になる先生にはせめて旧国鉄並みに、大学清算事業団を設置して、3年間は再就職の準備をさせるのが公平である。

（4） **国会答弁から見ても、身分保障を剥奪する根拠なし**

（ア） **3類型** したがって、大学審議会の答申はこの身分保障の原則を空洞化することを正当化しない。そこで、さらに、これを正当化する理由とシステムがあるのかどうかを、国会議事録などを資料として検討する。

任期制法4条は、任期を付しうる場合を前記のように、1号流動化型、2号研究

第5章　大学教員任期制法の違憲性・政策的不合理性と大学における留意点

助手型、3号プロジェクト型の3つの類型にまとめている。

　（イ）　**プロジェクト型**　このうち、特定のプロジェクトを行うために特定の期間だけ採用され、任期が来たら業務消滅により再任がないことが最初からわかっているプロジェクト型は、恣意的・人為的な人事を行う余地がないので、問題はないであろう（3号）。ただ、任期付きなら、本来は高給でなければならない。

　一般職の任期付研究員の採用、給与及び勤務時間の特例に関する法律（平成9年）、一般職の任期付職員の採用及び給与の特例に関する法律（平成12年）は、任期制法の後にできた法律であるが、任期付き公務員は身分保障がない代わりに、その給与は身分保障のある公務員のそれよりもはるかに高額に設定されていて、いわばハイリスク、ハイリターンとなっている。これに対して、大学教員の場合、任期制であっても、そのしくみは明確ではなく、同一の職務だからという理由で[10]これらの法律の適用が除外され（任期制法8条）、給与は同額になっている。これでは、大学教員の地位はハイリスク・ローリターンであって、志願者が減り、大学の活性化とは逆行する。

　また、再任のないこうしたプロジェクト型が本当に人材を適切に活用して事業を成功させることができるかには疑問が多い。教員が、任期が終了したときに他のポストに間を開けることなく転勤できるという保障のある場合以外は、任期切れによる失職を避けるため、任期満了前に他に転勤しようとするだろうから、事業は中途半端に終わる可能性が高い。このしくみを成功させるためには、中途退職・転勤を禁止する代わりに、任期満了の際には他のポストへの移動を保障する制度を作ることが不可欠である。

　（ウ）　**研究助手型**　研究助手の任期制（2号）は、万年助手を避け、多数の研究者の卵にポストを与えるためとすると、その伝統のある法学部では理解できる。しかし、任期付き助手として、大学同期生の中で唯一、3年の期限で辞表を出させられるプレッシャーを経験した私は、助手は二度とやりたくないポストである。

　これは「助手の職で自ら研究目標を定めて研究を行うことをその職務の主たる内容とするものに就けるとき。」とされているので、研究の他に、教育や臨床をも担当している工学部や医学部の助手には適用がないと解すべきである。

　（エ）　**国際的に異常な教授の流動化型任期制**　京大井上事件で問題になるのはこの1号（流動化型）なので、以下、これに限定して考察すると、まずは、教授に関する1号任期制は、日本国内はもちろん、国際的にも異常なしくみであることを強調しなければならない。アメリカではもともと契約自由の原則、解雇自由の原則が支配していたところ、その例外として、教員の身分保障（テニュア制）が導入されたのである。これは日本と逆である[11]。また、大学審議会の答申に付された諸外

国における教員の任期制という資料（同答申25頁以下）によっても、国会の質疑でも[12]、ドイツ、アメリカ、フランス、イギリスでは、教授の任期制をおいていない。幅広く任期制を導入している韓国（根拠は、私立学校法、教育公務員法）では、副教授、助教授、専任講師には任期制があるが、教授については、任期は本人が求める場合に限ってつけることができる[13]。

そこで、国会でも、なぜ教授に任期制かが問われている。そして、大学審副会長・組織運営部会長として任期制導入の推進派であった元東大学長有馬朗人も、任期制は助手にだけ付け、助教授、教授は定年まで任期なしでよいとしていた[14]。

これに対し、文部省の高等教育局長雨宮政府委員は、いわゆる事実上の任期制の中には、助手を中心に運用しているところが多いが、教授も任期制の対象にしているというところもあるので、大学審議会の議論としても、制度的には助手から教授に至るまで対象にしうるという形にするのが適切ではなかろうかという答申になっており、それを受けて今回の法案の形になっている[15]と答えている。

しかし、事実上の任期制は紳士協定である。それさえ、教授の場合には例外的にしか存在しない。それを、強制首切りを意味する任期制を教授について一般的に導入する根拠とするのはまやかしの議論だと思われる。このように政府の答弁でも、世界に例のない教授の任期制を正式に導入したまともな根拠は説明されていない。しかも、こんな制度をつくるから、全学的に導入しようという無茶な動きが各地でおきるのである。

「任期つきポストで教員を無理やり退職させて流動化を図るというのは、学問の世界にふさわしくない暴論である」[16]と思われる。

私自身、これまで弟子の養成には尽力してきたつもりであるが、もし身分保障がなければ、弟子の養成には手を抜いたはずである。弟子が「青は藍より出でて藍より青し」となっては、私は失職するだろうからである。

4 任期制は限定的で、司法審査の道あり
（1） 任期制は限定的

この1号の意味は不明確であり、「多様な人材の確保が特に求められる」のはすべての組織に妥当するともいえるから、読みようによっては、すべての国公立大学の教授以下をすべて任期制にすることができることになる。しかし、前記の公務員の身分保障の原則との整合性が必要になる。

国会では、文部大臣は、「あくまでも定年までの継続任用というのが原則であるけれども、その職務と責任の特殊性に基づいて特例を定めることができるということで、今回の法律案が、大学教員の職務が教員自身の自由な発想で主体的に取り組

第5章　大学教員任期制法の違憲性・政策的不合理性と大学における留意点

むという特殊性ということにかんがみて、定年までの継続任用の例外としてこの任期制を導入できるようにする、こういう趣旨の法律であります」と説明していた[17]。

これは、大学教員の職務の特殊性にかんがみ、任期制を大学教員には一般的に適用できるとするような印象を与える。しかし、「自由な発想で」ということを逆手にとって、前記のように十分に根拠がある身分保障を大学教員には適用しないとすることは無理である。むしろ、任期制を導入すれば、教員の研究の自由は阻害されるから、「自由な発想で主体的に取り組むという特殊性」に反する結果になる。この点でもこの法律の理由には誤りがある。

最後にはさすがの高等教育局長も、任期制は公務員の身分保障の例外であるから、限定的に規定したと説明せざるをえなくなっている。すなわち、

　「雨宮政府委員（文部省高等教育局長）公務員制度に対する影響というのは当然ある……、その例外を定めるという場合には当然慎重であってしかるべきだと……そういう考え方に立ってこの法案を立案させていただいた。

したがいまして、任期をとり得るというのは、一体どういう趣旨のもとでこういう任期をとるのかということをまず明らかにし、また、どういう場合に任期を付することができるかというその場合を特定し、また、その場合にはどういう手続でやらなければならないかということもこの法案の中に書き込んだつもりでございまして、私どもとしましては公務員制度への影響、そういうことを考えまして、例外措置を定める場合にはやはり慎重であるべきだという考え方に従って立案した……」[18]。

雨宮政府委員「法制度の立て方といたしまして、例えば大学がおよそ教育研究上の必要性があると判断すればいかなる場合でも任期制をとり得るというような制度設計を考えるということもあながち不可能ではない……。しかし、一方におきまして、大学の雇用保障と申しますか、身分保障と申しますか、安定した形で教育研究を実施するということもまたあわせて考えなければならない……。大学審議会の答申で幾つかこういう場合が教育研究上の必要に当たるんだということをかなり具体的にも書いておるわけでございます。また、そういうことを念頭に置きながら第4条の第1項の1号から3号までを書いたつもりである……。

したがいまして、基本的な私どものスタンスといたしましては、1号、2号、3号で、<u>こういう場合に限定して任期制をとり得るんだと</u>。こういう場合には必ず大学がとりなさいということでもありませんし、こういう場合には大学の判断にまってとり得るというように<u>相当程度限定した形で定めたつもりである</u>……。」

「例えば1号の読み方によってはかなり広がるのではないかという御懸念もあるわけでございますが、私どもとしては、……「先端的、学際的又は総合的な教育研究であること」ということをわざわざ例示いたして、要するに多様な人材の確保が

特に求められるような、そういう教育研究組織の職につけるときなんですということを書いたつもりである……。
　……こういうような特定したということでもございますので、こういう趣旨に沿って大学として慎重な判断をしてもらいたい」[19]。
　「雨宮政府委員　例えば国公立大学の場合ですと公務員制度のもとにおきます教職員の身分保障という観点から、やはりここはきちっと限定的に書くべきであるということで、一号から一、二、三と三つに限定して書いたつもりでございます」[20]。
　そうすると、この制度は限定的に利用されなければならず、1号に該当するという明確な根拠がなくて1号として運用するのは違法である。
　国立大学法人化後は、国立大学の職員の身分が「非公務員型」になるので、私立大学と同じで、文科省は、私立大学教員と任期法との関係では、これによって初めて教員に任期制がつけられるということではない、現行の労働法制の枠内でも任期制は採れるが、任期制で任期を付けられるということを確認的に規定した、「任期制の導入　大学教員任期法による3類型を離れた任期制の導入が可能」としている[21]が、これは無茶である。任期制法は、任期制を導入できる場合をその4条において三つの類型に限定し、5条において、学校法人は、当該学校法人の設置する大学の教員について、前条第1項各号のいずれかに該当する時は、労働契約において任期を定めることができるとしているからである。

（2）　恣意的運用の防止＝司法審査の道ありとの国会答弁
　このように、任期制法自体、疑問ばかりであるが、それを直ちに違憲とはしない立場に立っても、その恣意的な運用を避けることは、学問の自由の保障の観点からも、研究教育の活性化というこの法律の目的を達成する観点からも、不可欠である。そのためには、まずは、教員の評価を適切に行うことが大切であることは何度も指摘されている。適切な評価方法なき任期制は恣意に堕し、学術機関としての大学の存在を脅かすのである[22]。
　そこで、再任の可否に関する適切なしくみと手続、基準をおき、それに反する再任拒否については司法審査の道を開くことが求められる。現に国会でも政府委員は、司法審査が許されるという答弁をしている。
　雨宮政府委員（文部省高等教育局長）「非常に不合理な扱いがなされたということであれば、当然それは司法上の救済という道が閉ざされているわけではない……。」[23]。
　任期切れ、再任審査を新規採用として一切争えない形にしたかった政府委員の答弁であるから、きわめて限定的な言い方しかしていないが、それでも、司法審査を否定することはできなかったのである。

第5章　大学教員任期制法の違憲性・政策的不合理性と大学における留意点

（3）　国会附帯決議による濫用防止の要望

このように、任期制が濫用される可能性は国会審議でも何度も指摘されているので、任期制法を可決した国会の附帯決議でも、注文をつけている。すなわち、

「政府は、学問の自由及び大学の自治の制度的な保障が大学における教育研究の進展の基盤であることにかんがみ、この法律の実施に当たつては、次の事項について、特段の配慮をすべきである。

一　任期制の導入によって、学問の自由及び大学の自治の尊重を担保している教員の身分保障の精神が損なわれることがないよう充分配慮するとともに、いやしくも大学に対して、任期制の導入を当該大学の教育研究条件の整備支援の条件とする等の誘導等を行わないこと。

二　任期制の適用の対象や範囲、再任審査等において、その運用が恣意的にならないよう、本法の趣旨に沿った制度の適正な運用が確保されるよう努めること。

三　任期制を導入するに際して、教員の業績評価が適切に行われることとなるよう評価システム等について検討を行うとともに、特に、中長期的な教育研究活動が損なわれることがないよう、大学の理解を深めるよう努めること。」（参議院附帯決議もほぼ同文である）

国会附帯決議は法律そのものではないので、直接には法的効力はない。しかし、前記のような濫用防止の要請からすれば、この趣旨は憲法上の要請であると解すべきである。すなわち、任期制法をそのまま適用して再任の可否について恣意的に判断すれば、定年まで恒久的任用を原則とする公務員法の例外としての正当性を失い、任期制を限定して、その適正な運用を求める任期制法の趣旨に反し、また、教員の学問の自由を侵害することとなるから、少なくとも同法の1号の範疇に関しては、学問の自由、優秀な教員の身分保障の要請からすれば、1号適用の理由、再任の可否については、単なる事実上のものではなく、法的な保障のあるシステムを構築することが憲法上の要請である。

そこで、本来は任期制法の中に、再任についての合理的な基準と不公正が起きないような手続をおくか、大学の規則でそのように定めるように義務づけるべきであった。少なくとも任期制を導入する大学の規則において、再任が恣意的な判断で拒否されないようなシステムをおくべきである。このことは、前述したところからすれば単なる政策的な要請ではなく、憲法上の要請である。そこで、大学の内規もこうした要請を満たすように解釈すべきなのである。

また、筆者は、任期制法に基づく文科省令第1条において、任期に関する大学の規則には、再任の可否その他再任に関する事項を記載するものとするとしていることを根拠に、再任可と規定している京大規程は法律の委任立法であるから、この再

任に関する判断は、単なる職務上の義務ではなく、法令に基づく義務であると主張している。これは上記の憲法の趣旨に合うはずである。

再任審査がこれに反すれば、大学教員の学問の自由が侵害されるので、単なる客観法に反するだけではなく、教員の個人的利益をも侵害することになる。

5　大学の自治への文科省の介入禁止 —— 選択的任期制との関連で

大学審議会は、任期制度を導入する場合、「各大学や学問分野ごとに実状が異なること、また、日本社会全体の人材の流動性の実態などを踏まえて、大学教員に任期制を導入するに当たっては、各大学の判断により任期制を導入し得る「選択的任期制」とし、導入の範囲や任期の期間についても、各大学の判断に委ねることとすることが適切である。」[24]という。

しかし、まずは、これは教員が選択できるような印象を与えるが、大学が組織として選択するしくみである。大学に教員の解雇権を与えるものであるから、大学執行部や経営者は喜ぶだろうが、教員の自由度は狭まる。

そして、これは一見大学の自治を尊重しているようであるが、文科省による誘導で左右されるおそれがある。国会でもこの点が問題となって、最終的には、前記の附帯決議一の後半で釘を刺されている他、大臣もこの旨明言せざるをえなくなっている[25]。

しかし、文科省が強制しなくても、文科省が広い裁量権を持って大学の研究条件の整備支援の選択をする以上は、文科省の覚えがめでたいかどうかは、大学の将来を左右するから、任期制の導入のほうが有利ではないかと、あらぬ噂が拡がってしまう。誘導はありうるのである。大学法人化法でその動きに拍車がかかりつつある。

6　公正な再任審査制度とその司法審査が不可欠
（1）　公正な審査制度の必要

このように、私は任期制法自体がきわめて恣意的かつ不合理であり、違憲の疑いが濃いと思量する。これを導入するとしても、それは限定的で、合理的な根拠があり、かつ、恣意的人事の防止、成績主義や政治的中立性の原則に反せず、労働基本権の制限の代償の点でも問題がない場合に限定すべきであった。そんな場合が本当にどれだけあるのかは疑問であるが、それに限定するべきである。

百歩譲って、任期制を仮に導入するとしても、それが恣意的な免職制度にならないような公正なしくみを法律または大学において構築することが不可欠であると考える。

そうしたしくみがない場合には、任期制の実質は、任期満了を名目に、身分保障

第5章　大学教員任期制法の違憲性・政策的不合理性と大学における留意点

の原則を潜脱する、隠れたる免職処分と評価されるべきである。これに対しては、司法による救済（仮の救済も含めて）が不可欠である。

（2）　再任基準と救済などを求めた韓国の違憲判決

韓国でもこの問題は争われていたが、ついに違憲判決が出されたので、紹介する。これは任期制自体を違憲としたものではなく、再任拒否事由が示されず救済手段もないことを違憲としたものである。反対意見は、任期制を採るかどうかは私学に任されるということである。これは韓国法の解釈であり、法制度に多少異なる点があるが、学問の自由を教員に保障している日本から見れば、違憲判断の多数意見の方に説得力があると思う。

旧私立学校法第53条の2第3項、違憲訴願（2003年2月27日、2000憲バ26全員裁判部）
［判示事項］

ア．教育の重要性と憲法第31条第6項（「学校教育及び生涯教育を含めた教育制度並びにその運営、教育財政及び教員の地位に関する基本的事項は、法律で定める」）教員地位法定主義の意味

イ．大学教育機関の教員は当該学校法人の定款が定めるところにより期間を定め任用することができると規定した旧私立学校法第53条の2第3項（……以下この事件法律条項という）が教員地位法定主義に違反するか否か（積極）

ウ．この事件法律条項を単純違憲宣言する場合、期間任用制（任期制）自体を違憲と宣言する結果がもたらされるとの理由で違憲不合致決定をした事例。

［決定要旨］

ア．教育は個人の潜在的な能力を開発せしめることによって個人が各生活領域において個性を伸張できるようにし、国民に民主市民の資質を育ませることによって民主主義が円滑に機能するための政治文化の基盤を造成するだけでなく、学問研究等の伝授の場となることによってわが憲法が指向している文化国家を実現するための基本的手段となっている。教育……のような重要な機能に照らし、わが憲法第31条は学校教育および生涯教育を含めた教育制度とその運営、教育財政および教員の地位に関する基本的事項を法律で定める（第6項）ことにしている。したがって、立法者が法律で定めるべき教員の地位の基本的事項には教員の身分が不当に剥奪されないようにすべき最少限の保護義務に関する事項が含まれるのである。

イ．（1）この事件法律条項は、<u>任用期間が満了する教員を特別な欠陥がない限り再任用すべきか否かおよび再任用対象から排除する基準や要件およびその事由の事前通知手続に関して何ら指針を設けていないだけでなく、不当な再任用拒否の救済についての手続に関しても何ら規定を設けていない。</u>それ故この事件法律事項は、停年までの身分保障による大学教員の無事安逸を打破し研究の雰囲気を高揚すると

一 大学教員任期制法の構造的不合理さ

ともに大学教育の質も向上させるという期間任用制本来の立法目的から外れ、私学財団に批判的な教員を排除すること、その他任免権者個人の主観的目的のため<u>悪用される危険性</u>がかなり存在する。第1に、再任用いかんに関する決定は人事に関する重要事項であるため教員人事委員会の審議を受けるべきであるが、その審議を経ない場合や形式的な手続だけを経る場合が多く、はなはだしくは教育人事委員会においては再任用同意があったにもかかわらず特別な理由もなしに最終任免権者によって再任用が拒否されもした。第2に、この事件法律事項が再任用の拒否事由および救済手続について何ら言及していないため、私立大学の定款が教員の研究業績、教授能力のような比較的客観的な基準を再任用拒否として定めず恣意的に介入できる漠然とした基準によって再任用を拒否する場合には被害教員を実質的に救済できる対策がない。第3に、<u>絶対的で統制されない自由裁量は濫用を呼び寄せるということは人類歴史の経験であるという点でみるとき、恣意的な再任用拒否から大学教員を保護することができるように救済手段を備えることは、国家の最小限の保護義務</u>に該当する。すなわち、任免権者が大学教員をなぜ再任用しようとしないのかという理由を明らかにし、その理由について当該教員が解明すべき機会を与えることは適正手続の最小限の要請である。第4に、再任用審査の過程における任免権者による恣意的な評価を排除するため客観的な基準で定められた再任用拒否事由と、再任用から除外されることになった教員に自己の立場を陳述し評価結果に異議を提出できる機会を与えることは、任免権者にとって過度な負担にはならず、ひいては再任用が拒否される場合にこの違法いかんを争うことができる救済手段を設けることは、大学教員に対する期間任用制を通じて追求しようとする立法目的を達成するにあたっても何ら障害にならないというべきである。

（2）以上見たように、客観的な基準で定められた再任用拒否事由と再任用から除外された教員が自己の立場を陳述できる機会、そして再任用拒否を事前に通知する規定等がなく、ひいては再任用が拒否された場合、事後にそれに対して争うことができる制度的装置を全然設けていないこの事件法律条項は、…大学教員の身分の不当な剥奪に対する最小限の保護要請に照らしてみるとき、憲法第31条第6項において定められている教員地位法定主義に違反する。

（3）この事件法律条項の違憲性は上に見たように、期間任用制それ自体にあるのではなく再任用拒否事由およびその事前救済手続、そして不当な再任用拒否に対して争うことができる事後の救済手続に関して何ら規定をしないことによって再任用を拒否された教員が救済を受けることができる途を完全に遮断したところにある。ところが、この事件法律条項に対して単純違憲と宣言する結果をもたらすために、単純違憲決定に代り違憲不合致決定をするのである。立法者はできる限り早期

第5章　大学教員任期制法の違憲性・政策的不合理性と大学における留意点

に、この事件法律条項所定の期間任用制により任用されてその任用期間が満了した大学教員が再任用を拒否された場合に事前手続およびそれに対して争うことができる救済手続規定を設けこの事件法律条項の違憲的状態を除去すべきである。

【裁判官　韓大鉉、裁判官　河炅喆の反対意見】
　憲法第31条第6項は単純に教員の権益を保障するための規定であるとか教員の地位を公権力等による不当な侵害から保護することだけを目的とする規定であると見るべきではなく、国民の教育をうける基本権を実効性があるように保障することまでも含めて、教員の地位を法律で定めることにしたものであると見るべきであるため、この憲法条項を根拠にして制定される法律には教員の身分保障、経済的・社会的地位の保障等教員の権利に該当する事項だけでなく国民の教育をうける権利を阻害するおそれがある行為の禁止等教員の義務に関する事項も規定できるものであり、ひいては教員の基本権を制限する条項までも規定することができるのである。この事件法律条項に従って私立大学の学校法人は教員を任用するにあたり停年保障制を採択することもでき、期間任用制を採択することもでき、期間任用制を採択する場合にも　①任用期間が満了したら原則的に教員を再雇用しなければならない方式を採択することもでき　②任用期間が満了すれば教員としての身分関係は当然終了し教員を再任するか否かは専ら任用権者の判断による方式を取ることもできるなど、多様な任用方式の中で当該大学に最も適合すると判断される方式を自由に選択できるのであるが、これは立法者が国・公立大学とは異なる私立大学の特殊性に配慮し個々の私立大学教育の自主性と私立大学の自律性を最大限保障するため設けた制度であり、その立法趣旨を充分肯定できるのである。しからば、多数意見が主張する事前的・事後的装置が私立大学教員の地位をより厚く保護するためのものであることを理解するとしても、そのような装置を設けていないとしてこの事件法律事項が教員地位法定主義の本質を毀損し憲法に合致しないと見ることはできない。
（翻訳＝ソウル大学名誉教授・徐元宇。阿部が漢字の使い方などで若干の修正をした）[26]

- （1）　大学審議会組織運営部会における審議の概要」大学時報1996年7月号61頁。
- （2）　「政府委員佐藤禎一、第140回参・文教委員会4号（1997年3月18日）。
- （3）　山野井敦徳「大学教員の任期制に関する研究」大学論集第30集18頁（1999年）。
- （4）　有馬朗人「大学教員の任期制―大学審議会答申と法制化（特集/大学員の任期制）大学と学生 391号3頁（1997年）。
- （5）　阿部泰隆『こんな法律はいらない』（東洋経済新報社、2000年）191頁。

（6）　伊ヶ崎暁生『学問の自由と大学の自治』（三省堂、2001年）23頁以下。滝川事件について説明すると、鳩山一郎文相は京都帝大総長に対し、滝川幸辰法学部教授の休職処分を要求した。大学の教授にも弾圧の手が伸びたのである。きっかけは「トルストイの復活に現れた刑罰思想」と題する講演で、報復的刑罰より人道的対応が大切だというトルストイの立場を肯定したことが危険視されたところにある。この処分要求に対し大学側が強く反発し、全員辞表を提出した。大学はある学説の講義の禁止は、大学の使命に反すると訴えていた。しかし、大学令は勅令として絶対的な権威をもっていたのである。この事件は、大学の自治に対する政府の本格的な介入の開始を告げたのである。

（7）　第140回参・文教委員会15号（1997年6月3日）。さらに、沢田昭二「大学教員任期制の導入を許すまい」日本の科学者32巻10号26頁以下（1997年）参照。

（8）　なお、筆者自身、学問的には、自分の指導教授（田中二郎、雄川一郎）や先輩、多数の学界仲間をも批判し、定期借家権の導入などで民法学者を批判し（阿部泰隆『定期借家のかしこい貸し方・借り方』（信山社、2000年）、「座談会　定期借家権論をめぐって」ジュリスト1124号（1997年12月1日）参照）、短期賃貸借の保護廃止・民事執行法の改正の提案にも関与して（鈴木禄弥ほか『競売の法と経済学』（信山社、2001年）5頁以下）、学問を進めようとしている。そして、「捨てる神あれば拾う神あり」を信条に頑張ってきたつもりである。他大学に移りたいという下心があれば、そちらで人事権を持つ教授などに嫌がられないように、発言も控えめに、また目立たないように、むしろ提灯持ち、ごますりをしなければならないが、あえてわが道を進んだのである。しかし、それでも、神戸大学から自由裁量で捨てられるようでは、貝のように黙るか、誰にも関係のないテーマだけを選択するしかない。身分保障があるからこそ、今日の私があるのである。

　なお、「阿部先生なら、業績が多いから、任期切れになるわけはなく、無能教授を追い出すためにも任期制に賛成したら」という（半分おだての）助言をしてくれる人がいるが、私は、業績には自信があるが、足を引っ張られないという自信はないのである。

（9）　大学審議会組織運営部会における審議の概要」大学時報1996年7月号61頁。

（10）　「公務員の給与につきましては、その職務に応じた給与を払うということを基本原則にしております。任期のつきました職員の給与につきましても、その職務内容に応じて具体的な評価に基づいた判断をしていくというふうに考えておる……。現在示されております法律案の枠組みを見ますと、具体的な任期やその業務内容につきましては、各大学の自主的な御判断にゆだねられておりまして、どのようなものになるのか、具体的にどのようになっていくのかということが明確となっておりません。したがいまして、任期制大学教員の給与につきまして、現行の給与体系と異なる新た

第5章　大学教員任期制法の違憲性・政策的不合理性と大学における留意点

な給与体系をつくることは困難ではないか、このように考えております。なお、現在示されております法律案の上で、恐らく、大学において、多様な対応が任期制教員についてとられると思います。その場合の給与につきましては、各大学の現実に行われます任期制に基づきまして、個々の職務内容に応じたふさわしい給与を現行の体系の中で選択をしていくというふうになろうかと」。(出合均説明員、第140回衆・文教委員会12号（1997年5月16日）。

(11)　松田浩「アメリカにおける大学教員テニュア制の精神」法時70巻10号56頁（1998年）、清水一彦「米国における教員の任期制と流動性」大学と学生391号31頁以下（1997年）。

(12)　阿部幸代議員、政府委員雨宮忠高等教育局長発言、第140回衆・文教委員会6号（1997年4月2日）。石井（郁）議員発言、第140回衆・文教委員会10号（1997年4月25日）。

(13)　徐元宇教授の訳による現行の関係条文は次の通りである。

教育公務員法第11条の2　［契約制任用等］

大学の教員は大統領令の定めるところにより勤務時間・給与・勤務条件・業績および成果約定等契約条件を定めて任用することができる。(1999年1月29日、本条新設)

教育公務員任用令（大統領令第4303号）第5条の2　［大学教員の契約制任用等］第1項　法第11条の2の規定による大学教員の任用は次の各号の範囲内で契約条件を定めこれを行う。

　1．勤務期間　ア．教授：　法第47条の規定による定年までの期間．但し、本人が望む場合には契約で定める期間とする。

　　　　　　　イ．副教授：法第47条の規定による定年までの期間または契約で定める期間。

　　　　　　　ウ．助教授および専任講師：　契約で定める期間。

　2．給与
　3．勤務条件
　4．業績および成果
　5．再契約条件および手続き
　6．その他大学の長が必要と認める事項

第2項　大学の長は必要と認める場合には本人の同意を得て締結した契約条件を変更することができる。

第3項　大学の長は大学人事委員会の審議を経て第1項の規定による契約条件に関する細部的な基準を定める（2001年12月31日本条改正）

私立学校法第53条の2第3項　大学教育機関の教員は定款の定めるところにより勤務期間・給与・勤務条件・業績および成果約定等契約条件を定め任用することができる。この場合、勤務期間に関しては国・公立大学の教員に適用される関連規定を適用する。(1999年8月31日本項改正)

第4項　第3項の規定により任用された教員の任用期間が終了する場合には

任用権者は教育人事委員会の審議を経て当該教員に対する再任用如何を決定しなければならない。(1999年8月31日本項新設)
(14) 阿部幸代議員発言、第140回衆・文教委員会06号（1997年4月2日）。
(15) 140回衆・文教委員会14号（1997年5月21日）。
(16) 阿部幸代議員発言、第140回衆・文教委員会06号（1997年4月2日）。
(17) 第140回衆本会議33号（1997年5月9日）。
(18) 第140回衆・文教委員会14号（1997年5月21日）。
(19) 第140回参・文教委員会14号（1997年5月29日）。
(20) 第140回衆・文教委員会12号（1997年5月16日）。
(21) 第156回国会・衆議院文部科学委員会（2003年3月19日）における石井郁子議員と遠藤政府参考人の質疑。
(22) 絹川正吉「大学教員任期制の効果」大学と学生391号（1997年）17頁。
(23) 第140回衆・文教委員会14号（1997年5月21日）。
(24) この審議の概要については、大学審議会組織運営部会における審議の概要」大学時報1996年7月号61頁。
(25) 「国務大臣（小杉隆君）任期制導入を押しつけるのではとの御指摘ですが、今回の大学教員の任期制は教員の流動性を高めるための一つの方策であり、任期制を導入するかどうかは各大学の判断にゆだねるという選択的任期制の考え方をとっております。したがって、文部省としては、大学に対して概算要求や新学部、新研究科の設置の際に任期制の導入を強制するようなことは考えていない」。第140回衆・本会議33号（1997年5月9日）。
(26) なお、韓国の憲法裁判については、徐元宇「韓国における憲法裁判と行政訴訟の関係」獨協法学50号（2000年）93頁以下。韓国憲法裁判所編＝翻訳者代表徐元宇『韓国憲法裁判所10年史』（信山社、2000年）。韓国憲法の条文もこの書物に訳出されている。

二　任期制導入に際しての大学における留意点

1　任期制は導入するな

このように、本来は、任期制法を廃止し、大学教員スカウト支援法を制定すべきであるが、日本では一度制定された法律は、いかに悪法でも、それを廃止するエネルギーを結集することは至難であるため存続する。そこで、大学においては、井上事件のような問題を発生させないように次のような点に留意すべきである。

まずは、任期制の導入は、各大学の選択によるから、この法律は合理的根拠もなく、致命的な欠陥があることを説明して、導入しないこととすべきである。ただし、プロジェクト型、研究助手型についてはルールを明確にして導入するのも良いだろ

う。

　これからは、大学は外部評価、文科省の評価にさらされるが、その際に任期制を導入すれば評価が高いのではないかといった噂が飛んでも、応ずべきではない。

2　任期制の導入は徹底議論して

　仮に任期制を導入する場合も、これらの点について、学内で徹底的に議論するべきである。任期制の施行は周知が徹底してからにすべきである。

　絶対再任しないことが明示されている場合はともかく、再任審査をする可能性があるなら、同僚による暗黒裁判の愚を避けるように、それは学部全体で一挙に導入すべきであり、一部のポストにだけ導入するべきではない。とはいっても、任期制を導入できるのは、「職に就けるとき」に限るから、新規採用・昇進の教員についてしかこれを導入することはできない。そうすると、それまでの教員は安全地帯にいて、新規採用・昇進の教員の生殺与奪の権限を有することになってしまう。特に慎重に行うべきである。

3　同意の取り方

　任期制への同意を求める前に、再任は一切ないのか、あるならば再任審査のルールをきちんと明示し、署名を取る前に熟慮期間をおくか、消費者保護法にあるクーリングオフ（無条件取消）制度をおくべきである。

4　再任審査のあり方

　評価基準をきちんと作って、その運用が恣意的にならないようにするべきである。

　評価には、教育と研究上の業績だけに絞り、人柄とか学内業績などという、曖昧なものは入れるべきではない。

　その評価のデータは毎年収集し、評価の良くないと思われる教員については、事前警告制度をおき、改善の機会を与えるべきである。

　再任するならともかく、再任を拒否する場合には特に慎重な手続を行うべきである。内部だけではなく、外部評価を行うべきである。外部評価では、再任拒否に持っていけるようにと、敵方の人物を入れることがあるので、その点も事前に教授会でしっかり吟味すべきである。また、除斥事由も定め（民訴法23条参照）、論敵などについては、評価される教員からの忌避申立て（民訴法24条）を認めるべきである。

　外部評価については、事実に即したきちんとした理由を付けさせるべきである。

　そのときどきイエス、ノーで個別に判断すると恣意的になるおそれがあるので、その組織の判断を一貫させるため、まとめて数人は一緒に行うべきである。

二 任期制導入に際しての大学における留意点

外部評価の結論を覆すには、それに値する重大な理由を事実に即して示すべきである。

教授会では無記名投票で決定するにせよ、再任拒否案には理由を付け、その当否を判断できるようにすること、あるいは、再任を拒否するなら責任をもって、記名投票とすべきである。

再任拒否の前に、本人の聴聞を行い、かつ、再任拒否決定には、異議申立手続をおくべきである。

これらの手続は、内規などではなく、正式に学則で定めるべきである。

5　差止訴訟を提起しよう

目下、わが国の一部の大学で、全学的に導入されつつある任期制は、そもそも任期制を限定している任期制法違反であるだけではなく、再任審査の合理的な基準もなく、再任拒否を司法審査の対象としたくないというものであるから、韓国の判例に教えられるまでもなく、明白に違法・違憲である。そして、任期制へ同意しないと、組織替えした新大学に残れず、同意すると「同意」を理由に「失職」させられるのでは、回復困難な損害が生ずる。したがって、任期制の全学的導入を差止め、さらには仮に差し止める緊急の必要性がある。行政事件訴訟法の改正で、差止訴訟、仮の差止めが明示されるし、また、国公立大学も、法人化により、非公務員型になったので、行政訴訟ではなく、民事訴訟で争えることとなる。あるいは、任期制の導入は違憲・違法であることを理由に、従来通りの身分保障のある教員たる地位の確認を求める利益があるともいえる。

全学的に任期制が導入される大学では、このような法廷闘争も是非とも試みるべきである。

第6章　京都地裁平成16年3月31日判決論評

一　裁判の概要

　本件は同一事件ではあるが、訴訟としては2つの事件からなる。そして、2つの同じ内容の判決が同時に言い渡されている。
　ひとつは、平成15年（行ウ）第8号の地位確認等請求事件で、4つの訴えが選択的に併合されている。
　①　京大再生研教授たる地位確認訴訟、②　被告京都大学総長が平成14年12月20日付でした再任拒否処分の取消請求、③　被告京都大学総長は原告に対し平成15年5月1日付で原告を再生研の教授として再任する旨の処分をせよとの義務付け訴訟、④平成10年5月1日付の本件昇任処分に付された「任期は平成15年4月30日までとする」との附款が無効であることの確認訴訟、である。
　このうち、②、③、④は却下（門前払い）、①は棄却（これは門がないので中に入って排斥）された。
　もうひとつは、平成15年（行ウ）第16号再任拒否処分取消請求事件で、京都大学学長が原告井上教授に対して平成15年4月22日付でした任期満了退職日通知書に基づき原告を同月30日限りで失職させる旨の処分は取り消せという訴訟である。この争点は、この通知が行政処分かどうか、これは違憲、違法、内規違反を理由に取り消されるべきか、という点にあるが、裁判所は、行政処分ではない、として却下した。
　16号事件の理由は皆同じであるので省略し、ここでは8号事件の争点を検討する。
　争点は、裁判所の整理によれば次のようである。
　争点1　原告は平成15年5月1日以降も京都大学再生研教授の地位にあるか。具体的には、国立大学教員の任期制とは何か、本件昇任処分の任期を定めた部分のみが無効であるといえるか、昇任処分に対して原告の同意を得る手続に瑕疵があった場合、任用の効果に影響があるか、本件のうち①の請求に理由があるか、④の請求は適法かどうか。

二　任期制への同意の瑕疵の恣意的否定

　争点2　本件通知は原告を失職させる行政処分であるか、被告京都大学総長は原告を再任することを義務付けられているか。本件訴えのうち②③の請求は適法かどうか。

　判決は、本件訴えのうち、再任拒否処分の取消訴訟、再任の義務付け訴訟、任期の無効確認訴訟は却下、地位確認訴訟は棄却という結論である。

　この判決については、本書末尾に資料15として添付する。以下、この判決が指摘する論点について検討する。

二　任期制への同意の瑕疵の恣意的否定

　判決文二争点1の5で扱われている原告の任期制の同意の瑕疵について、この判決は極めて恣意的な事実認定と判断をしている。原告が任期につき「同意しますと明確に記載した同意書を自ら作成して提出したうえで、本件昇任処分を受けたことが明らかであって」、という以上、任期制の趣旨について説明がなくても、「任期を5年としてされた本件昇任処分は、法律上の効果が何ら左右されるものではない」、というのである。この説明がなくてもと書いた部分は筆者の言い方であるが、判決では、「任期が満了すれば法律上は当然に退職するのであり、再任されることがあり得るとなっていても、法律上は、任命権者に再任を求める権利はないことを、公募要領に明記するなどして十分に説明することが望ましかった」とか、「事務長の説明も、再任が繰り返されることが当然であるかのような誤解を与えかねないもので、むしろ任期法による任期制度が新しい制度であることからも、任期満了の場合に法律上は再任される保障は一切ないことを明確に説明することが望ましかった」としている部分である。

　要するに、とにかく同意書を自ら作成して提出したという事実だけで、既に任期満了で失職という効果を生じ、説明の不備は、十分説明することは望ましかった、というレベルの低い別次元のものにとどめられている。なぜこのように、書面を取られたら、万事休すなのか。

　原告側は、本件では、書面の上では確かに任期に同意しているが、その同意は事務長の説明によってなされたものであるから、この同意は普通にやっていれば再任されるという性質の任期への同意であり、任期満了で失職するというのでは錯誤があったと主張している。説明と同意とは一体のものと考えている。事務長の説明、あるいは公募上での説明の不存在は、単に、十分に説明するのが望ましかった、というレベルではなくて、同意書を徴収するときには何についてなぜ同意するのか説明

しなければならず、その説明が全く反対なのであるから、同意の意思表示に瑕疵があると考えるべきではないのか。この点は安永意見書（第4章第2節）で明らかである。

　裁判所はこの件について直接には反論することなく、なぜ錯誤でないかを説明せず、書面だけ重視している。裁判所は、任期法の性質に関する説明と、任期への同意を切り離し、全く別次元のものとして扱うことによって、この原告の主張を乗り越えたつもりであろうか。しかし、同意は、説明を受けて行われたものであるから、これを切り離すことはできないのである。

　それから、「同意書は自ら作成して提出した」と認定されているが、これは本人尋問記録からも自ら積極的に作成して提出したものではなくて、判決も、第三当裁判所の判断　一　争いない事実5において、「昇任に必要な書類であるとして見本の用紙を示され、」「急ぐのでこの書面のとおりに書いてください、大至急お願いします」、といわれたため、言われるままに自ら記載したと認定しているのであって、自ら作成して提出したということが意味する、自発的発意とは全く逆である。

　任期への同意を取られたときに見せられたのが単に京大規程の中の再任可という部分だけで、任期制の規程全体ではないこと、任期制度について法的な説明がなかったことも無視されている。

　原告が、自分も再任されると考えて同意書を作成したことは、この判決では再任されることを期待していたのにすぎない、とされている。

　しかし、井上教授は、単に再任されることを勝手に期待していたのではなくて、普通にやっていれば再任されるという説明を受けたから同意書に署名したのであって、判決は前提の事実を誤認していると思われる。

　この判決は国会の附帯決議や再任拒否の経緯、同意書を取られた経緯などについてはそれなりに整理しているが、法理論になると、とたんに同意書絶対、法律の条文絶対ということで、それ以外のことを一切考慮しない。なんのために事実審理をしたのか、法解釈論をやっているのか全くわからない。

　この判決は、二争点1の6附款の部分で、「任期付きの任用は……任期付きでない任用処分とは根本的に法的性質を異にするものであって、任期付きの任期の定めは任用行為に不可欠もので」と述べるが、もしそうなら、同意を取る際にこの採用は任期付きであることをきちんと説明しなければならないのであって、説明するのが望ましいが、説明が不備でも、「再任されることを期待していたのにすぎない」というレベルものではないだろう。この判決の矛盾のひとつである。それに、任期付き任用に不可欠なのは任期の定めだけではなく、本人の真意による同意である。なぜ、同意の方はかくも軽視されるのか。

　原告は、この同意に錯誤があるという理由として、同意書を取られた翌日に、協

議員会で、「原則として5年の時限を課す」という申し合わせが行われ(資料5)、研究所はこれを再任拒否の根拠としている(資料11)ことを指摘した。原告は仕事をしっかりやっていれば再任される任期制だと理解して同意したのであるが、そうではないという裏の了解があったというのであるから、錯誤であることは明らかである。このことは本人尋問調書にも出ている(第2章)し、原告準備書面でももちろん主張している。安永意見書(第4章第2節)はこれを鋭く突いている。しかし、この判決はこの重要な事実と主張に何らふれていない。重要な判断逸脱である。

　この判決は、後に述べる学問の自由の項で、「その自由意思に基づいて一定の任期付きで任用することまで禁止されていると解することはできない。」とした。仮にこの判決の立場に立つとしても、本件では原告は「その自由意思」の形成が妨げられたと主張しているのであるから、これにまじめに答えないのは一貫していないというべきであろう。

　裁判所は自ら認定した事実や原告の主張する、同意書を取られた経緯をもっと丁寧に扱うべきである。書面だけ重視する、というのでは、とにかく書面だけ取ればよいということに帰着し、騙して取った同意書も有効だという被告代理人の主張をそのまま採用したに等しい。言葉としては詐欺という言葉を使ってはいないが、ほぼ同じ結果になっている。これでは詐欺の共犯である。

　こんな判決がまかり通れば、とにかく騙しても書面を取れば、契約は有効だということになり、豊田商事事件などでも裁判の意味がなくなる。そんなことが普通の裁判所で通るはずはない。任期制は法律に書いてあるから違うと、この裁判所は考えているのかもしれないが、裁判官と違って、大学教員に対して任期制を発動するには「同意」が必要であって、これは契約の世界と同じなのである。

三　任期という附款の無効論

　次に、任期などの行政処分の附款の無効論については、原告側は、その附款は本件の場合重大ではない、したがって、その附款のみを無効として、無効確認訴訟、地位確認訴訟で勝訴しうる、と主張している(本書4章1節)のに対して、この判決争点1の6は、一方的に、本件の任期は重要な本質的要素であるから、本件昇任処分の効力と切り離して任期の定めのみの無効確認訴訟を提起することはできないとしている。確かに法制度だけをみれば、任期付きの任用は任期付きでない任用と根本的に法的性質が異なっているものであり、任期付き任用の方では任期の定めが任用行為に不可欠のものであるということになるが、それは任期付き任用というこ

とが予め明示され、本人の真意に基づく同意がある場合に限るものである。本件の場合京都大学はもともと公募の時に任期をつけておらず、採用内定のあとで発令を引き延ばしてから（この事実はなぜか認定されていない）任期制の規程をおいて、事務長が急にドタバタと任期付きとなったから同意してください、と同意書に署名することを求めてきたのである。しかも、再生研全体で幅広く任期制を導入する動きがあるとまでいわれたのである（第三当裁判所の判断―6）。

これは騙し討ちであって、原告に不利な同意書の徴収を事後的・遡及的に行ったものである。しかも、任期付きの制度はこの再生研でも教授については井上教授だけで、一般的に付けられたものでもなく、大学の教員について一般的には任期制度はないわけであるから、任期付きということは重要なものではない。むしろ、重要なのは本人の真意による同意である。裁判所はできた制度を後からみて、その途中の経緯を一切見ないで判断している、ということになる。

この任期部分だけ無効という主張の詳細は第4章第1節を参照されたい。裁判所はこの主張に答えているとは思われない。これも判断逸脱である。

四　職務上の義務？

本件再任拒否決定は明らかに違法であったと思われるが、この判決四によると、協議員会のこの公正かつ適正に再任審査を行わなければならない職務は、手続に携わる者の職務上の義務であって、再任審査の申請をした者に対する関係での義務とは言えないとする。これは、平成15年4月30日の執行停止却下決定における理屈と同じである。しかし、なぜそうであるかの説明はない。

このルールが職務上の義務にとどまるものではなく、原告との関係での法的ルールであることは第3章で詳述した。再任ルールも任期制法に基づく法的なものであるし、少なくとも再任申請者に対して、自ら示したルールに則って判断するということは、約束である。再生研が自ら示したルールを破っても、申請者との関係では無視して良いというのは、およそルールとは言えず、これまた、放置国家であろう。

また、原告は、再任拒否は申請人との関係での義務に違反しており、当然拒否処分になるはずだという理論の根拠として、新規採用の拒否でさえ申請人に対する関係で行政処分であるとする水戸地裁の判決を引用している（第3章）が、この判決は何ら答えていない。

さらに、これが仮に単なる職務上の義務にすぎないとしても、京都大学内ではこの再任拒否決定は違法であるということになる。そうすると、それは学長に対する

義務違反でもあるから、学長がこれに拘束されるいわれはないのである。

五　再任請求権？

　この判決四は、法律上は任期制の任用による教員は任期満了の後再任してもらう権利までは有するものではないと解されるとする。同様の誤解は執行停止却下決定においてもあったことはさんざん批判した（第3章）が、裁判所には全く伝わっていない。原告は再任してもらうという権利があるというのではなくて、合理的な手続によって再任の可否を判断してもらう権利を有すると主張しているのである。そしてこの判決もその点は四の冒頭では十分に理解しているのである。しかし、これへの答えでは、突然、合理的な手続によって再任の判断をしてもらう点について答えるのではなくて、任期満了の後に再任してもらう権利までも有するものではない、としているだけである。驚くべきことばかりである。

六　義務付け判決、学長は違法な議決に拘束される？

　裁判所は、第三、当裁判所の判断二7、三2で「再生研の協議員会が原告の再任を認めないとの決定をした以上、任命権者である被告京都大学総長はこれに法律上拘束されて原告を再任することはできないものと解すべきであるから、義務付け訴訟の他の要件を検討するまでもなく、③請求は不適法というべきである。」とした。これも被告主張をほぼそのまま採用したものである。
　これは、研究所協議員会と学長の内部の権限の分担の問題を理由にして義務付けができないとするものであろう。
　しかし、京都大学総長が自ら一人で再任権を行使できるという制度であれば、義務付けができるが、自ら一人では再任権を行使できず協議員会の議に基づき再任権を行使するという制度のもとでは、義務付け判決ができないとするのは奇妙である。
　ここで、学長と再生研を分離して考察すると、この判決のように、学長には実質的には何の権限もないのだということになるが、そうではなく、再生研の決議は内部の決議であり、学長は、再生研を含めた京大全体の代表者である（協議員会と総長とが一体となってひとつの行政庁と同じ扱いになる）から、再生研の決議が違法であれば、学長の決定は違法になり、学長は、再生研の瑕疵なきやり直し決定を踏まえて発令すべきことになるのである。

換言すれば、協議員会が適法に決議を行えば任命権者はそれに基づき発令するというしくみになっているわけであるが、再生研の決議が違法である場合には、学長はこれに拘束されているというよりも、むしろ大学の自治を語るからには、違法な決議をやり直すようにと、自らは違法な決議に縛られないということが大学の自治であるはずである。さもないと、違法な再生研の決議が学長を拘束するという、およそ法治国家にあるまじき制度になる。これこそ、放置国家と言うべきであろう。

ちなみに、総務大臣は電波監理審議会の「議決により」決定を行う（電波法94条）が、後者の議決が違法であれば、それに基づく総務大臣の決定も違法として取り消され、やり直しになる。さもなければ、違法な議決が通用するという、法治国家違反が生ずるからである。

したがって、再生研の決議が違法であれば、学長に対しては、再生研で再検討する手続きを踏んだ上で発令せよという義務付け判決を下すべきことになるのである。

なお、被告は、第二事案の概要二　争点に関する当事者の主張２争点２で、義務付け訴訟を不適法とするため、第一次的判断権とか、一義的明白性といった古めかしい議論をしている。しかし、行政に第一次的判断権があるから、義務付け訴訟は原則として許されないという議論は、誤りだということは今時の行政訴訟制度改革でも一般的に承認されることとなり、義務付け訴訟が導入されることとなった（ジュリスト1263号参照）。しかも、本件では、京大は井上教授を再任しないという決定をしているのであるから、第一次的に判断しているのである。裁判所がそれを審査して、再任拒否事由がないと判断すれば、京大学長は井上教授を再任しなければならないのであって、その際、京大当局の第一次的判断権は保障されているのである。

一義的明白性も、本件ほど違法が明白な事案も少ないのではないか。騙し取った同意が無効であれば任期部分が無効であるから、任期のない教授となるので、これを失職扱いすることは、身分を奪うもので、処分であり、かつ、再任しなければならないことになるはずである。

七　任期満了？

三争点２では、この判決は、任期の満了により原告は地位を失うのであってという。これは任期が有効であるということを前提とするはずであるが、任期が無効であるとする原告の主張にはここでは答えていない。この判決は、この関係は任期法の明文の規定からも明らかであるとするが、原告は、その条文だけではなくてこの任期をつけた経緯、同意の瑕疵からして任期法のこの失職の規定が適用されないと

主張しているのであるから、これに対して条文だけをみて答えても、答えにはなっていないのである。

八　学問の自由の無理解

　判決文の第三、当裁判所の判断の二争点1の3は、任期制法と憲法23条の関係について述べている。判旨は、憲法23条の学問の自由の保障の規定から、大学の教官、研究者に、大学の自治が認められる、とする。そして大学の自治の具体的内容として、大学の教授その他の研究者の選任は、大学の自主的判断に基づいてなされなければならない、ということが挙げられる、としている。そして、しかし、憲法の規定やその趣旨からも、個々の大学の教官・研究者の選任を、任期法の前記各規定に従って、その自由意思に基づいて一定の任期付きで任用することまで禁止されていると解することはできない。任期法に規定する任期制度自体が憲法23条に違反するものでないことは明らかである、とされている。

　しかし、ここでは、任期法が憲法23条に違反しないとする実質的な理由はほとんど書かれていない。なぜそんなに簡単に明らかなのか。これについては、本書第5章で詳論したので、あわせてお読み頂きたい。

　ここでは、学問の自由の意味は、大学教員の選任が大学の自主的な判断に基づかなければならない、ということだけに限ることが前提とされているようである。たしかに、大学の自治の具体的内容として、大学教授の選任は大学の自主的な判断に基づかなければならないが、それは、大学が教授人事に対する国家権力・文部省の政治的・非学問的介入に抵抗して自治を勝ち取った、という歴史的な事情から導かれたもので、学問の自由の内容がこれに限る、ということになるわけではない。論理的には、A「学問の自由」ならば、B「大学教員の選任は大学の自主的判断に基づかなければならない」であるとはいえるが、AはBに限られるとはいえない。AならばBであるということからいえるのは、BでなければAでないというだけである。

　そして、任期制度の下では任期を付された大学教員は再任拒否にあわないようにと、再任拒否権を有する者の意向に従わざるをえないので、自由な学問ができない。これは学問の自由を実質的に阻害するのである。

　ここで、この判旨は、その自由意思に基づいて一定の任期付きで任用することが禁止されていると解することまではできないとしているが、それは、同じ任期制でも、ごく限られた分野で、限定的に導入される場合には同意できよう。任期制法（4条1項）でも、任期制の類型には、本件の1号任期制のほか、助手などの2号任

期制、一定期間で終わる予定の３号のプロジェクト型（詳細は本書第５章）があるが、この２、３号は学問の自由を侵害するとまでは言えない。これに対し、１号は流動化型というもので、優秀な研究者でも任期で追い出せというのであるから、説得力を欠く。それを正当化する唯一の理由は、この要件が限定され、本人の真意に基づくことである。

もし、大学教員の任期制が一般化されれば、大学教員になりたければあるいは昇進したければ全て任期制以外はない、ということになり、個々の大学教員がその自由意思に基づいて任期制か否かを選択することは不可能になる。そうすると、いつ、いかなる理由で再任拒否されるのかは見当がつかないから、すべて萎縮せざるをえず、自由に議論することはできなくなる。このことが学問の自由を阻害することは明らかである。この判決は、学問とは何かを理解しているのだろうか。

したがって、任期制の一般化は違憲である。現に、任期制法も、任期を導入できる場合は限定的だとして、１号任期制も限定されているのである。

この判決は、本件の任期制がなぜ１号に該当するのかという原告の指摘に対して被告に釈明させず、判断もしていないが、それは任期制が学問の自由により限定されていることへの理解がないためであろう。これも判断逸脱である。

このように、任期制と学問は一般的には両立しないから、まだ研究者として評価の定まらない若手はともかく、教授の任期制を一般的に導入する国は寡聞にして知らない。任期制を一般的に広く大学教員に適用している韓国においても、人事権者側から任期制を適用できるのは助教授以下であって、教授については教授側から求めなければ任期制を適用することができないしくみになっている。任期への同意を騙して取っても有効だなどという被告の屁理屈に乗る国はほかにあるとは信じがたい。

しかも、原告は、任期制が学問の自由を侵害するという、抽象的な主張をしているのではなく、本件の具体的な状況で、本件の任期制が原告の学問の自由を侵害していると主張しているのである。公平な、合理的な再任審査ルールがなく、恣意的に再任拒否をすることができるしくみでは、仮に任期制に同意していたとしても、自由な学問は侵害されるから、本件の再任拒否は違憲であると主張しているのである。これへの答えはない。

九　リップサービス

しかし、この判決では、原告側にそれなりに理解を示すような文章もある。四では、任期制は新しい制度であり、原告に対して本件昇任処分の際に任期制の説明は

一〇　最後に——研究者には理解できない判決の論理過程

不十分なものであった、外部評価委員会の構成員が全員一致して再任を可とする報告書を提出しているのに、協議員会は結局これを全面的に覆して再任を認めない決定をしたものでこれは極めて異例ともいえる経過に至った、そして、それは原告に予想外のことであった、としている。また、このようなことは原告の再任を可としない旨の協議員会の決定が恣意的に行われたのであればそれは学問の自由や大学の自治の趣旨を大学内の協議員会自らが没却させる行為にもなりかねない、としている。そして、協議員会は任期制の教員から再任審査の申請があった場合には所定の手続きに従って公正かつ適正にこれを行わなければならないのは当然のことというべきである、衆参両院の附帯決議もその運用が適正にされることを求めている、としている。

せっかくここまで認定しているのであれば、この趣旨に従った判決を書くことができるはずである。異例ともいえるような経過をたどった、原告の同意からはおよそ予想もつかない運用がなされたのであれば、同意に瑕疵があるともいえるし、再任審査手続が違法に行われた、ともいえるのであり、原告には再任請求権まではないにしても合理的な手続によって再任の可否を判断してもらう権利を侵害された、といえるはずなのである。それが突然逆になっている。

同一人が書いた文章とはとても思えない。

一〇　最後に——研究者には理解できない判決の論理過程

私は、裁判所に、訴えを棄却、却下するならば、当方の示した理由をすべて論破してほしいとお願いした（第3章第1節）。当然のことである。

しかし、この判決は、重要な論点で、原告側の主張を一切考慮していない。附款の無効論、合理的な手続によって再任の可否を判断してもらう権利、再任拒否が行政処分である点、再任拒否が原告との関係で職務上の義務であるという点などがそうである。錯誤論のキーになる研究所協議会の平成10年4月21日申し合わせは完全に無視されている。

そもそも、本件の審理から伺えるところでは、裁判所は、法律判断なら、当事者に特に丁寧に論争させる必要はない（さっさと結審する）という態度を示していた。しかし、法律判断でも、論争して初めて論点がわかり、より妥当な考察ができるのである。法律家が学会でさんざん討論し、論文で議論を闘わせるのはこのためである。裁判官だけが、議論しなくても、すべて立派な法律論を展開できる神様であるはずはない。

第6章　京都地裁平成16年3月31日判決論評

　被告はほとんど法律論を展開せず、原告は失職したと主張するだけであり、あとは、騙して取った同意も有効とか（第4章第1節）、外部評価委員会の判断に縛られるのは大学の自治に反する（第3章第6節）などと、普通にいえば失笑を買うような主張しかしていなかった。われわれ学界では、論争をするときは、答えないのは負けである。学生の質問に答えないのは失格である。両当事者の主張をみれば、井上教授が勝つのが当然であった。

　しかし、裁判所は、当事者の主張が何であれ、法律論だから、自分で判断するということであったのであろう。その結果、判断脱漏までしても、返事をしない方に肩入れした。それにしても、なぜこのような判断に至るのであろうか。

　本件の「同意」の実態と憲法をみないで、とにかく法律の条文と書面だけをみるという解釈態度、どんな手口であれ同意書を取ればそれが騙し討ちでも有効だという信じがたい理屈に乗っていること、それから再任審査が原告との関係で法的なルールであるということへの理解を欠くことなどをみると、本件判決は、とにかくなぜか知らないが、原告を助けたくないという事情が先にあって、後からそれに合わせる理屈を無理矢理付けている、都合の悪い論理、事実にはすべて目をつぶっているというしかない。

　一般に、研究者は裁判所が認定した事実に基づいて法理論を検討するにとどまるので、どうしても事件の表面だけ扱っている観がある。本件のような具体的な事案について、事実認定、本人尋問から関わって観察すると、裁判所の判断が当事者の主張に答えていない、あるいは本人尋問からも、事実をつまみ食い的に極めて恣意的に認定している、ということがよくわかる。この裁判所がこれほどまでにやる気がないことは不明にして予想しなかった。裁判所こそ正義の機関であると信じて裁判所を頼りとした井上先生は、全く信頼を裏切られて、やるせない思いであろう。

　しかし、日本の司法が一般的にこんなずさんな判断をするものではないだろう。普通にいえば、どこからみても、本件は高裁では明らかに勝つべき事件であると思われる。

4月5日　取り急いで

* 　追記　「特報」として紹介した韓国の判例と比べると、日本は経済大国でありながら、法治国家としてはまだまだ発展途上国であると、慨嘆せざるをえない。

資　料　編

　＊　いちいち断ることなく、大幅に省略している。本書は横書きであるので、算用数字を使っているが、ここで漢数字を使っているのは原文に従ったものである。アンダーラインは阿部が強調するものを示す。

資料1　京都大学教官の任期に関する規程

〔平成十年四月九日達示第二十三号制定〕http://www.adm.kyoto-u.ac.jp/soumu/kitei/reiki2/reiidx/contents/contpage.html

　京都大学において任用される教官の大学の教員等の任期に関する法律（平成九年法律第八十二号。以下「法」という。）第三条第一項の規定に基づく任期等については、この規程の定めるところによる。

　第二条　法第四条第一項第一号の規定に基づき任期を定めて任用する教官は、別表第一に掲げる教育研究組織の職に任用されるものとし、当該教官の任期及び再任の可否はそれぞれ同表に定めるとおりとする。（略）

別表第一　　（法第四条第一項第一号関係）

部局名	教育研究組織の名称	対象となる職	任　　期	再任の可否	備考
大学院法学研究科	総合法政分析講座	講　師	三年ただし、再任の場合にあっては、一年	可ただし、一回限り	
	附属法政実務交流センター法科大学院準備部門	教　授助教授講　師	三年	可ただし、二回限り	

部局名	教育研究組織の名称	対象となる職	任期	再任の可否	備考
再生医科学研究所	再生医学応用研究部門 生体修復応用分野 組織再生応用分野 器官形成応用分野 再生医学応用流動分野 附属幹細胞医学研究センター	教授 助教授 講師 助手	五年	可	
エネルギー理工学研究所	全研究部門 附属エネルギー複合機構研究センター	教授 助教授 講師	十年 八年 ただし、再任の場合にあっては、七年	可 可 ただし、一回限り	
		助手	五年 ただし、再任の場合にあっては、五年	可 ただし、一回限り	
国際融合創造センター	創造部門	教授 助教授 講師 助手	十年 八年	可 ただし、一回限り	

資料2　大学の教員等の任期に関する法律

(平成九年六月十三日法律第八十二号)

(目的)

第一条　この法律は、大学等において多様な知識又は経験を有する教員等相互の学問的交流が不断に行われる状況を創出することが大学等における教育研究の活性化にとって重要であることにかんがみ、任期を定めることができる場合その他教員等の任期について必要な事項を定めることにより、大学等への多様な人材の受入れを図り、もって大学等における教育研究の進展に寄与することを目的とする。

(定義)

第二条　この法律において、次の各号に掲げる用語の意義は、当該各号に定めると

資料2　大学の教員等の任期に関する法律

ころによる。
　一　大学　学校教育法第一条に規定する大学をいう。
　二　教員　大学の教授、助教授、講師及び助手をいう。
　四　任期　国家公務員としての教員等若しくは地方公務員としての教員の任用に際して、又は学校法人と教員との労働契約において定められた期間であって、国家公務員である教員等にあっては当該教員等が就いていた職若しくは他の国家公務員の職に、地方公務員である教員にあっては当該教員が就いていた職若しくは同一の地方公共団体の他の職に引き続き任用される場合又は同一の学校法人との間で引き続き労働契約が締結される場合を除き、当該期間の満了により退職することとなるものをいう。

（国立又は公立の大学の教員の任期）
第三条　国立又は公立の大学の学長は、教育公務員特例法第二条第四項に規定する評議会（評議会を置かない大学にあつては、教授会）の議に基づき、当該大学の教員について、次条の規定による任期を定めた任用を行う必要があると認めるときは、教員の任期に関する規則を定めなければならない。
　2　国立又は公立の大学は、前項の規定により学長が教員の任期に関する規則を定め、又はこれを変更したときは、遅滞なく、これを公表しなければならない。
　3　第一項の教員の任期に関する規則に記載すべき事項及び前項の公表の方法については、文部科学省令で定める。

第四条　任命権者は、前条第一項の教員の任期に関する規則が定められている大学について、教育公務員特例法第十条の規定に基づきその教員を任用する場合において、次の各号のいずれかに該当するときは、任期を定めることができる。
　一　先端的、学際的又は総合的な教育研究であることその他の当該教育研究組織で行われる教育研究の分野又は方法の特性にかんがみ、多様な人材の確保が特に求められる教育研究組織の職に就けるとき。
　二　助手の職で自ら研究目標を定めて研究を行うことをその職務の主たる内容とするものに就けるとき。
　三　大学が定め又は参画する特定の計画に基づき期間を定めて教育研究を行う職に就けるとき。
　2　任命権者は、前項の規定により任期を定めて教員を任用する場合には、当該任用される者の同意を得なければならない。

（私立の大学の教員の任期）
第五条　学校法人は、当該学校法人の設置する大学の教員について、前条第一項各号のいずれかに該当するときは、労働契約において任期を定めることができる。

2　学校法人は、前項の規定により教員との労働契約において任期を定めようとするときは、あらかじめ、当該大学に係る教員の任期に関する規則を定めておかなければならない。

3　学校法人は、前項の教員の任期に関する規則を定め、又はこれを変更しようとするときは、当該大学の学長の意見を聴くものとする。

4　学校法人は、第二項の教員の任期に関する規則を定め、又はこれを変更したときは、これを公表するものとする。

5　第一項の規定により定められた任期は、教員が当該任期中（当該任期が始まる日から一年以内の期間を除く。）にその意思により退職することを妨げるものであってはならない。

（他の法律の適用除外）
第八条　一般職の任期付職員の採用及び給与の特例に関する法律の規定は、国家公務員である教員等には適用しない。

2　地方公共団体の一般職の任期付職員の採用に関する法律の規定は、地方公務員である教員には適用しない。

資料3　大学の教員等の任期に関する法律施行規則

　大学の教員等の任期に関する法律　第三条第三項（同法第六条において準用する場合を含む。）の規定に基づき、大学の教員等の任期に関する法律第三条第一項等の規定に基づく任期に関する規則に記載すべき事項及び同規則の公表の方法に関する省令を次のように定める。

（任期に関する規則に記載すべき事項）
第一条　大学の教員等の任期に関する法律第三条第一項（法第六条及び第七条において準用する場合を含む。）の任期に関する規則（以下「任期に関する規則」という。）には、次に掲げる事項を記載するものとする。

一　法第四条第一項第一号に掲げる教育研究組織に該当する組織
二　法第四条第一項 各号に掲げる職に該当する職
三　任期として定める期間
四　再任（法第四条第一項（法第六条及び第七条において準用する場合を含む。）の規定により任期を定めて任用された教員等が、当該任期が満了する場合において、それまで就いていた職に引き続き任用されることをいう。）の可否その他再任に関する事項

五　その他大学等において必要があると認めた事項
(任期に関する規則の公表の方法)
第二条　任期に関する規則の公表は、刊行物への掲載その他広く周知を図ることができる方法によって行うものとする。

資料4　京都大学再生医科学研究所教官公募

　再生医科学研究所再生医学応用部門器官形成応用分野を担当いただく教官を下記のとおり公募いたします。候補者の応募または適任者の推薦をお願いします。
　本分野は研究目標が明確であり実現への可能性の高いことが要求されています。

　　　記
1．職名及び人員
　　教授　1名
2．職務内容
　　臨床応用可能な代謝系人工臓器作成をめざす研究
3．就任時期
　　平成10年4月1日（予定）
4．提出書類
　　履歴書、研究業績目録、主な論文別刷（10編以内各1部）
　　なお、推薦の場合は推薦書を添付願います。
　（注）提出書類記載要領
　　イ．履歴書（略）
　　ロ．研究業績目録は論文における文献の記載要領に準じて次の事項に留意すること。
　　　（略）
　　ハ．業績の概要（業績目録の番号を付すこと）
　　ニ．抱負
　　ホ．研究計画
　　(1)　研究目的
　　(2)　研究の実現化への見通し
　　(3)　実現化後の医学的貢献度
　　(4)　研究計画、方法（10年度、11年度、12年度で区分できる点は区分して、共同

研究についてもその相手先を明記して、その役割と進行状態の評価はどのようにするかを記入のこと）
5．公募締切日
　　平成10年2月12日（木）
6．提出先
　　（略）
　　京都大学再生医科学研究所設置準備委員会委員長　本庶　佑
　　平成10年1月14日
　　　（＊　阿部注、このどこにも、任期制の表示はないし、発令予定は<u>平成10年4月1日</u>であった。）

資料5　再生医科学研究所再生医学応用部門に関する申し合わせ
　　（平成十年四月二十一日協議員会決定）

1．再生医学応用部門は、再生医学研究の成果を臨床との関連において研究する応用基盤の最先端部門である。したがって、この部門の研究分野究は、下記の区分により弾力的に運用する。
2．運用にあたって「生体修復応用分野」、<u>「器官形成応用分野」及び「再生医学応用流動分野」の新たな教官選考については、ここでの研究は5年程度で具体的な成果を得て終了することを基本とし、原則として5年の時限を課す。</u>
（なお、年限の延長に関しては、別に定める方式による。）
記
○　生体修復応用分野
○　組織再生応用分野
○　器官形成応用分野
○　臓器再建応用分野
○　再生医学応用流動分野

資料6　京都大学再生医科学研究所任期制教官の再任審査に関する内規
　　（平成十四年七月十八日協議員会決定）

第一条　京都大学教官の任期に関する規程に基づき任用された教官（以下「任期制

資料6　京都大学再生医科学研究所任期制教官の再任審査に関する内規

教官」という。）で再任を希望する者には、再任審査を行う。

第二条　任期制教官で再任を希望する者は、任期満了の12か月前までに書面により所長に申請しなければならない。

第三条　前条に基づき再任を申請した者（以下「再任申請者」という。）は、次に掲げる書類を前条の申請後1か月以内に所長に提出しなければならない。
　一　任期中（終了時までの見込を含む。以下この条において同じ。）の学術的業績
　二　任期中の学内の教育及び行政への貢献に関する報告書
　三　任期中の社会的貢献に関する報告書
　四　その他前三号の評価に関し必要な資料
　五　再任後の研究計画書

第四条　前二条に規定する日までに所定の書類の提出がなかった場合、任期制教官の身分は任期の末日をもって終了する。

第五条　所長は、第三条に基づく書類の提出があったときは、当該任期制教官の再任審議に関する外部評価委員会（以下「委員会という。」）を設置し、再任申請者の学術的業績、学内の教育並びに行政への貢献、社会的貢献及び再任後の研究計画に関する評価を求めるものとする。
　2　委員会は、委員若干名で組織する。
　3　委員会の委員は、協議員会の承認を得て、所長が委嘱する。
　4　協議員は、委員となることができない。
　5　前各項に定めるもののほか、委員会の組織及び運営に関し必要な事項は、別に定める。

第六条　委員会は、再任申請者の評価について、任期満了の7か月前までに所長に報告するものとする。

第七条　所長は、委員会による評価結果を再任申請者に開示しなければならない。
　2　評価結果の開示は、再任の可否の審議を行う協議員会の2週間以前に行うものとする。

第八条　再任申請者は、委員会による評価結果について意見書を所長に提出することができる。
　2　意見書は、前条第2項の開示後2週間以内に提出しなければならない。
　3　所長は、意見書の提出があったときは協議員会に提出しなければならない。

第九条　協議員会は、委員会による再任申請者の評価に基づき、再任の可否について審議決定する。
　2　協議員会は、前項の審議決定に際して、第三条に掲げる再任申請者から提出された書類及び前条の意見書を参考にするものとする。

第十条 前条第一項の協議員会は、協議員（外国出張中の者を除く。）の三分の二以上の出席がなければ開会することができない。

2　再任申請者は、再任の審議及び可否の投票に参加することができない。

第十一条 再任を可とする投票は無記名投票とし、再任を可とする投票数が投票総数の過半数に達しない場合、再任を認めない。

第十二条 協議員会及び委員会は、再任申請者の出席を求め、評価に必要な情報の提供を求めることができる。

第十三条 再任の可否決定は、任期満了の6か月前までに行うものとする。ただし、特別の事情により再任の可否決定を行うことが困難なときは、再任申請者の同意を得てこの期日を変更することができる。

第十四条 分野主任以外の任期制教官の再任審査については、教授会に委任する。

2　教授会の行う再任審査においては、外部評価委員会にかかる部分を除き本内規を準用する。

資料7　外部評価委員会報告、三転したその内容の対比

平成15年（行ク）第4号　執行停止申立事件平成15年4月21日
原告主張書面(1)から（若干は阿部修正）

　外部評価委員会の吉田修委員長（奈良県立医科大学学長）は平成14年8月23日報告書を作って、研究所長に送付した（第一次案）ところ、誰からかわからないが、意見が出たようで（所長から意見が出たことは確か）、吉田委員長は、同年9月9日に「諸先生方のご意見（所長としての先生のご意見を含みます）を総合して、最終案を作成しました。各委員が賛同されれば、これを最終報告書としてください。」との文書（第2次報告書）を送った。これに対し、出月康夫委員（東大名誉教授）から、吉田修先生宛に、「外部評価委員会の評価意見の中に所長の意見が入るのは好ましくない。前回委員長がまとめられた報告書の方が、外部評価委員会の意見として適切であると思います。平成14年9月13日」との文書が送られた。そこで、同年9月18日に吉田委員長は、最終報告書を山岡所長に提出した。

　1　第一次報告書案には、結論として、「京都大学再生医科学研究所任期制教官井上一知教授の再任を可とすることに全委員が一致して賛成した」と無条件で記載されている。

　このように、最初に作成された報告書の結論において、何らの留保なく「全委員一致の賛成」とされていたことは、非常に注目に値する。つまり、これこそが外部

資料7　外部評価委員会報告、三転したその内容の対比

評価委員会の結論を最も端的に表した内容と言えるのである。

2　ところが、吉田委員長が、山岡所長と協議して同人の意見も考慮して作成した第二次報告書案では、第一次案と比較すると、極めて作為的なことに、井上教授の評価を低下させたり（マイナス的評価要素の挿入やプラス的評価要素の削除など）、再任を可とする評価結果の意義を殊更に弱めたりするような表現へと変更されている。主な変更点を挙げる以下のとおりである。

(1)「**1）学問的業績**」の1項の末尾の追加

第一次案	記載なし
第二次案	「（ただしこの研究は論文化されておらず、**学会発表とマス・メディアの報道があるのみで業績として認められない**との意見もあったことを付記する）。」

この追加からは、井上教授の業績の否定を企図して、「否定的意見の存在」を虚構しようという思惑が看取できる。

なお、これが外部評価委員の意見でなく、山岡所長の意見であることは、結局、第三次案において、この追加部分が削除されたことからも推認される。

(2)「1）学問的業績」の3項の最終文の変更

第一次案	「<u>国際的レベルでみると</u>、論文の量、質ともに平均的（average）というべきであろう。
第二次案	「<u>しかし、新設講座を担当して5年足らずということを考慮すれば</u>、論文の量、質ともに平均的（average）というべきであろう」

この変更は、「国際的レベル」の語句を落とすことで「平均」の意味ないし価値を著しく下落させようという悪質な思惑が見て取れる。

なお、この変更についても、最終報告書において、第一次案のとおりに復旧していることから、山岡所長の意向によるものであると推認される。

(3)「再任後の研究計画」の2項の変更

第一次案	「…マウスに移植、血糖値を下げることを<u>証明したことは高く評価されるべきではあるが</u>、…報道がはるかに先行している」
第二次案	「…マウスに移植、<u>短期間ではあるが</u>血糖値を下げることを<u>示したことは評価されるべきではあるが</u>、…報道がはるかに先行<u>していることは望ましくない</u>」

資料編

　これは、業績の過小評価や否定的評価の傾向を強めるべく、より消極的、より否定的な表現へと変更する意図が窺える。

　なお、最終報告書では、「証明したことは高く評価」の部分は復旧されるが、その余は残滓が残されている。

(4) 「結論」の第1文（主文）の変更

第一次案	「京都大学再生医科学研究所任期制教官井上一知教授の再任を可とすることに全委員が一致して賛成した」
第二次案	「井上一知教授の再任に関しては、特にそれを不可とする意見はなく、全委員が今後の活躍に期待をしめした」

　これがあからさまな消極的表現への変更であることは一目瞭然であり、単なる表現のニュアンスの問題にとどまらない、審議結果自体の著しい歪曲・捏造と言っても過言ではない。

　なお、最終報告書では、もちろん復旧されている。

(5) 「結論」の第2文の追加

第一次案	記載なし。
第二次案	「京都大学再生医科学研究所は日本における再生医学研究のメッカとなるよう多くの期待と注目を集めているが、井上一和（ママ）教授は今後、研究、教育のみならず、管理運営面でも協力しその発展に寄与するよう希望する。」

　これは、報告書が「２）学内の教育・行政への貢献」において「数々の貢献が見られる」と積極的評価をしていることと対比すると、「再生研の発展」というセクショナリズムの傾向が見られる意見であり、学外の者を中心に構成されている外部評価委員会の意見としては非常に不自然である。むしろ、（井上教授が中心となった）日本再生医療学会の設立に不満をもつ山岡所長の意見（甲第32号証の2「２）について」参照）として見れば、容易に腑に落ちる。

　特に、ここで興味深いのが「再生医学研究のメッカ」「注目を集めている」といった、いささか派手で人目を意識したような用語である。これは、山岡所長が申立人に対し、マスコミへの対応・発表等について「目立ちすぎる」と不満をもっていたこと（甲第32号証の2「２）について」参照）と符合している。この視点から見ると、前述の「再生研の発展」とは、純粋に学術的な研究成果などという意味でなく、むしろマスコミ的に注目されるという意味に近いものと思われる。そして、このように考えれば、「研究、教育のみならず、管理運営面でも協力しその発展に寄与」

という文脈の真意が容易に理解できるのである（ひいては、本件における山岡所長の職権濫用行為の動機の理解にも繋がるであろう）。

なお、最終報告書において当該部分が抹消されたことから見ても、これが山岡所長の意見による追加であったことは疑い得ない。

(6)「結論」の第3文の追加

第一次案	記載なし。
第二次案	「なお当該研究所の任用に当たっての期待や目標が明確に提示されていないので総合的判断は不可能であり、本答申は国内での一般的な5年任期のポストとしての適否を、与えられた資料と当該者からの意見聴取に基づいて検討した結果の報告であることを付記する」

外部評価委員会の判断の限界を示すような留保的文言の追加であり、評価結果の意義の相対的低下（矮小化）をもたらす表現である。

これらの変更が、外部評価委員会の評価の意義・価値を下げ、協議員会で反対の結論を導くための伏線であることは、明らかである。

3　この点も最終報告書では削除された。ここで注目すべきは、出月教授の「所長の意見が入るのは好ましくない」との指摘によって第一次案に戻ったということである。

資料8　前所長の平成14年12月5日づけ書面

「井上一知教授の再任に関して、突然、協議員あての要望書が届きましたがこの件について経緯と私の見解を述べさせていただき、その上で先生方から忌憚のないご意見がいただければと思います。（略）

本年11月12日の協議会で再任についての採否の投票を行う事は可能でしたが、雰囲気的に「否」または「白票」が多くなりそうな予感を感じましたので継続審議とし、善後策を所長が考える余地を持たせていただきました。考えた結果、また、色々な方と御相談した結果、井上教授自ら再任申請を取り下げていただくのが、一番、本人に傷がつかない方法ではないかとの結論に達し、皆様に電話でご相談いたしました。お一人が「説得することに反対しない」とのご意見で、その他の皆さんは「可能なら是非に」とのお言葉を頂いて、本年11月15日井上教授と対談いたしました。ただ、私は今回の要望書に記載されているような受け取り方をされかねないと予感し

た為に、お二人にご同伴いただくとともに、内容を録音することを井上教授に了承を得ております。従いまして、再三、井上教授は要望書の中に「『山岡所長が自ら辞任してください』と強く求められた。」と記載されていますが、決してそのようなことはなく、私の発言は「若し採決によって「否」と出た場合のデメリットを考えると、今の段階で再任申請を取り下げられませんか？」という事を申し上げ、強く辞任を迫るような軽率な発言はしておりません。お答えは「考えさせてください」でした。

　それ以後、誤解があってはいけないので、井上教授のお気持ち、意見をお聞きした上で話し合いが出来ればと思って、電話、ＦＡＸ、メールで「先日のお話はあくまでも所長としての立場からでしたが、別に、個人的に話をしませんか？」とお声がけを致しましたが、「都合がつかないから会えない」「頭が混乱していて話が出来る状態ではない」とのことでした。本年12月2日井上教授から電話があり「辞任は受け入れられません。不当な扱いは受けられません。個人的に話すことはいりません、正々堂々と公の場で話しましょう。今、協議員に手紙を送りましたのでそれを呼んで下さい」と言われ、「少し私の話を聴きませんか？」との私からの声がけには応ずることなく一方的に切られました。

　要望書の内容に関しては皆様でご判断いただくことですが、確認いたしますと
　1．「平成10年4月に任期教官というポストが出来たときの『再任を前提とする』という話」は全く根拠がありません。
　1．採否の決定はあくまでも協議会決定です。
　3．平成14年7月18日に決められた内規に就いては協議会決定で井上教授もその一員で、それに対する今回出されたようなご意見は一度もいただいておりません。従って、「再任審査の最中にルールを変更した不公平さ」にはあたらない、と判断されます。
　4．最後には、「これ以上、不当な事態が進展するようであれば、私としては、第三者の評価を仰ぐべく、司法の判断に委ねざるを得なくなる可能性も否定し得ないと考えております」とまで記載されていますが、これまでの手続きならびに今後予定している手続きについて、司法において違法、不当と判断される余地は全くないと判断いたします。

　この件に関しては、私自身、個人的には何ら利害関係がなく、きわめて公正に扱ってきた自負があります。そして、上記のような配慮にもかかわらず、この種の要望書が出た上は、粛々と協議会を進行させるべきであると考えています。

　尚、この件に関する法的根拠については、法学部の教授のご助言を初期の段階からお受けしていることを申し添えます。」

資料9　平成14年12月17日 庶務掛から協議員宛、「第4回協議員会議事録（案）の修正について」とのEメール送付

「…前回（平成14年11月12日）協議員会議事録案について、協議員の先生から修正意見がありました。所長がご検討された結果、以下のように修正を加えることになりました。」　　　（中略）
　（修正前）「井上教授退出後の審議で、井上教授の説明内容にいくつか問題点ありとされたが、外部評価委員会の結論を尊重するとしている以上外部評価委員会の結論を覆すだけのものがあるかについて議論がされた。」
「（修正後）『井上教授退出後の審議で、井上教授の説明内容にいくつか問題点ありとされたが、外部評価委員会の評価に関する意見をどう最終結論に反映させるかという点や、場合によってはこの意見とは逆の結論をだす可能性に関して議論がされた。』」

資料10　平成14年度第5回平成14年12月19日協議員会議事録（案）

２．任期制教官の再任審査について
　議長から前回協議員会以降の経過説明があった。審議に入り、まず、内規等の制定過程に問題がないこと、審査期間を延長したのは協議員会が必要を認めたためであり内規に基づいて申請者の同意も得ており手続き上問題はないこと、これまでの審議が内規に則り適正に行われていること、任期制教官の再任審査は再任を前提とするものではないこと、審議で議論しているのは今後5年間でのプロジェクトのサイエンティフィックな面と実現性、将来性であり、また研究所の社会的責務への対応等であること、を確認した。また、前回の協議員会後の所長から井上教授への説明・質問等は前回の協議員会での所長への付託に基づいたものであることが確認された。
　議長が各協議員に審議が尽くされたことを確認した後、無記名投票を行った結果、再任を可とする票数が再任に必要な票数に達せず、申請者井上教授の再任を認めないことに決定した。

資料編

資料11 平成15年7月25日京都大学再生医科学研究所における
教官任期制に関する情報公開

http://www.frontier.kyoto-u.ac.jp/ninki.htm

京都大学再生医科学研究所における教官任期制に関する情報公開
　再生医科学研究所における任期制教官の再任審査に関して、大学人および一般の方々から情報を知りたいとの意見が寄せられています。そこで、再生研における任期制教官ポジションの位置付けおよび再任に関わる規則などについて説明させて頂きたいと思います。

平成15年7月25日　京都大学再生医科学研究所　所長　中辻憲夫
再生医科学研究所における任期制教官ポストの位置付け
　再生医科学研究所は、「生体組織及び臓器の再生に関する学理及びその応用の研究」を目的として平成10年4月に設置されました。その組織構成としては、生体機能学研究部門、生体組織工学研究部門、再生統御学研究部門、生体システム医工学研究部門、再生医学応用研究部門という、5つの大部門（数名の教授を含む複数の研究室からなる）が中心となり、附属再生実験動物施設と附属幹細胞医学研究センター（平成14年4月設置）という研究施設が附属しています（詳しくは再生研ホームページの内容をご覧になってください）。これらのうち、教官ポストを任期制で運用しているのが、再生医学応用研究部門と附属幹細胞医学研究センターです。前者に関しては、再生医学の研究成果から臨床応用への展開を目指して時代に対応した研究を進めるために5年任期制（教授と助教授を含む）が取られています。また幹細胞医学研究センターについても、その時代が必要とする幹細胞研究を行うための10年時限の研究センターであり、5年任期の助教授ポストとして運用しています。
　このように、再生研における教官任期制は、果たすべき役割を明確にした研究を意識して設定されたものであり、同じ再生研内の任期制なしの教官ポストとは異なる位置付けがなされています。
　1．再生医学応用研究部門における任期制の運用方針
　再生医学応用研究部門については、再生研における基礎研究成果を再生医療へ橋渡しするための応用研究を行うために設置され、部門内の研究グループを任期制で運用する方針が研究所設置時に定められました。この任期制の運用に関しては、再任を全く認めない再任不可ではありませんが、運用方針については、研究所設立時

に定められた「再生医科学研究所再生医学応用部門に関する申し合わせ」（平成10年4月21日協議員会決定）（前記資料5）が存在し、それによれば、「ここでの研究は5年程度で具体的な成果を得て終了することを基本とし、原則として5年の時限を課す」と書かれています。

2．再任審査に関する規則

任期制教官が任期終了時に再任を申し出た場合、その審議の進め方を定めた規則としては、「任期制教官の再任審査に関する内規」（前記資料6）があります。その骨子としては、再任を希望する教官からの再任申請が出された場合は、学識者からなる外部評価委員会を設置し、研究業績の評価を依頼します。但し、外部評価委員会からの意見は、専門家からの意見として尊重するものの、再任可否の決定は、外部評価委員会報告に対する申請者からの回答書や、申請者を協議員会に招致しての質疑応答などを加味し評価審議したうえで、協議員会で行うことが、上記「再任審査に関する内規」に定められています。

なお、再生研の運営に関する審議および決定を行う最上位組織は協議員会です。協議員会は、研究所外からの意見や助言を得ることも必要だとの理由で、再生研内部の教授に加えてその半数程度の外部協議員（再生研以外の京都大学教授から選ばれる）から構成されています。再任審議も含めた教官人事などの重要案件については、所外者も加わった協議員会で審議決定されることになっています。従って、任期制教官の再任審議についても、最終的な協議員会における審査と判断の公正さが十分に保障される仕組みになっています。

[添付資料]
再生医科学研究所再生医学応用部門に関する申し合わせ（前記資料5）（平成10年4月21日協議員会決定）
京都大学再生医科学研究所任期制教官の再任審査に関する内規（前記資料6）（平成14年7月18日協議員会決定）

資料12　京都地裁平成15年（行ク）第5号平成15年4月30日却下決定（判例集未登載）

平成15年（行ク）第5号　執行停止申立事件（本案・平成15年（行ウ）第16号　再任拒否処分取消請求事件）決定

主　文
1　本件申立てを却下する。

2 申立費用は申立人の負担とする。

理　由
第一　当事者の申立て
一　申立ての趣旨
被申立人が申立人に対して平成15年4月22日付でした任期満了退職日通知書に基づき申立人を同月30日限り失職せしめる旨の処分は、同処分の取消を求める本案訴訟（平成15年（行ウ）第16号）の第一審判決言渡後6か月に至るまで、その効力を停止する。
　二　被申立人の意見
　　主文第1項と同旨
第二　当事者の主張
　一　申立人の主張
　　別紙・執行停止申立書に記載のとおりである。
　二　被申立人の主張
　　別紙・被申立人意見書に記載のとおりである。
第三　当裁判所の判断
一　本件疎明資料によれば、以下の事実が一応認められる。
　1　申立人は、京都大学再生医科学研究所（以下「再生研」という。）の教授の地位にある者である。
　2　被申立人は、京都大学総長として、同大学の教員の任命権を有する。
　3　申立人は、昭和47年9月30日京都大学医学部を卒業後、アメリカの大学での研究生活等を経て、昭和59年10月1日京都大学助手大学院医学研究科に任用され、昭和62年12月1日同大学講師大学院医学研究科、平成7年5月1日同大学助教授大学院医学研究科に任用された。
　4　京都大学においては、大学の教員等の任期に関する法律（以下「任期法」という。）3条1項に基づき、京都大学教官の任期に関する規程（甲3）を定め、同規程によれば、再生研の再生医学応用研究部門器官形成応用分野の教授の任期は5年とし、再任されることは可とされていた。また、再生研の教授の任命権者は、国家公務員法55条1項、2項、人事に関する権限の委任等に関する規程（文部科学省訓令第3号）3条1項により、被申立人であつた。
　5　京都大学総長は、任期法4条1項1号に基づいて、平成10年4月20日ころ、申立人から、申立人が作成した「就任に際し大学の教員等の任期に関する法律（平成9年法律第82号）第4条第1項第1号及び京都大学教官の任期に関する規程第2

資料12　京都地裁平成15年（行ク）第5号平成15年4月30日却下決定（判例集未登載）

条の規定に基づき、任期を平成10年5月1日から平成15年4月30日までとされることに同意します。」との記載のある同意書（乙3）の提出を受けた上、平成10年5月1日付で申立人に対して本件昇任処分をした。このようにして、申立人は、平成10年5月1日付の本件昇任処分により、任期を平成15年4月30日まで（5年）として、同大学教授再生研再生医学応用研究部門器官形成応用分野に昇任した。

　6　申立人は、以後、再生研の教授として勤務し、研究していた。

　7　再生研においては、平成14年4月18日、「任期制教官の再任審査に関する申し合わせ」（甲7、以下「本件申し合わせ」という。）が協議員会決定として制定され、それによれば、任期制教官は、任期満了の12ケ月前までに書面をもって、所長に再任のための審査を請求でき、その申請者は、該当する任期中の学術的業績、社会的貢献、及び学内の教育・行政への貢献に関する報告書等を1ケ月以内に所長に提出すること、再任審査申請が前記の期限までに行われなかった場合、及び再任審査申請後に申請を取り下げた場合、身分は任期の末日をもって終了すること、再任審査については、別に設置する外部評価委員会の意見を聴取した上で協議員会で可決を決定する、再任の可否決定は、任期満了の6ケ月前までに行うものとする、などと定められていた。

　8　申立人は、再生研の山岡義生所長に対し、平成14年4月23日、書面により、本件申し合わせによる再任審査を申請した。

　9　その後、再生研において、本件申し合わせに代わるものとして、平成14年7月18日に、「京都大学再生医科学研究所任期制教官の再任審査に関する内規（甲8、以下「本件内規」という。）が協議員会決定として制定された。本件内規には、本件申し合わせと概ね同様の内容のほか、所長は、外部評価委員会による評価結果を再任申請者に開示しなければならないこと、その評価結果の開示は、再任の可否の審議を行う協議員会の2週間以前に行うものとすること、再任の可否を決定する協議員会は、協議員の3分の2以上の出席がなければ開会することができないこと、再任を可とする投票は無記名投票とし、再任を可とする投票数が投票総数の過半数に達しない場合、再任を認めないこと、再任の可否決定は、任期満了の6ケ月前までに行うものとすること等が定められていた。

　10　再生研の山岡所長は、申立人の再任審査をするため、申立人の学術的業績及び社会的貢献について、外部評価委員会を設置し、同外部評価委員会は、平成14年9月18日、山岡所長に対し、結論として、申立人の再任を可とすることに全委員が一致して賛成し、今後の活躍に期待を示したこと等を付記した再任審査報告をした。

　11　ところが、その後、山岡所長が開催した同年10月17日の協議員会では、申立

人の再任の可否については継続審議を行うことになり、更に、同年12月19日に開催された3回目の協議員会（構成員21名、出席者20名）において採決をとった結果、申立人の再任を可とする投票数が投票総数の過半数に達せず、結局、協議員会において申立人の再任を認めない決議がされた。

12　山岡所長は、申立人に対し、平成14年12月20日付の「任期制教官の再任審査結果について」と題する書面により、再任が認められなかった旨を通知した（以下、この通知を「第1次通知」という。)。

13　申立人は、平成15年3月19日、国及び被申立人を被告として、申立人は平成15年5月1日以降も京都大学の再生研教授の地位にあるとの確認を求めると共に、被申立人に対し、第1次通知により再任の拒否処分があったとして、同処分の取消し、それに、被申立人は平成15年5月1日付で申立人を再生研の教授として再任する旨の処分をせよとの裁判を求めて訴訟を提起し、更に、同年4月7日、国及び被申立人との間で、本件昇任処分に付された「任期は平成15年4月30日までとする」との附款が無効であることを確認するとの裁判を求める請求を追加請求した。

14　その後、被申立人は、申立人に対し平成15年4月22日付で「京都大学教官の任期に関する規定第2条第1項の規定による再任については可となりませんでしたので、貴殿の任期満了退職日は、平成15年4月30日であることを通知します。」と記載した任期満了退職日通知書（甲45）による通知（以下「第2次通知」という。）を行った。

15　申立人は、更に、平成15年4月23日、第2次通知によって被申立人は申立人に対して再任を拒否して同月30日限りで申立人を失職させる旨の行政処分をしたと主張して、その取消を求める本案訴訟を提起した。

二　申立人の本案訴訟における主張は、第2次通知によって被申立人が申立人に対して再任を拒否して同月30日限りで申立人を失職させる旨の不利益処分たる行政処分をしたと主張し、それを前提として、同行政処分の違憲、違法、内規違反等を主張するものと解さざるを得ない。

三　本件申立てについて検討する。

1　任期法は、この法律は、大学等において多様な知識又は経験を有する教員等相互の学問的交流が不断に行われる状況を創出することが大学等における教育研究の活性化にとって重要であることにかんがみ、任期を定めることができる場合、その他教員等の任用について、必要な事項を定めることにより、大学等への多様な人材の受入れを図り、もって、大学等における教育研究の進展に寄与することを目的とする（1条）、国立大学の学長は、その大学の教授や助教授等の教員について、4条の規定による任期を定めた任用を行う必要があると認めるときは、教員の任期に

資料12　京都地裁平成15年（行ク）第5号平成15年4月30日却下決定（判例集未登載）

関する規則を定めなければならない（3条1項）、任命権者は、前記の教員の任期に関する規則が定められている大学について、教育公務員特例法10条の規定に基づきその教員を任用する場合において、次の各号のいずれかに該当するときは、任期を定めることができる、と規定し（4条1項）、その1号として、先端的、学際的又は総合的な教育研究であることその他の当該教育研究組織で行われる教育研究の分野又は方法の特性にかんがみ、多様な人材の確保が特に求められる教育研究組織の職に就けるとき、2号として、助手の職で自ら研究目標を定めて研究を行うことをその職務の主たる内容とするものに就けるとき、3号として、大学が定め又は参画する特定の計画に基づき期間を定めて教育研究を行う職に就けるとき、と規定し、更に、任命権者は、任期を定めて教員を任用する場合には、当該任用される者の同意を得なければならない（4条2項）と規定している。

2　前記一の事実関係によれば、申立人は、任期法4条及び京都大学教官の任期に関する規程の各規定に従って、申立人の同意の下に、京都大学の再生研の任期制の教授として、平成10年5月1日付けの本件昇任処分により任用されたもので、その任期は、平成15年4月30日までの5年間とされていたものであることが明らかである。そして、任期法2条4号の規定によれば、「任期」とは、国家公務員としての教員等の任用に際して定められた期間であって、国家公務員である教員等にあっては当該教員等が就いていた職若しくは他の国家公務員の職（特別職に属する職及び非常勤の職を除く。）に引き続き任用される場合を除き、「当該期間の満了により退職することとなるものをいう。」と明確に規定されているから、申立人は、当該期間が満了すれば任命権者の何らの処分や措置を要せずに当然にその身分を失うものと解さざるを得ない。

3　そうすると、申立人は、平成15年4月30日の経過により、本件昇任処分の任期の満了によって、当然に再生研の教授の地位を喪失するものであって、任命権者の何らかの行政処分等によって、この地位の喪失の効果が発生するものではない。この関係は、任期法2条4号の前記の明文の規定によっても明らかである。第1次通知は、山岡所長がそのことを申立人に通知しただけであって、第2次通知は、被申立人が任期満了退職日通知書なる書面によってこれを申立人に通知しただけであって、いずれも、それ以上の法的な意味はないものといわざるを得ない。したがって、第2次通知によって、申立人が主張するような教授の地位を喪失させる行政処分があったとも、再任を拒否する行政処分があったとも、いずれも到底いうことができないもので、そのような行政処分があったことを前提としてその取消を求める本案訴訟は、不適法といわざるを得ない（継続任用されなかった任用期間の定めのある自衛官は任期満了により当然に退職して自衛官としての地位を失うと判断した東京高

裁判昭和58年5月26日・行集34巻5号835頁、東京地判平成1年1月26日・判例時報1307号151頁参照)。

4 なお、申立人は、甲40、41の意見書を援用し、本件昇任処分による任期中に、少なくとも、申立人は合理的な手続によって再任の可否を判断してもらう権利を有するというべきであって、恣意的な再任の拒否は、申立人の権利を侵害するものである、再任用の拒否は、法令に基づく再任申請権の侵害か、又は学問の自由の恣意的侵害防止の権利を侵害するものとして、教授を失職させる不利益処分と解することもでき、また、再任申請の拒否処分と解するとしても、その処分の執行停止の効力として、改めて適法な再任拒否決定がされてから6ケ月間は失職しないという実体法上の効果が発生すると解釈すべきであるなどとも主張する。

確かに、任命権者は、任期制の教員から再任審査の申請があった場合には、所定の手続に従って公正かつ適正にこれを行わなければならないものというべきである。しかし、それは、任命権者や手続に携わる者の職務上の義務であって、再任審査の申請をした者に対する関係での義務とまではいえないというべきである。また、法律上は、任期制の任用による教員は、任期満了の後に再任してもらう権利を有するものではないと解され、いずれにしても、現行法上、第2次通知により行政処分があったと解することはできないことは前記のとおりであり、結局、申立人の上記見解は、いずれも採用できない。

5 そうすると、本件申立てもまた不適法といわざるを得ない。

四 結 論

よって、申立人の本件申立ては、執行停止の要件を充たさないもので却下を免れないというべきであるから、その余の点について判断するまでもなく、主文のとおり決定する。

平成15年4月30日

京都地方裁判所第3民事部

　　　　　　　　　裁判長裁判官　八木　良一
　　　　　　　　　裁判官　飯野　里朗
　　　　　　　　　裁判官　財賀　理行

資料13　京都地裁平成15年第4号執行停止申立事件

基本的には資料12と同じ判断であるが、任期部分の執行停止を求める申請に対し、任期という附款の無効を理由としてする部分だけ別個の判断がなされているので、

ここに掲載する。

　3　期限等の行政処分の附款については、その附款が行政行為の重要な要素ではない場合においては、その附款のみについて重大かつ明白な瑕疵があるときは、その附款のみが無効であるとして、その無効確認訴訟を提起できるものと解されるが、附款が行政処分の重要な要素である場合においては、その附款に重大かつ明白な瑕疵があることにより行政処分自体が無効になる場合があるとしても、その行政処分と切り離して、その附款のみを対象とする無効確認を求めることはできないものというべきである。

　4　申立人に対する本件昇任処分の前記の任期の定めは、本件昇任処分の附款ではあるが（以下、この定めを「本件附款」という。)、任期法の各規定や任期法の趣旨、それに京都大学教官の任期に関する規程の各規定に照らしても、任用行為に不可欠のもので、任用行為自体の極めて重要な本質的要素であるというべきであって、同規程の各規定も、京都大学における任期制の教員の任用される職の研究教育組織、再任の可否等について明確に定めており、また、任期のない任用と任期のある任用と明確に区別されている。したがって、本件附款は、本件昇任処分の本質的な要素であって、本件昇任処分の効力と切り離して本件附款のみの有効無効を論じたり、本件附款のみの無効確認を求めることはできないものと解される。

　5　そうすると、本件附款のみの無効確認を求める本案訴訟の④請求を本案とする申立ての趣旨1の執行停止の申立ては、結局、不適法といわざるを得ない。

平成15年4月30日
　　　京都地方裁判所第3民事部

　　　　　　　　　　　　　　　　裁判長裁判官　　八木　良一
　　　　　　　　　　　　　　　　　　裁判官　　飯野　里朗
　　　　　　　　　　　　　　　　　　裁判官　　財賀　理行

資料14　井上一知先生のご紹介

その1　履歴と各種活動

昭和20年5月生

学　歴
昭和47年9月30日　　京都大学医学部卒業

資 料 編

昭和53年4月1日　京都大学大学院医学研究科博士課程入学
昭和59年1月23日　京都大学大学院医学研究科博士課程修了

職　歴
昭和47年12月1日　京都大学医学部附属病院外科研修医
昭和49年6月1日　大津市民病院外科医員
昭和55年1月1日　米国Texas州立大学医学部外科学教室勤務
　　　　　　　　　（Visiting Instructor）
昭和56年7月1日　米国Arkansas州立大学医学部生理学教室勤務
　　　　　　　　　（Visiting Instructor）
昭和59年10月1日　京都大学（医学部外科学第1講座）助手
昭和62年12月1日　京都大学（医学部外科学第1講座）講師
平成7年5月1日　京都大学大学院医学研究科（腫瘍外科学講座）助教授
平成10年5月1日　京都大学再生医科学研究所教授

学会・社会活動・役職等

米国学会誌編集委員
　Archives of Surgery
　Pancreas
国際学会誌編集委員
　Pancreatology
国際膵臓学会理事
膵・膵島移植研究会会長
NPO再生医療推進センター理事長
米国学会会員
　米国外科学会（FACS）
　米国消化器病学会
　米国膵臓学会
　米国内分泌学会（past）
学会理事
　日本再生医療学会
　日本膵臓学会
　国際外科学会日本支部

日本組織工学会
学会会長・主催
　第1回日本再生医療学会総会会長
　（平成14年4月　京都）
　第35回日本膵臓学会会長（平成15年7月）
　国際膵臓学会・日本膵臓学会合同国際学術大会会長（平成16年7月　仙台）予定
　第82回日本消化器病学会支部例会会長（平成17年3月　京都）予定
国際学会会員
　万国外科学会
　国際肝胆膵外科学会
　国際膵臓学会
　国際外科学会
　国際外科学会日本部会幹事
　国際外科学会日本部会将来検討委員会委員
　国際移植学会
学会評議員
　日本消化器病学会財団評議員
　膵臓病研究財団評議員
　日本消化器外科学会評議員
　日本膵臓学会評議員
　日本移植学会評議員
　日本糖尿病学会評議員
　日本人工臓器学会評議委員
　日本臓器保存生物医学会評議員
　日本消化器病学会評議員
　日本臨床外科学会評議員
　日本肝胆膵外科学会評議員会
　日本組織移植学会評議員
　日本外科病理学会評議員（past）

日本微小循環学会評議員（past）
日本内分泌学会評議員（past）
研究会等主催
　第19回膵移植研究会当番世話人
　（平成4年2月　京都）
　第8回細胞療法研究会当番世話人
　（平成12年4月　京都）
　第22回Gut Hormone Conference会長
　（平成12年7月　静岡）
地方会等主催
　第2回京都胃腸勉強会当番世話人
　（平成5年4月　京都）
　第4回消化器臨床栄養セミナー当番世話人（平成8年11月　京都）
　第2回近畿膵移植検討会当番世話人
　（平成11年11月　大阪）
　第3回近畿外科病態研究会当番世話人
　（平成12年11月　大阪）
厚生省班員・学会委員等
　日本膵臓学会医療事故対策委員会委員長
　厚生労働省科学研究班員
　「異種移植の臨床研究に実施に関する安全性確保についての研究」
　膵臓病研究財団助成金選考委員
　日本消化器病学会総務委員会委員
　日本消化器病学会試験問題選定委員会委員
　日本臓器保存生物医学会会則（役員選出兼任）委員
　移植関連学会合同委員会膵臓移植特別委員会実務者委員（past）
　日本学術振興会特別研究員等審査会専門委員（past）

厚生労働省科学研究班員「臓器移植の社会的資源整備に向けての研究」（past）
厚生労働省科学研究班員「組織細胞工学技術評価研究」（past）
日本移植学会組織移植委員会委員（past）
日本消化器病学会学術研究助成金選考委員（past）
日本消化器関連学会合同会議募金会幹事（past）
日本消化器病学会広報委員会委員（past）
京都府立医科大学客員講師（past）
科学研究費委員会専門委員（past）
研究会等役職
　日本胆膵生理機能研究会世話人
　近畿外科病態研究会世話人
　近畿膵移植検討会世話人
　移植遺伝子工学研究会世話人
　消化管ホルモン研究会理事（past）
　消化器シンポジウム世話人（past）
　消化器臨床栄養セミナー世話人（past）
　術後管理研究会世話人（past）
学会認定医・指導医
　日本消化器外科学会認定医（平成2年6月1日）
　日本外科学会認定医（平成2年12月1日）
　日本消化器病学会認定医（平成2年12月1日）
　日本消化器病学会指導医（平成3年12月1日）
　日本消化器外科学会指導医（平成7年4月19日）
　日本外科学会指導医（平成7年12月1日）

その2　国内外で高い評価を受けている井上先生の業績のコメント（阿部泰隆）

一　はじめに

　井上先生のお仕事は、医学関係分野において国内外で極めて高く評価されている。その膨大かつ先進的な業績をここで門外漢が解説することは不可能であるが、上記の経歴と業績を多少とも理解できるように、私が井上先生から聞き取った客観的事実をここに記載する。

二　論文・講演

　論文は、英文で400篇近くあり、和文論文も無数であるが、割愛している。この2～3年は、1ヶ月当たりに3～6編の依頼原稿があり、研究室の角先生と日裏先生と分担しながらこなしてきたが、各自が常時3～5編の依頼原稿を抱え、期限が過ぎることが日常茶飯事だったということである。小生もそれに近いが、もう少し

暇だろう。

　国内でも、「膵臓癌外科的治療の現況と展望」、「膵移植の現状と展望」、「膵再生医療の現状と展望」、「糖尿病における膵島再生医療」といった講演が2003年だけでも20近くある。本書脱稿直前の予定でも、「膵再生医療」第3回日本再生医療学会総会（2004．3．25　幕張）、「Current status and future perspectives for regenerative therapy on the pancreas」国際膵臓学会、日本膵臓学会合同国際学術大会（2004．7．12）、「再生医療の現状と展望」第32回日本集中治療医学会総会（2005．2．24）がある。

　さらに、学会や研究会の発表（シンポジウム等）、共同発表、特別講演やシンポジウムの司会、コメンテーターなどは数え切れない。国内の学会や研究会の発表は、すべての演題を含めると、これまで平均しても年間50～100ぐらいにはなるということである。

　数多くの国際学会の発表（Abstractも含め、200回以上）もすべて割愛した。

三　外科医としての評価

　井上先生は、消化器外科、特に膵臓外科及び、胃外科の専門家として、技量を高く評価されてきたようである。本や週刊誌、そして、テレビでも何度か紹介され、テレビや記事により、多くの患者さんが駆けつけてこられることも、何度か経験されたそうです。元京都大学総長奥田東先生の手術を執刀した。

四　学　　会

　米国の学会誌にArchives of Surgeryという、外科領域では最も歴史の古い、世界的に有名な（世界中の外科医が読む）一流学会誌があるが、Editorial Board（編集委員）として、米国人以外に7名の一流の外科医を世界中から選ぶ時に、アジア人として初めて（日本からはもちろん初めて）編集委員に選出された。井上先生は、国際一流誌に多くの論文を発表してきて、引用もされていたので、アジアの代表としてアジアから一名選出されたという報告がきたということである。

　日本医学会は、医学関係の百以上の多くの学会を統括した最も権威のある学会である。平成14年6月に、日本医学会の設立100周年を記念して、日本医学会100周年記念シンポジウムが開催された。その講演者には、100以上の学会関係者から医学界全体を代表する形で、わずか7名の学者だけが選出されたところ、井上先生は、栄えある演者の一人に選ばれ、21世紀を代表する医療としての再生医療に関する講演を行われた。井上先生が専門とする外科の分野から選ばれたのは、井上先生ひとりであったので、日本の外科医（外科学会）の代表としての講演をされたそうです。

資 料 編

　再生医療は、21世紀の医療において中心的な役割を担う重要な医療であり、その進歩、発展により多くの患者さんが救われるということで、大きな期待が寄せられています。
　井上先生は時代を先取りして、細胞療法の分野で活躍されている先生方を幅広く全国から募り、再生医療学会の設立を提案し了承されました。その後、再生医療学会の設立に中心的な役割を果たされ、再生医療学会の初代会長として学術集会を大成功に導かれました。これは、参加者が2000名にものぼり、社会に多大な貢献をしました。本学会は、日本の再生医療の発展にとって最も重要な学会として高い評価を受け、特に、若い医者や研究者に絶大な人気があり、すさまじい勢いで会員数がふえつつあるようである。

　五　研究目標
　井上先生の目下の研究目標は、糖尿病に対する画期的な再生医療の開発を目指すというものである。
糖尿病の問題点：
潜在数を含め1500万人（ますます増える傾向）
　　合併症；　網膜症で失明（年間4000人）
　　　　　　　腎不全で人工透析（年間9000人）
　　　　　　　その他に、神経症や血栓症等
　　インスリン治療だけでは、合併症の進行は防げない
　　　　　　　　　↓
　糖尿病に対する根治的治療；
　現状では、膵臓器移植か膵島細胞移植しかない
　　　　　　　　　↓
　問題点；
　深刻なドナー不足、免疫抑制剤の問題（副作用）
　　　　　　　　　↑
　ドナー不足や免疫抑制剤などの種々の問題点を解決し、多くの患者さんが救われる根治的かつ普遍的な治療開発、糖尿病患者さんの福音となり得る治療開発
　　　　　　　　　↑
　糖尿病に対する画期的な再生医療の開発
　とにかく、患者さんのための治療開発を一刻も早く成し遂げねばならないとの熱意と信念の塊である。井上先生の気持ちも、仕事の原点もすべて患者さんにあり、それ以外の何物でもないことを如実に感じ取ることができる。

資料14　井上一知先生のご紹介

六　研究費

井上先生の研究は高い評価を受けて、文部科学省の科学研究費を始めとする多くの高額な研究費を取得している。たくさんあるので省略する（第2章第1節本人尋問参照）。

七　研究成果の特許

井上先生は、再生医療開発研究においてその実用化に寄与しうる新しい方法を開発し、国内特許の出願を5件行い、さらに、米国への特許出願1件、中国への特許出願1件、及び、3件の国際特許出願を行っている。これらの特許取得が、再生医療開発の実用化、すなわち、多くの患者さんが救えるかどうかに関して、重要なキーになる。

八　ＮＰＯ活動＝NPO再生医療推進センター

井上先生は平成14年2月に、わが国の再生医療の発展・普及をめざしてNPO（特定非営利活動法人）再生医療推進センターを設立し、ボランティアー活動を続けてきた。ホームページ活動により、患者さんや一般市民の方々と頻繁に再生医療に関する情報交換を行っている。また、2ヶ月に一回のペースで、患者さんや市民の方々、企業の方々との情報交換会（講演会）を行っている。この情報交換会ではテーマを決めて、その分野のわが国における一流の専門家2名に来ていただいて、討議をする。今後、このNPOを全国的規模に発展させて、幅広く啓発活動を行い、さらに、わが国における再生医療関連のベンチャー企業の育成にも寄与していきたいということである。

http://rm-promot.com　　email; office@rm-promot.com

九　現在の活動

井上先生は、研究業績や実績が高い評価を受けて、平成13年11月には伝統ある国際膵臓学会の理事に推挙されました。同時期に、米国の一流学会誌である"Pancreas"の編集委員にも選ばれました。さらに、平成14年6月には、一流の国際学会誌である"Pancreatology"の編集委員にも選ばれました。

井上先生は、現在は、本件の事件で、いろいろの圧力や制約を受け、極めて厳しい環境下にありますが、教室の先生方と心を一つにして、研究、研究指導、学会、講演、執筆、ボランティアー活動などに励んでおられる。

係争中の平成15年7月には伝統のある日本膵臓学会（第35回）の会長に選出されました。

本年（平成16年）7月には第35回日本膵臓学会会長として、国際膵臓学会と合同で、海外から多くの医者や研究者が参加する大規模な国際学術集会を主催されます。さらに、来年（平成17年）3月には、日本消化器病学会支部例会の会長として、学術集会を主催します。大学・医者・学会関係者の方々は、井上先生が係争中であることは十分にご存知ですが、井上先生をそれでも高く評価し、大きな期待を持って会長に推挙されたものと考えられる。
　最後に、上記の業績、国内外の評価、社会的、国際的貢献などの実績及び、積極的、かつ画期的な研究活動の成果はすべて、苦しんでおられる患者さんのために、ただひたすら頑張った結果としてたまたま得られたと考えられる。

資料15　京都地裁平成16年3月31日判決

平成15年（行ウ）第8号　地位確認等請求事件
（口頭弁論終結日・平成16年2月18日）

判　決

原告	井上　一知
同訴訟代理人弁護士	尾藤　廣喜
同	安保　嘉博
同	安保　千秋
同	神崎　哲

京都市左京区吉田本町
　被告　　京都大学総長　尾池　和夫
東京都千代田区霞が関1丁目1番1号
　被告　　　　　　　　　国
　同代表者法務大臣　　　野沢　太三
　被告ら指定代理人　　　横田　昌紀
　同　　　　　　　　　　亀山　泉
　同　　　　　　　　　　田邊　澄子
　同　　　　　　　　　　紀　　純一
　同　　　　　　　　　　渡邊　正子

資料15　京都地裁平成16年3月31日判決

主　文
1　原告の本件訴えのうち、別紙記載の部分をいずれも却下する。
2　原告のその余の請求をいずれも棄却する。
3　訴訟費用は原告の負担とする。

事実及び理由
第一　請　求
一　選択的請求1
　原告と被告らとの間において、原告が平成15年5月1日以降も京都大学再生医科学研究所教授の地位にあることを確認する。
二　選択的請求2
　1　被告京都大学総長が平成14年12月20日付でした原告を京都大学再生医科学研究所教授として再任しないとの処分を取り消す。
　2　被告京都大学総長は、原告に対し、平成15年5月1日付で発効する原告を京都大学再生医科学研究所教授として再任する旨の処分をせよ。
三　選択的請求3
　原告と被告らとの間において、被告京都大学総長が平成10年5月1日付でした原告を京都大学再生医科学研究所教授に昇任させる処分（以下「本件昇任処分」という。）に付された「任期は平成15年4月30日までとする」との附款が無効であることを確認する。

第二　事案の概要
　本件は、平成10年5月1日、被告京都大学総長から、大学の教員等の任期に関する法律（平成9年6月13日法律第82号、以下「任期法」という。）に基づいて、平成10年5月1日から平成15年4月30日までの5年の任期で京都大学再生医科学研究所（以下「再生研」という。）教授として任用された原告が、被告京都大学総長は平成14年12月20日付の通知（以下「本件通知」という。）で原告を再生研教授として再任しないとの処分をした、同被告は、平成15年5月1日付で発効する原告を再生研教授として再任する処分をする義務を負う、平成10年5月1日付で原告を再生研教授として任用した処分は5年の任期を定めた附款部分のみが違憲無効であるから、原告は任期のない教授として任用されたことになるなどと主張して、被告らとの間で、原告が平成15年5月1日以降も京都大学再生医科学研究所教授の地位にあるとの確認を求めると共に（以下「①請求」という。）、被告京都大学総長に対し、本件通知により再任の拒否処分があったとして、同処分の取消しを（以下「②請求」という。）、

179

被告京都大学総長は平成15年5月1日付で原告を再生研の教授として再任する旨の処分をせよとの裁判を（以下、この請求を「③請求」という。）、更に、被告らとの間で、平成10年5月1日付の本件昇任処分に付された「任期は平成15年4月30日までとする」との附款が無効であることを確認するとの裁判を（以下「④請求」という。）、それぞれ求めた事案である。原告は、本件訴訟において、①請求、②③請求及び④請求を選択的請求としている。

　一　争　点
　1　原告は平成15年5月1日以降も京都大学再生研教授の地位にあるか。具体的には、国立大学教員の任期制とはいかなるものか、本件昇任処分の5年の任期を定めた部分のみが無効であるといえるか。本件昇任処分に際して原告の同意を得る手続に瑕疵があった場合、任用の効果に影響があるか。本件訴えのうち、①請求に理由があるか、④請求は不適法かどうか。
　2　本件通知が、原告を失職させる再任拒否処分（行政処分）に当たるものとして、その取消しを求めることができるか。被告京都大学総長は、原告を再任することが義務付けられているか。本件訴えのうち②③請求が不適法かどうか。

　二　争点に関する当事者の主張
　1　争点1について
　(1)　原告の主張
　ア　国立大学教員の任期制は、大学教員の身分保障に対する重大な制限であり、制度の定め方や運用如何によっては、大学教員の身分保障が担保しようとしている憲法上の学問の自由を侵害する危険を孕む極めて不合理なものである。しかるに、任期法自体が運用の手続・ルールを定めず、下位規範にこれを委任しているため、各大学において任期制を導入する際には、①恣意的運用を防ぎ身分保障の精神を損なわないような適正な手続・ルールを下位規範（規則）をもって定めなければ、当該大学の任期制度は違憲となり（下位規範の無効）、また、②身分保障の精神を損なうような恣意的な運用行為が行われた場合、その行為自体も当然に違憲となる。
　イ　また、本件昇任処分に際しての原告の同意は、任期制に関する誤った情報提供と必要な情報の不提供により詐欺的にされたから、任期制に対する同意は無効である。本件昇任処分に付された附款（任期）は、本件昇任処分の同意を欠く以上、重大かつ明白な瑕疵があり、無効である。そして、任期という附款は、本件昇任処分にとって何ら重要な要素ではないから、本件昇任処分は、5年の任期を定めた附款部分のみが違憲であり、無効である。

ウ したがって、原告は、任期のない教授として本件昇任処分により任用されたことになり、平成15年5月1日以降も当然に京都大学再生研教授の地位にとどまると解すべきである。
（2） 被告らの主張
ア 任期法2条4号の規定によれば、「任期」とは、国家公務員としての教員等の任用に際して定められた期間であって、当該期間が満了すればその任期付で任用された公務員は当然にその身分を失う。原告は、平成10年5月1日付の本件昇任処分により、任期を平成15年4月30日まで（5年）として京都大学再生研教授に昇任し、前記任期の満了により当然に退職した。そして、原告は、被告京都大学総長から、京都大学再生研教授に再び任命されていないから、その地位にないことは明らかである。
イ 行政行為の附款が行政行為の重要な要素である場合には、行政行為全体の無効をきたし、行政行為から附款のみを切り離して、その附款のみが無効で、その行政行為が附款のない行政行為として効力を有することにはならない。任期制教員の任用において、任期は不可欠のものであり、極めて重要な本質的要素である。したがって、本件昇任処分の5年の任期を定めた附款部分は、本件昇任処分の本質的かつ重要な要素であって、本件昇任処分の効力と切り離して上記附款部分のみが無効となることはない。
ウ なお、任期法4条2項は、任期付任用の場合には任用される者の同意が必要であると規定しているから、仮に当該同意がされるまでの手続が詐欺的なものであって、同意が本人の真意によるものではなかった場合には、附款（任期）の有効性を論ずるまでもなく、本件昇任処分自体が無効となるはずであり、そもそも原告は当初から京都大学再生研教授の地位になかったことになる。
本件訴えのうち、①請求は理由がないことが明らかであり、本件昇任処分のうちのその任期の部分を切り離して無効であることを確認することはできないから、④請求は不適法である。

2 争点2について
（1） 原告の主張
本件通知は、被告京都大学総長による原告を失職させる再任拒否処分であって、行政処分に当たり、違法であるから、取り消されるべきである。仮にそのような前提をとらないとしても、少なくとも、被告京都大学総長は、本件昇任処分による任期満了の後に原告を再任することが義務付けられているというべきである。

（2） 被告らの主張

ア　本件通知は、協議員会議長である山岡所長がしたもので、任命権者である被告京都大学総長がしたものではない。のみならず、本件通知は、山岡所長が原告に対し、平成14年12月19日開催の協議員会の審査結果を通知したものにすぎず、原告を再任しないという法的効果を発生させるものではない。原告は、平成15年4月30日の任期満了により、当然に退職しその身分を失ったのであり、本件通知によりその身分喪失の効果が発生したわけではない。

イ　再生研任期制教員の再任について、被告京都大学総長は、協議員会の決定に拘束されるから、協議員会が再任を可とした場合には再任申請者を任命し、協議員会が再任を可としなかった場合には、その決定に反して再任申請者を任命（再任）することはできない。そして、協議員会において原告の再任が可とされていない本件では、被告京都大学総長において、原告を京都大学再生研教授に再任すべきことが法律上二義を許さないほどに特定し、かつ、同被告の第1次判断権を重視する必要がないほどに明白であるとは到底いえない。

ウ　本件通知は処分性がなく、被告京都大学総長は、原告を再任する義務はなく、むしろ、協議員会の決議に拘束されて再任することはできないのであるから、原告の②③請求は、いずれも不適法である。

第三　当裁判所の判断

一　争いのない事実、甲1ないし60（枝番を含む。）、乙1ないし4、原告本人尋問の結果、及び弁論の全趣旨によれば、次のとおり認められる。

1　原告は、昭和47年9月30日京都大学医学部を卒業後、京都大学医学部附属病院外科研修医等を経て、昭和53年4月1日同大学大学院医学研究科博士課程に入学し、昭和59年1月23日同大学院医学研究科博士課程を修了した。その間、アメリカの大学での研究生活等を経た。原告は、更に、昭和59年10月1日京都大学助手大学院医学研究科に任用され、昭和62年12月1日同大学講師大学院医学研究科、平成7年5月1日同大学助教授大学院医学研究科に任用され、腫瘍外科学講座の助教授として勤務していた。

2　京都大学においては、任期法3条1項に基づき、平成10年4月9日、同項所定の「教員の任期に関する規則」である「京都大学教官の任期に関する規程」（甲3、以下「本件規程」という。）を定め、これを公表した。

本件規程によれば、任期制による任用の対象となる職の1つとして、再生研の再生医学応用研究部門の器官形成応用分野の教授、助教授、講師、助手があり、その

資料15　京都地裁平成16年3月31日判決

任期は5年で、再任されることが可とされていた。

3　また、再生研の教授の任命権者は、国家公務員法55条1項、2項、人事に関する権限の委任等に関する規程（平成13年1月6日文部科学省訓令第3号）3条1項により、被告京都大学総長であった。

4　原告は、平成10年1月中旬ころ、京都大学再生医科学研究所設置準備委員会委員長が同月14日付の「京都大学再生医科学研究所教官公募」と題する書面（甲6、以下「本件公募要項」という。）で、「臨床応用可能な代謝系人工臓器作成をめざす研究」を職務内容とする教授1名を公募していることを知り、これに応募することにし、同委員長宛に、履歴書、研究業績目録、主な論文別刷等の資料を添えて応募書類を提出した。本件公募要項には、上記再生研教授の職が5年の任期制であることはどこにも明記されていなかった。

5　原告は、上記公募後、面接審査を経て、平成10年3月ころ、再生研教授に任用するとの内示を受けた。原告は、平成10年4月20日ころ、再生研の松本事務長から、昇任に必要な書類であるとして見本の用紙を示され、「急ぐので、この書面のとおりに書いて下さい。大至急お願いします。」と言われたため、言われるままに、自ら、「私は、京都大学再生医科学研究所再生医学応用研究部門器官形成応用分野教授に就任に際し大学の教員等の任期に関する法律（平成9年法律第82号）第4条第1項第1号及び京都大学教官の任期に関する規程第2条の規定に基づき、任期を平成10年5月1日から平成15年4月30日までとされることに同意します。」と記載して平成10年4月20日付の同意書（乙1）を作成し、これを松本事務長に提出した。

原告は、前記同意書を作成したころまでに、松本事務長から、京都大学ではいくつかの部門で教官の任期制が導入されることになり、原告の採用が内定した教授職も任期制であること、再生研全体で教授あるいは助教授にも幅広く任期制を導入しようという動きがあること、「原告のポストは5年任期ではありますが、再任可とされております。普通にまともに仕事をすれば、定年まで引き続いて何回でも再任されます。」などと説明された。原告は、自分は再任されるものと考えて前記同意書を作成した。原告は、松本事務長から、任期満了後は任用が終了するとか、再任手続は新たな任用手続になるなどの説明は受けなかった。

6　被告京都大学総長は、任期法3条1項1号に基づいて、平成10年4月20日ころ、原告から、前記同意書の提出を受けた上、平成10年5月1日付で原告に対し、原告を京都大学再生医科学研究所教授に昇任させる本件昇任処分をした。原告へ交付された人事異動通知書（甲1）には、「教育職（一）5級（京都大学教授再生医科学研究所再生医学応用研究部門器官形成応用分野）に昇任させる」「12号俸を給する」「任期は平成15年4月30日までとする」と明記されていた。

183

このようにして、原告は、本件昇任処分により、任期を平成15年4月30日まで（5年）として、同大学教授再生研再生医学応用研究部門器官形成応用分野に昇任した。

7　原告は、以後、再生研の教授として勤務し、膵臓をはじめとする主に消化器外科に関する研究と再生医療全般に関する研究をした。学問的業績としては、ES細胞よりインスリンを分泌する膵島細胞を分化誘導し、マウスに移植、血糖値を下げることを証明したこと、血管新生誘導を腹腔内や皮下膵島移植に導入したこと、新しく開発したカプセルを用いて、カプセル型ブタ膵島細胞の皮下移植を研究したこと等があった。

また、原告は、倫理委員会設立へ貢献したり、医学研究科運営委員、教育課程委員会委員としても、教育上又は運営上数々の貢献をした。原告は、更に、学会や研究会の役職を務め、盛んに活動し、特に、日本再生医療学会を設立し、その第1回学術総会が2000名近い研究者が集まって開催された際、会長としてその総会を主催した。

原告は、最近では、特に、糖尿病に対する新しい再生医療開発研究に力を注ぎ、平成14年6月に開催された日本医学会100周年記念シンポジウムでは、外科の分野では原告1人が選ばれて、「21世紀の再生医療－現状と展望」というテーマで講演をした。

原告の再生医療の研究結果は、平成10年以降、読売新聞において「糖尿病移植治療に意欲」（平成10年6月27日・夕刊）、同新聞において「糖尿病に新カプセル療法－膵島細胞を皮下移植」（平成11年1月22日）、京都新聞において「世界初、膵島細胞が働いた糖尿病治療　将来へ光」（平成14年1月31日）、朝日新聞において「ES細胞使い糖尿病を治療」（同日）、東京新聞において「血糖値の制御に成功　糖尿病治療へ一歩」（同年2月12日）、同新聞において「カギを握る2細胞」（同年4月27日）などと日刊新聞に頻繁に取り上げられ、掲載された。

8　再生研において、平成14年4月18日、「任期制教官の再任審査に関する申し合わせ」（甲7、以下「本件申し合わせ」という。）が協議員会決定として制定された。それによれば、任期制教官は、任期満了の12か月前までに書面をもって、所長に再任のための審査を請求することができ、その申請者は、該当する任期中の学術的業績、社会的貢献、及び学内の教育・行政への貢献に関する報告書、それらの評価に必要な資料、再任後の研究計画書を申請後1か月以内に所長に提出すること、再任審査申請が前記の期限までに行われなかった場合、及び再任審査申請後に申請を取り下げた場合、身分は任期の末日をもって終了すること、再任審査については、別に設置する外部評価委員会の意見を聴取した上で協議員会で可否を決定すること、

資料15　京都地裁平成16年3月31日判決

所長は、申請者の学術的業績及び社会的貢献について、外部評価委員会を設置し、これに評価を委嘱すること、再任の可否決定は、任期満了の6か月前までに行うものとすること、などが定められた。

9　原告は、平成15年5月1日以降も再任されることを希望し、再生研の当時の山岡義生所長（以下「山岡所長」という。）に対し、平成14年4月23日付の書面により、本件申し合わせによる再任審査を申請した。

10　その後、再生研において、本件申し合わせに代わるものとして、平成14年7月18日に、「京都大学再生医科学研究所任期制教官の再任審査に関する内規」（甲8、以下「本件内規」という。）が協議員会決定として制定された。

本件内規には、本件申し合わせと概ね同様の内容のほか、所長は、外部評価委員会による評価結果を再任申請者に開示しなければならないこと、その評価結果の開示は、再任の可否の審議を行う協議員会の2週間以前に行うものとすること、再任の可否を決定する協議員会は、協議員の3分の2以上の出席がなければ開会することができないこと、再任を可とする投票は無記名投票とし、再任を可とする投票数が投票総数の過半数に達しない場合、再任を認めないこと等が定められ、再任の可否決定の時期については、本件申し合わせでは、任期満了の6か月前までに行うものとすることとだけ定められていたのが、それに「ただし、特別の事情により再任の可否決定を行うことが困難なときは、再任申請者の同意を得てこの期日を変更することができる。」との部分が追加された（13条）。

11　再生研の山岡所長は、原告の再任審査をするため、原告の任期中の学術的業績、社会的貢献及び学内の教育・行政への貢献について、外部評価委員会を設置した。同外部評価委員会は、審査委員長が吉田修奈良県立医科大学学長で、同副委員長が宮崎純一大阪大学大学院医学系研究科教授であり、他に委員として出月康夫東京大学名誉教授、藤堂省北海道大学大学院医学研究科教授、本庶佑京都大学大学院医学研究科教授、春日雅人神戸大学大学院医学系研究科教授、上田実名古屋大学大学院医学研究科教授で構成されていた。

12　同外部評価委員会は、平成14年9月18日付で、山岡所長に対し、原告の再任審査結果を報告書（甲11、以下「本件報告書」という。）として提出した。

本件報告書は、原告の再生研教授としての学問的業績として、ＥＳ細胞よりインスリンを分泌する膵島細胞を分化誘導し、マウスに移植、血糖値を下げることを証明したこと等を個々的に指摘し、今後の研究の成果が期待されるとか、意義深い研究といえるなどの個別評価を加えた上で、「井上教授らの研究範囲は包括的であり、膵島移植の臨床応用に結びつく総合的な研究といえる。したがって上記以外にも多くの研究があるが、これらの業績に対し一定の評価はできるものの、きわめて独創

185

性が高いとは言えない。国際的レベルでみると、論文の量、質ともに平均的（average）というべきであろう。」としている。また、学内の教育・行政への原告の貢献としては、「研究所内の倫理委員会設立への貢献、医学研究科運営委員、教育課程委員会委員としての教育的また運営上数々の貢献が見られる。」とし、社会的貢献については、多くの学会や研究会の役職をつとめるなどしたが、「特筆すべきは日本再生医療学会を設立し、その第一回学術総会を会長として京都で主催したことである。初回であるにもかかわらず、2000名に近い研究者が集まり大変有意義で、本邦の再生医療研究の発展に大きく貢献したといえる。社会に再生医療を啓蒙、認識させた業務は極めて高く評価されるべきであろう。」とした。

　更に、本件報告書は、原告が提出した再任後の研究計画に関して、「①膵島細胞源としてはＥＳ細胞からの分化誘導、ブタ膵島、ヒト膵島など考えられるが、いずれにしても、5年以内に臨床応用にまでもっていって欲しい。しかし、現時点では臨床応用にあたっての具体案が出来ていないように考えられる。倫理委員会での検討、適応患者、移植後の管理等々の対策はどのようになっているか。京都大学の臨床研究部門、例えば病態代謝栄養学、移植免疫学などとの協力体制、移植後の管理体制、さらには京都大学医学部附属病院で計画されている分子細胞治療センターとの協力体制はどうなっているか。また大学などの壁を越えたチームワークを作ることが必要であると考えられるが、この点どのような状況か。②ＥＳ細胞からの膵島細胞誘導にさらに基礎的、独創的な研究を期待する。これまでにＥＳ細胞よりインスリンを分泌する膵島細胞を分化誘導してマウスに移植し、短期間ではあるが血糖値を下げることを証明した研究は高く評価されるべきである。しかし、この研究はまだ論文になっておらず、新聞などの報道が先行しているのは望ましくない。」「③産学連携についてどのような状況か。某社との協議が進んでいるとのことであるが、具体的に何を、どうする予定か。」などの質問や希望が寄せられたとした。

　そして、本件報告書は、結論として、「京都大学再生医科学研究所任期制教官井上一知教授の再任を可とすることに全委員が一致して賛成し、今後の活躍に期待をしめした。なお当該研究所の任用に当たっての期待や目標が明確に提示されていないので総合的判断は不可能であり、本答申は国内での一般的な5年任期のポストとしての適否を、与えられた資料と当該者からの意見聴取に基づいて検討した結果の報告であることを付記する。」とした。

　13　ところが、その後、再生研の山岡所長が開催した平成14年10月17日の協議員会では、外部評価委員会の本件報告書の結論がそのまま受け入れられず、原告の再任の可否について継続審議を行うことになった。再生研の協議員会は、京都大学再生医科学研究所協議員会規程に基づき、再生研の所長、再生研の教授の外、それ以

外の京都大学の教授のうちから協議員会の議を経て所長の委嘱した者若干名で構成することになっており、再生研の所長がそれを招集し、議長となることとされていた。同日の協議員会は、当時の再生研の山岡所長が開催したもので、その議事録案によると、「審議の結果、継続審議とすることとし、申請者に協議員会への出席を要請し、再任審査に関する内規第12条により、質問書に答える形で必要な情報の提供を求めることとなった。質問事項は協議員会での審議内容をふまえて議長が整理し、協議員に意見を伺った後申請者に送ることとなった。」とある。そして、次の協議員会の開催日については、本件内規13条ただし書きによることが山岡所長から原告に打診されることになり、原告は、平成14年10月18日、これに同意した。

14　平成14年11月12日、再生研の協議員会が山岡所長によって開催され、原告の再任の可否について協議された。まず、山岡所長が取りまとめた質問書について、出席した原告から配付資料による説明があり、質疑応答があった。その後、原告が退出した後、更に議論が交わされた。結局、この協議会においても、可否の投票は行われず、再度継続審議とすることにされ、今後の対応について議長である山岡所長に一任することとなった。

15　更に、同年12月19日、原告の再任を審議する3回目の協議員会（出席者20名）が開催され、そこで、原告の再任の可否について無記名投票が行われた。その結果、途中退席者を除く投票総数17票中、再任を可とする票1票で、原告の再任を可とする投票数が投票総数の過半数に達せず、結局、協議員会において原告の再任を認めない決議がされた。なお、当時の再生研の協議員の構成員は21名であった。

16　山岡所長は、原告に対し、平成14年12月20日付の「任期制教官の再任審査結果について」と題する書面（甲25）により、同月19日開催の協議員会において原告の再任を審査したところ、再任が認められない審査結果となった旨の本件通知をした。その後、被告京都大学総長は、平成15年3月6日付書面により、原告を再任しない旨を通知し、重ねて、同年4月22日付で、同月30日をもって任期満了する旨を通知した。

二　争点1について

1　任期法は、大学等において多様な知識又は経験を有する教員等相互の学問的交流が不断に行われる状況を創出することが大学等における教育研究の活性化にとって重要であることにかんがみ、任期を定めることができる場合、その他教員等の任用について、必要な事項を定めることにより、大学等への多様な人材の受入れを図り、もって、大学等における教育研究の進展に寄与することを目的として（1条）、平成9年に成立した法律である。

任期法によれば、国立大学の学長は、教育公務員特例法2条4項に規定する評議会（評議会を置かない大学にあっては、教授会）の議に基づき、その大学の教授や助教授等の教員について、任期を定めた任用を行う必要があると認めるときは、教員の任期に関する規則を定めなければならないものとされ（3条1項）、任命権者は、前記の教員の任期に関する規則が定められている大学について、教育公務員特例法10条の規定に基づきその教員を任用する場合において、次の各号のいずれかに該当するときは、任期を定めることができる、と規定され（4条1項）、その1号として、「先端的、学際的又は総合的な教育研究であることその他の当該教育研究組織で行われる教育研究の分野又は方法の特性にかんがみ、多様な人材の確保が特に求められる教育研究組織の職に就けるとき」、2号として、「助手の職で自ら研究目標を定めて研究を行うことをその職務の主たる内容とするものに就けるとき」、3号として、「大学が定め又は参画する特定の計画に基づき期間を定めて教育研究を行う職に就けるとき」、と規定されている。また、任命権者は、任期を定めて教員を任用する場合には、当該任用される者の同意を得なければならないと規定されている（4条2項）。そして、任期法にいう任期とは、国家公務員としての教員等の任用に際して定められた期間であって、国家公務員である教員等にあっては当該教員等が就いていた職若しくは他の国家公務員の職に引き続き任用される場合を除き、当該期間の満了により退職することとなるものをいうと規定されている（2条4号）。

　2　任期法の制定に当たって、衆参両議院において、「政府は、学問の自由及び大学の自治の制度的な保障が大学における教育研究の進展の基盤であることにかんがみ、この法律の実施に当たっては、次の事項について、特段の配慮をすべきである。」とし、衆議院にあっては、「一．任期制の導入によって、学問の自由及び大学の自治の尊重を担保している教員の身分保障の精神が損なわれることがないよう充分配慮するとともに、いやしくも大学に対して、任期制の導入を当該大学の教育研究条件の整備支援の条件とする等の誘導等を行わないこと。」「二．任期制の適用の対象や範囲、再任審査等において、その準用が恣意的にならないよう、本法の趣旨に沿った制度の適正な運用が確保されるよう努めること。」「三．任期制を導入するに際して、教員の業績評価が適切に行われることとなるよう評価システム等について検討を行うとともに、特に、中長期的な教育研究活動が損なわれることがないよう、大学の理解を深めるよう努めること。」その他の事項が挙げられた附帯決議が、参議院においても、前記の3事項とほぼ同趣旨の事項とその他の事項が挙げられた附帯決議がそれぞれされた。

　3　憲法は、その23条で、「学問の自由は、これを保障する。」と規定しており、そのために、大学の教官、研究者に大学の自治が認められる。そして、大学の自治

資料15　京都地裁平成16年3月31日判決

の具体的な内容として、大学の教授その他の研究者の選任は、大学の自主的判断に基づいてされなければならないことが挙げられる。しかし、憲法の規定やその趣旨からも、個々の大学の教官・研究者の選任を、任期法の前記各規定に従って、その自由意思に基づいて一定の任期付で任用することが禁止されているとまで解することはできない。任期法に規定する任期制度自体が憲法23条に違反するものでないことは明らかである。

　4　前記一の事実関係と前記の任期法の各規定によれば、原告は、任期法4条及び京都大学教官の任期に関する規程の各規定に従って、その同意の下に、京都大学の再生研の任期制の教授として、平成10年5月1日付の本件昇任処分により任用されたもので、原告は、被告京都大学総長から、再生研教授に再び任用されていないから、平成15年4月30日で任期満了により退職したもので、同年5月1日以降は、再生研教授の地位にないものといわざるを得ない。

　5　原告は、本件昇任処分に際しての原告の同意は、任期制に関する誤った情報提供と必要な情報の不提供により詐欺的になされたもので無効であるなどと主張する。

　確かに、前記一の認定事実によれば、本件公募要項には、再生研教授の職が5年の任期制であることは一切明記されていなかったのであり、原告本人尋問の結果によれば、原告の採用内定がされるまでの間にこの公募が任期付の教授の公募であることが原告に明確に示されたり、何らかの説明がされていたことはなかったものと認められる。これらの事実によれば、教授を公募する再生研としては、それが任期法による任期付の教授の公募であるのか、任期のない教授の公募であるのかの区別、任期付の教授の公募の場合は、その任期が満了すれば、法律上は当然に退職するのであり、再任されることがあり得るとなっていても、法律上は、任命権者側に対して再任を求める権利はないことを、公募要領に明記するなどして十分に説明するのが望ましかったことは確かである。また、前記一の認定事実によれば、平成10年4月20日ころまでにされた松本事務長の説明も、5年の任期付の任用であることは明確にしているものの、再任が繰り返されることが当然であるかのような誤解を与えかねないもので、むしろ、任期法による任期制度が新しい制度であることからも、任期満了の場合には、法律上は再任される保障は一切ないことを明確に説明するのが望ましかったものというべきである。

　しかしながら、前記一の認定事実によれば、原告は、任期法の規定に基づき、任期を平成10年5月1日から平成15年4月30日までとされることに同意しますと明確に記載した同意書を自ら作成して提出した上で、本件昇任処分を受けたことが明らかであって、前記のような事実があるからといって、任期法に基づいて、任期を5

年としてされた本件昇任処分の法律上の効果が何ら左右されるものではないというべきである。前記認定事実のとおり原告は、自分は再任されるものと考えて、前記同意書を作成したものではあったが、それは、再任されることを期待していたのにすぎないといわざるを得ない。

　本件昇任処分は、任期法に基づく5年の任期付の任用として法律上効力があるものというべきである。

　6　次に、期限等の行政処分の附款については、その附款が行政処分の重要な要素である場合においては、その附款に重大かつ明白な瑕疵があることにより行政処分自体が無効になる場合があるとしても、その行政処分と切り離して、その附款のみを対象とする無効確認訴訟を提起することはできないというべきである。

　そして、任期法に基づく任期付の任用は、任期法の各規定や任期法の趣旨に照らしても、任期付でない任用処分とは根本的に法的性質を異にするものであって、任期付任用の任期の定めは、任用行為に不可欠のもので、任用行為自体の極めて重要な本質的要素であるというべきである。本件規程の各規定も、京都大学における任期制の教員の任用される職の研究教育組織、再任の可否等について明確に定めており、また、任期のない任用と任期のある任用とが明確に区別されている。

　したがって、本件昇任処分の任期の定めは、本件昇任処分の本質的な要素であって、本件昇任処分の効力と切り離して任期の定めのみの無効確認訴訟を提起することはできないものと解される。

　そうすると、④請求は、不適法といわざるを得ない。

　7　そして、前記一の認定事実の下では、原告は、本件昇任処分の任期満了後も、引き続き再生研の教授であることを希望し、再任の申請をし、外部評価委員会は全員一致で原告の再任を可としてその旨の本件報告書を提出したにもかかわらず、再生研の所長及び教授らで構成される再生研の協議員会は、2回の継続審議を経た上、結局、原告の再任を認めない決議がされたものであって、任期法3条1項、本件規程、京都大学再生医科学研究所規程、京都大学再生医科学研究所協議員会規程、本件内規によれば、再生研の任期制教員の再任の可否については、協議員会が決定し、任命権者である被告京都大学総長は、この協議員会の決定に拘束されると解されるから、同被告は、原告の再任を認めなかった協議員会の決定に拘束され、同決定に反して、原告を再任することはできないというべきである。

　原告は、平成15年5月1日以降、再生研の教授に再任されなかったものといわざるを得ないから、①請求は、理由がないことに帰する。

　三　争点2について

　1　前記一の判断のとおり、原告は、平成15年4月30日の経過により、本件昇任

処分の任期の満了によって、当然に再生研の教授の地位を喪失するものであって、任命権者の何らかの行政処分等によって、この地位の喪失の効果が発生するものではない。この関係は、任期法2条4号の前記の明文の規定によっても明らかである。本件通知は、山岡所長がそのことを原告に通知しただけであって、それ以上の法的な意味はないものといわざるを得ない。したがって、本件通知によって、原告が主張するような教授の地位を喪失させる行政処分があったとも、再任を拒否する行政処分があったとも、いずれも到底いうことができないもので、そのような行政処分があったことを前提としてその取消しを求める②請求も、結局、不適法といわざるを得ない。

2 また、原告が、被告京都大学総長に対して、原告を再任する旨の処分をせよとの裁判を求める③請求は、義務付け訴訟と解されるが、前記判示のとおり、再生研の協議員会が原告の再任を認めないとの決定をした以上、任命権者である被告京都大学総長はこれに法律上拘束されて原告を再任することはできないものと解すべきであるから、義務付け訴訟の他の要件を検討するまでもなく、③請求は不適法というべきである。

四 なお、原告は、争点1の原告の主張アの主張をするとともに、甲40、41、57の1ないし3の各意見書を援用し、本件昇任処分による任期中に、原告は合理的な手続によって再任の可否を判断してもらう権利を有するというべきであって、恣意的な再任の拒否は、原告の権利を侵害するものである、再任用の拒否は、法令に基づく再任申請権の侵害か、又は学問の自由の恣意的侵害防止の権利を侵害するものとして、教授を失職させる不利益処分と解することもできるなどとも主張する。

確かに、任期法に基づく任期制は新しい制度であり、原告に対する本件昇任処分の際の任期制の説明は不十分なものであったといわざるを得ない上に、原告の再任の可否については、前記認定事実によれば、外部評価委員会の構成員が全員一致して再任を可とする本件報告書を提出しているのに、再生研の所長や教授らで構成する協議員会は結局これを全面的に覆して再任を認めない旨を決定したもので、このような極めて異例ともいえる経緯に至ったことについては、<u>原告は予想外のことであった</u>と考えられる。また、憲法23条が保障する学問の自由を確保する趣旨で、国公立大学の教授の選考は、教授会の議に基づき、学長が行うものとされ（教育公務員特例法4条5項参照）、再生研の任期制の教授の再任も、前記のとおり、教授会に相当する協議員会が決定することとされているのであり、仮に、原告の再任を可としない旨の協議員会の決定が恣意的に行われたのであれば、それは<u>学問の自由や大学の自治の趣旨を大学内の協議員会自らが没却させる行為にもなりかねないもの</u>と

いうべきである。協議員会は、任期制の教員から再任審査の申請があった場合には、所定の手続に従って公正かつ適正にこれを行わなければならないのは当然のことというべきであり、任期法の制定に当たって衆参両議院でされた附帯決議も、その運用が適正にされることを求めていることは明らかである。

しかしながら、原告は、前記判示のとおり、任期制であることを承知する旨の同意をした上で本件昇任処分を受けたのであり、協議員会の前記のような職務も、任命権者や手続に携わる者の職務上の義務であって、再任審査の申請をした者に対する関係での義務とまではいえないというべきである。そして、法律上は、任期制の任用による教員は、任期満了の後に再任してもらう権利までは、これを有するものではないと解され、原告が再任されなかったことが、憲法上又は法律上、原告個人の何らかの権利を侵害するものとして、これを抗告訴訟の対象になると解することは、現行法上は困難といわざるを得ない。原告の上記見解は、いずれも採用することはできない。

　五　結　論

以上によれば、原告の本件訴えのうち、請求②③④はいずれも不適法であるからこれを却下し、請求①の部分は、理由がないからこれを棄却することとし、訴訟費用の負担について行訴法7条、民訴法61条を適用して、主文のとおり判決する。

　　京都地方裁判所第3民事部
　　　　　裁判長裁判官　八木　良一
　　　　　　　　裁判官　飯野　里朗
　　　　　　　　裁判官　財賀　理行

（別紙）
一　被告京都大学総長に対し、以下の裁判を求める部分
1　被告京都大学総長が平成14年12月20日付でした原告を京都大学再生医科学研究所教授として再任しないとの処分を取り消す。
2　被告京都大学総長は、原告に対し、平成15年5月1日付で発効する原告を京都大学再生医科学研究所教授として再任する旨の処分をせよ。
二　被告らに対し、以下の裁判を求める部分
3　原告と被告らとの間において、被告京都大学総長が平成10年5月1日付でした原告を京都大学再生医科学研究所教授に昇任させる処分に付された「任期は平成15年4月30日までとする」との附款が無効であることを確認する。

編著者紹介

阿部泰隆（あべ　やすたか）

	1942年3月　福島市生れ、
学　歴	1960年　福島県立福島高校卒業
	1964年　東京大学法学部卒業・同学部助手
	1967年　神戸大学法学部助教授
	1977年　同教授
	2000年4月より同大学大学院法学研究科教授
学　位	東京大学法学博士（1972年6月、論文博士）

著　書（単独著）
1　『フランス行政訴訟論』（有斐閣、1971年）（学位論文）
2　『行政救済の実効性』（弘文堂、1985年）
3　『事例解説行政法』（日本評論社、1987年）
4　『行政裁量と行政救済』（三省堂、1987年）
5　『国家補償法』（有斐閣、1988年）
6　『国土開発と環境保全』（日本評論社、1989年）
7　『行政法の解釈』（信山社、1990年）
8　『行政訴訟改革論』（有斐閣、1993年）
9　『政務法務からの提言』（日本評論社、1993年）
10　『大震災の法と政策』（日本評論社、1995年）
11　『政策法学の基本指針』（弘文堂、1996年）
12　『行政の法システム上・下［新版］』（有斐閣、1997年）
13　『〈論争・提案〉情報公開』（日本評論社、1997年）
14　『行政の法システム入門』（放送大学教育振興会、1998年）
15　『政策法学と自治条例』（信山社、1999年）
16　『定期借家のかしこい貸し方・借り方』（信山社、2000年）
17　『こんな法律は要らない』（東洋経済新報社、2000年）
18　『やわらか頭の法政策』（信山社、2001年）
19　『政策法学講座』（第一法規、2003年）
20　『内部告発（ホイッスルブロウワー）の法的設計』（信山社、2003年）
21　『行政訴訟要件論』（弘文堂、2003年）
22　『行政書士の未来像』（信山社、2004年）

　日本公法学会、租税法学会、環境法政策学会、自治学会、日本環境会議、法と経済学会の各学会の理事。詳しくは、http：//www.2.kobe-u.ac.jp/~yasutaka/参照。

京都大学井上教授事件　任期制法悪用からの正義の回復を目指して

初版第1刷発行　2004年6月30日
著　者　阿　部　泰　隆
発行者　袖　山　貴＝村岡俞衛
発行所　信山社出版株式会社
　　　　〒113-0033　東京都文京区本郷6-2-9-102
　　　　TEL 03-3818-1019　FAX 03-3818-0344

印刷・製本　エーヴィスシステムズ　Ⓒ阿部泰隆 2004
ISBN 4-7972-5316-9　C3032　　　装幀　アトリエ風

信頼される信山社の出版物

阿部泰隆・中村正久 編
湖の環境と法
A5判　本体6,200円

阿部泰隆・水野武夫 編
環境法学の生成と未来
A5判　本体13,000円

山村恒年 編
環境NGO
A5判　本体2,900円

山村恒年 著
環境保護の法と政策
A5判　本体7,600円

山村恒年 著
市民のための行政訴訟制度改革
A5判　本体2,400円

山村恒年・関根孝道 編
自然の権利
A5判　本体2,816円

浅野直人 著
環境影響評価の制度と法
A5判　本体2,600円

日弁連公害対策・環境保全委員会 編
野生生物の保護はなぜ必要か
A5判　本体2,700円

畠山武道・井口博 編
環境影響評価法実務
A5判　本体2,600円

加藤一郎・野村好弘 編
歴史的遺産の保護
A5判　本体4,600円

野村好弘・小賀野晶一 編
人口法学のすすめ
A5判　本体3,800円

髙村ゆかり・亀山康子 編
京都議定書の国際制度
A5判　本体3,900円

山村恒年 著
リーガルマインドアセスメント法学入門
A5判　本体1,200円

小針司 著
防衛法概観
A5判　本体2,600円

篠原一 編集代表
警察オンブズマン
A5判　本体3,000円

篠原一・林屋礼二 編
公的オンブズマン
A5判　本体2,800円

笹田栄司・亘理格・菅原郁夫 編
司法制度の現在と未来
A5判　本体3,200円

雨宮孝子・石村耕治
中村昌美・藤田祥子 著
全訳カリフォルニア非営利公益法人法
A5判　本体4,600円

明治学院大学立法研究会 編
市民活動支援法　　児童虐待
四六判　本体3,800円　四六判　本体4,500円
セクシュアル・ハラスメント
四六判　本体5,000円

植松正 著　日高義博 補訂
新刑法教室 Ⅰ総論　Ⅱ各論
A5判　　本体3,300円　本体3,400円

長尾龍一 著
法学ことはじめ　法哲学批判
四六判　本体2,400円　本体3,900円

伊東乾 編著
原典による法学の歩み 1・2
A5判　本体3,400円／3,600円